乡村振兴战略下的
乡村规划发展与治理路径研究

邓 燔 著

中国原子能出版社
China Atomic Energy Press

图书在版编目（CIP）数据

乡村振兴战略下的乡村规划发展与治理路径研究 /
邓燔著. --北京：中国原子能出版社，2023.8

ISBN 978-7-5221-2950-1

Ⅰ. ①乡… Ⅱ. ①邓… Ⅲ. ①农村–社会主义建设–
研究–中国 Ⅳ. ①F320.3

中国国家版本馆 CIP 数据核字（2023）第 161522 号

内 容 简 介

　　本书从乡村规划与发展的多年实践与经验出发，对乡村规划与开发展开分析和研究。首先，介绍了乡村振兴与乡村规划发展，进而探讨了乡村振兴战略下的乡村产业发展、乡村教育发展、乡村文化建设、乡村环境营造、乡村组织管理。最后，探讨了乡村振兴战略下的乡村旅游规划。

　　从结构上而言，本书体例完整，章节之间关联性较好，并且环环相扣。在内容上，本书也构建了完整的理论体系，便于读者对乡村规划与开发、建设与保护有系统的把握。

乡村振兴战略下的乡村规划发展与治理路径研究

出版发行	中国原子能出版社（北京市海淀区阜成路 43 号　100048）
责任编辑	王　蕾
责任印制	赵　明
印　　刷	北京天恒嘉业印刷有限公司
经　　销	全国新华书店
开　　本	787 mm×1092 mm　1/16
印　　张	16.375
字　　数	277 千字
版　　次	2023 年 8 月第 1 版　2023 年 8 月第 1 次印刷
书　　号	ISBN 978-7-5221-2950-1　　定　价　86.00 元

前　言

　　乡村振兴战略是一项重大战略。全面建成社会主义现代化强国，最艰巨、最繁重的任务依然在农村，最广泛、最深厚的基础依然在农村，最大的潜力和后劲也在农村。实施乡村振兴战略，是解决新时代我国社会主要矛盾、实现"两个一百年"奋斗目标和中华民族伟大复兴中国梦的必然要求，具有重大现实意义和深远历史意义。农业强则基础强，农民富则国家盛，当前阶段"三农"问题是重中之重。我们应该积极加强"三农"工作，积极发展农业现代化，切实推进社会主义新农村建设，这不仅是构建社会主义和谐社会的要求，也是加快社会主义现代化建设的重大任务。

　　乡村发展涉及的内容非常广泛，大部分农村需要从农业本身突破，通过农业现代化来促进乡村的振兴发展。但是，也有一些其他的途径实现乡村振兴。乡村振兴战略提出了"产业兴旺、生态宜居、乡风文明、治理有效、生活富裕"的发展目标，实现乡村产业兴旺，要打造特色产业、加强品牌建设、提升产业现代化、促进产业融合发展。基于此，作者在参阅大量相关著作文献的基础上，精心撰写了此书，以期通过理论与实践的结合来促进乡村的可持续发展。

　　本书共有七章。第一章作为全书开篇，首先介绍了乡村振兴与乡村规划发展，包括乡村与乡村发展、乡村振兴战略解读、乡村振兴战略下的乡村规划与建设。第二章探讨了乡村振兴战略下的乡村产业发展，涉及乡村产业与乡村产业振兴、乡村产业振兴的基本模式、乡村产业振兴的推进策略。第三章重点研究了乡村振兴战略下的乡村教育发展，包括乡村教育与乡村教育振兴、乡村教育与乡村发展各要素的关系、乡村学校教育与师生的发展。第四章探讨了乡村振兴战略下的乡村文化建设，包括乡村文化与乡村文化建设、乡村文化建设的价值、乡村文化振兴的实施路径。第五章与第六章主要分析了乡村振兴战略下的乡村环境营造、乡村组织管理。第七章为本书的最后一章，探讨了乡村振兴战略下的乡村旅游规划，内容包括乡村旅游及其技术支撑、乡村旅游规划体系的构建、乡村旅游的高质量发展。

　　本书基于前人的研究，从乡村规划与发展的多年实践与经验出发，对乡村规划与开发展开分析和研究。从结构上而言，本书做到了体例完整，保证了章节之间的关联性，并且环环相扣。在内容上本书也构建了完整的理论体系，便于读者对乡村规划与开发、建设与保护有系统的把握。本书力求做到行文规范、语言准确、深浅适当、脉络清晰，便于读者理解。

　　在本书的撰写过程中，作者不仅参阅、引用了很多相关文献资料，而且得到了诸多同行及亲朋的鼎力相助，在此一并表示衷心的感谢。由于时间仓促，水平有限，书中难免存在欠妥之处，恳请广大读者不吝赐教。在引用标注过程中难免有所遗漏，敬请指正。

作者

目　录

第一章

乡村振兴与乡村规划发展

乡村建设伴随中国共产党革命、建设、改革的全过程。乡村振兴战略是中国共产党在新时代推动乡村发展的重要举措，为广大人民提供了一面旗帜，指引群众发展、建设农村。乡村建设的各阶段均有其发展特征，也存在着一些未解决的问题和冲突。解决"三农"问题，关键在于实施乡村振兴战略。马克思主义经典作家对于"三农"问题进行了深入思考，并提出了独特见解。中国共产党历代领导人对其研究进行创造性的继承与发展，并紧密结合新时代中国特色社会主义实践，创造性地制定了一整套行之有效的政策。

第一节　乡村与乡村发展

一、乡村

乡村也称"乡村"，是"城市"的对称，即城市以外的一切地域，主要是县以下的乡（镇）、村两个层次。从不同角度定义乡村，可能会有细微差别，但殊途同归，乡村是在某一地域中，由指定社会群体与多种社会关系构成，主要从事农业生产的社会实体，它是社会的基本构成，也是社会发展的重要基础。乡村不仅涵盖指定地域的国民经济各个部门，还包括社会、经济、生态等各方面，在每个方面中还包含诸多层次与因素，可以说是极其庞大与复杂的系统。

对于乡村的含义，基本要素有三点：其一，一定地域；其二，农业在产业结构中占极大比重；其三，一定的行政归属。理解乡村这一概念，需要从三个方面着手。首先，清楚乡村的地域属性，由于与城市相对应，它包含除城市外的所有地域。同时，乡村具有经济属性，相比于城市的经济活动形式有很大不同，甚至可以说是千差万别。乡村经济对自然的依赖性更强，并且经济活动的密集程度较低。相关学者就曾指出，城市本身就是人口、资本、生产工具、需求、享乐的集中体现，而乡村处处体现着分散与孤立。其次，乡村有特定的生产生活方式。相比于城市，农村的生产生活方式有很大差别。现阶段，我国乡村仍以农业生产为主，并且人们会通过农业生产丰富生活。最后，乡村是有行政归属关系的。当前，乡村主要是指乡、村这两大社会区域。具体而言，乡村或是隶属于某县下的乡，或是隶属于某乡下的村。同时，每个乡村都会在指定区域内享有教育、商业、服务业等的设施。

二、乡村发展

我国是一个农业大国。中国的革命从乡村开始，中国的改革率先从乡村突破。农业兴，百业兴；农业稳，全局稳。农业、乡村和农民问题，在党和国家工作中始终处于举足轻重的地位。

改革开放的多年间，农民收入迅速提高，全国乡村总体上进入由温饱向小康迈进的阶段。乡村的物质文明的进步与提高，为乡村精神文明建设打下了坚实基础，使得农民的思想观念正在不断发生变化，在反哺于乡村精神文明建设的同时，乡村基层民主程度得到极大提高，村民自治的民主法治建设也在不断向前发展。整体而言，我国乡村改革的成功不仅有助于社会的发展，还为全国改革与国家经济建设作出了重要贡献，但当前我国乡村存在的问题仍是不可忽视的，不可因一时的成就而懈怠。

对于乡村存在的问题，主要表现在以下七个方面：一是农业基础设施建设力度不足，对自然灾害的抵抗能力有限；二是城乡之间的差距较大，并且乡村之间的发展也处于不平衡的状态中，人口、环境、资源等方面有较重的压力；三是农民的生活水平有待进一步提升，虽然我国通过精准扶贫已经让全国人民摆脱贫困，但还应为人民的幸福生活而努力；四是乡村科教力度不足，相比于城市人口，农民及其子女的知识水平有明显差距；五是农业人口多，随着全国人口的不断增多，会增加农民子女的竞争压力；六是乡村的市场化程度有待进一步提高，通过公开透明的市场竞争机制，农民才能切实保护自身利益，得到更好的发展；七是生产效率有待进一步提高，实现自动化生产。

第二节　乡村振兴战略解读

一、乡村振兴的内涵

乡村振兴已经不只是乡村、不只是农民的事情，而是关乎社会发展、全面推进、生态可持续目标的整体需要，乡村振兴的工作也是如同城市发展同等重要的环节与过程。乡村振兴是历史发展的客观需要，是发展乡村、提高农民生活水平、和谐全社会的利国利民的生态工程。

（1）乡村振兴要有翔实具体的政策规划、科学的设计与扎实的推进实施。避免形式主义和一刀切，避免只顾数据报表不顾实际效果，避免有头无尾和顾此失彼，要充分用好、用足、用实国家的支农、惠农、惠民政策和有利资源，为乡村振兴保驾护航和指引方向。

（2）乡村振兴需要循序渐进和与时俱进，不论是部门领导还是乡村参与者，都要在尊重客观条件和需求上制定目标和方向，并因地制宜和与时俱进、辩证的可持续发展。单纯的搬迁与城镇化不能代替乡村振兴，表面的数字报表报告也不能代替乡村振兴，乡村振兴中农村是主阵地、农民是主体，不论是换届换人或是换班子，这个发展的根基和方向不能动摇、不能放弃，必须是一代接一代的努力迭代，持续前进。

（3）乡村振兴需要尊重历史、尊重自然、尊重客观、尊重发展，既要用科技的方法措施克服自然中不利的因素，也要充分利用发挥自然中有利于人们生产生活、有利于建设发展的因素，既要追求品质保障，也要不破坏生态环境和生态链平衡，要在人与自然的和谐中充分利用原生态的立体生态发展绿色产业，以品质实现应有的价值，实现生态可持续的健康产业和生态振兴。

（4）乡村振兴不仅要山美水美、国强民富，更要充分用好和保障好农民和农村的资源和利益，这些农民与社会各阶层、各领域都有着密切的联系和影响，做好乡村振兴不仅是发展乡村、改善农民的条件和生活品质，更是平衡都市生态、保障更高品质与和谐全社会，为最终实现共同富裕的远大目标做重要的基础。

乡村振兴是需要、是期望、是参与；乡村振兴是美好、是情怀、是奉献；乡村振兴是过程、是成果、是积累；乡村振兴更是层层迭代、是步步递进，需要数代人的坚持与努力，乡村振兴是关乎农村自然生态、农村人口生态、农村婚育生态、农村产业生态、农村管理生态等全方位生态融合的重要民生生态工程。

二、乡村振兴的目标

实施乡村振兴战略的目标任务主要包括以下几个方面（图 1-1）。

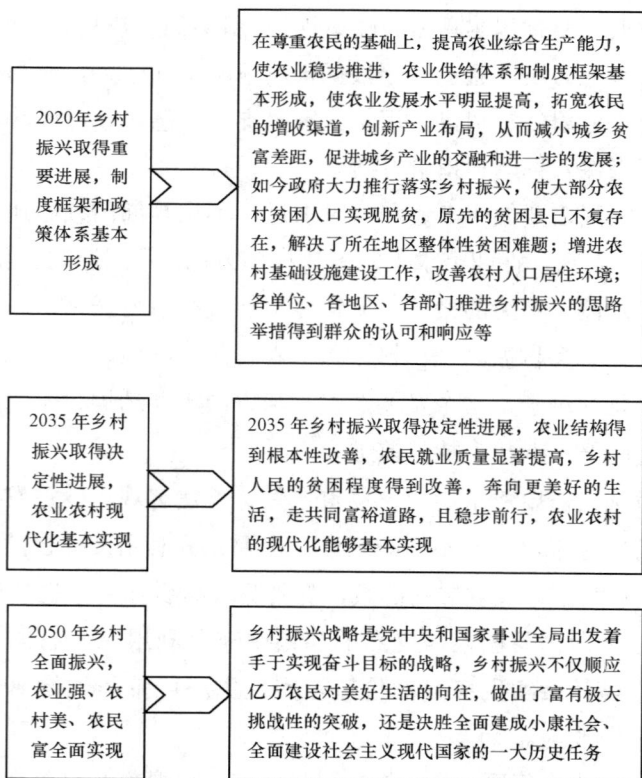

图 1-1　实施乡村振兴战略的目标任务

西部大开发战略实施以来，贵州经济社会发展取得重大成就，脱贫攻坚任务如期完成，生态环境持续改善，高质量发展迈出新步伐。同时，贵州发展也面临一些突出困难和问题。为支持贵州在新时代西部大开发上闯新路，现提出如下建议。

（一）总体要求

1. 指导思想

以习近平新时代中国特色社会主义思想为指导，坚持稳中求进的工作总基调，完整、准确、全面贯彻新发展理念，加快构建新发展格局，推动高质量发展，坚持以人民为中心的发展思想，守好发展和生态两条底线，统筹发展和安全，支持贵州在新时代西部大开发上闯新路，在乡村振兴上开新局，在实施数字经济战略上抢新机，在生态文明建设上出新绩，努力开创百姓富、生态美的多彩贵州新未来，在全面建设社会主义现代化国家新征程中贡献更大力量。

2. 战略定位

西部大开发综合改革示范区。发挥改革的先导和突破作用，大胆试、大胆闯、主动改，解决深层次体制机制问题，激发各类市场主体活力，增强高质量发展内生动力，保障和改善民生，为推进西部大开发形成新格局探索路径。

巩固拓展脱贫攻坚成果样板区。推动巩固拓展脱贫攻坚成果同乡村振兴有效衔接，全面推进乡村产业、人才、文化、生态、组织振兴，加快农业农村现代化，走具有贵州特色的乡村振兴之路。

内陆开放型经济新高地。统筹国内国际两个市场两种资源，统筹对外开放通道和平台载体建设，深入推动制度型开放，打造内陆开放型经济试验区升级版。

数字经济发展创新区。深入实施数字经济战略，强化科技创新支撑，激活数据要素潜能，推动数字经济与实体经济融合发展，为产业转型升级和数字中国建设探索经验。

生态文明建设先行区。坚持生态优先、绿色发展，筑牢长江、珠江上游生态安全屏障，科学推进石漠化综合治理，构建完善生态文明制度体系，不断做好绿水青山就是金山银山这篇大文章。

3. 发展目标

到 2025 年，西部大开发综合改革取得明显进展，开放型经济水平显著提升；脱贫攻坚成果巩固拓展，乡村振兴全面推进；现代产业体系加快形成，数字经济增速保持领先；生态文明建设成果丰富，绿色转型成效明显；公共服务水平持续提高，城乡居民收入稳步增长；防范化解债务风险取得实质性进展。到 2035 年，经济实力迈上新台阶，参与国际经济合作和竞争新优势明显增强，基本公共服务质量、基础设施通达程度、人民生活水平显著提升，生态环境全面改善，与全国同步基本实现社会主义现代化。

（二）建设西部大开发综合改革示范区

1. 加快要素市场化配置改革

推动贵州建立健全城乡统一的建设用地市场，稳妥有序推进农村集体经营性建设用地入市，加快建立产权流转和增值收益分配制度。完善城乡建设用地增减挂钩节余指标省内调剂机制，开展节余指标跨省域调剂。深化农村资源变资产、资金变股金、农民变股东"三变"改革，推进息烽、湄潭、金沙等农村宅基地制度改革试点。开展集体石漠化土地市场化改革试点。深化产业用地市场化配置改革，支持产业用地实行"标准地"出让，探索批而未供土地和闲置土地有效处置方式。深化矿产资源管理体制改革，建立"矿业权出让＋登记"制度，完善"净矿出让"机制，建立健全共伴生矿产资源综合开发利用减免出让收益和相关税收等激励机制。探索战略性矿产资源矿业权出让收益征收新机制。鼓励分区分类探索国有林场经营性收入分配激励机制。允许贵州结合农业结构调整将符合条件的园地、灌木林恢复为耕地，新增耕地可用于占补平衡。加快推进电价市场化改革，研究完善"西电东送"电价形成机制。推进数据确权，推动数据资源化、资产化改革，建立数据要素市场化配置和收益分配机制。

2. 深化国企国资改革

支持指导贵州推动国有企业聚焦主责主业进行战略性重组和专业化整合，调整盘活存量资产，优化增量资本配置。深化效率导向的国资经营评价制度改革，推动国资监管切实从管企业向管资本转变。积极稳妥推进国有企业混合所有制改革，有序推进能源、矿产等行业竞争性环节市场化改革。落实国有科技型企业股权和分红激励政策。稳妥推进白酒企业营销体制改革。

3. 全面优化营商环境

深化"放管服"改革，严格执行市场准入负面清单，加快建立全方位、多层次、立体化监管体系。加快打造政务服务"一张网"，打通部门间数据壁垒，实现政务服务更大范围"一网通办"。全面实施不动产登记、交易和缴税线上线下一窗受理、并行办理。加快完善社会信用体系，强化信用信息共享开放，完善信用承诺、修复和异议机制。提升金融对实体经济服务质效，促进中小微企业融资增量扩面，切实帮助企业纾困解难。切实优化民营经济发展环境，强化竞争政策基础地位，落实公平竞争审查制度，破除招投标隐性壁垒。

（三）全面推进乡村振兴和新型城镇化

1. 接续推进脱贫地区发展

推动巩固拓展脱贫攻坚成果同乡村振兴有效衔接，严格落实过渡期"四个不摘"要求，坚决守住防止规模性返贫底线。细化落实国家乡村振兴重点帮扶县政策，支持贵州确定一批省重点帮扶县。将城乡建设用地增减挂钩节余指标跨省域调剂所得收益专项用于巩固拓展脱贫攻坚成果和乡村振兴，探索基于国土空间规划"一张图"建立农村存量建设用地通过增减挂钩实现跨村组区位调整机制。加大易地扶贫搬迁后续扶持力度，完善安置区基础设施和公共服务设施，支持发展特色产业，开展劳动技能培训，加大劳务输出和就地就近就业支持力度，拓宽搬迁群众就业渠道。支持广东与贵州建立更加紧密的结对帮扶关系，打造东西部协作的典范。

2. 深入实施乡村建设行动

强化规划引领，分类推进村庄建设。充分考虑贵州农村公路建设实施情况，深化"四好农村路"示范创建，车购税资金通过"以奖代补"方式予以支持。加强农村水源地保护，实施农村供水保障工程，推进规模化供水工程建设和小型工程标准化改造。升级改造农村电网，加快农村光纤宽带、移动互联网、数字电视网和下一代互联网发展。接续实施农村人居环境整治提升五年行动，因地制宜开展农村生活污水处理与资源化利用。推动民族村寨、传统村落和历史文化名村名镇保护发展，创建一批民族团结进步示范乡镇、示范村。鼓励国有企业和民营企业参与贵州乡村振兴。依法依规探索以投资入股等多种方式吸引人才入乡，允许入乡就业创业人员在原籍地或就业创业地落户。

3. 大力发展现代山地特色高效农业

严格落实全省耕地保护任务与责任，强化耕地数量保护和质量提升，调整优化耕地布局，核实整改补划永久基本农田，促进优质耕地集中连片，到2030年建成高标准农田2 800万亩以上。做优做精特色优势农产品，提高重要农产品标准化、规模化、品牌化水平。深入实施品牌强农战略，打造一批区域公用品牌、农业企业品牌和农产品品牌。加快现代种业、特色优势杂粮、优质稻推广，推动山地适用小型农机研发推广应用，推进丘陵山区农田宜机化改造。支持建设产地冷链物流设施，鼓励农业产业化龙头企业、农产品流通企业和大型商超在贵州建设绿色农产品供应基地，推动"黔货出山"。

4. 全面推进以人为核心的新型城镇化

培育发展黔中城市群，增强要素集聚能力，打造区域高质量发展增长极。支持贵安新区深化改革创新，培育和发挥体制机制优势。深入推进毕节贯彻新发展理念示范区建设。加快发展区域中心城市，引导人口和经济合理分布，促进大中小城市和小城镇协调发展。建立基本公共服务同常住人口挂钩、由常住地提供的机制。将新增城镇人口纳入中央财政"人钱挂钩"相关政策给予支持。增强县城综合承载能力，推进县城基础设施向乡村延伸、公共服务向乡村覆盖。加强市政设施和防灾减灾能力建设，推进燃气等城市管道建设和更新改造。

（四）推动内陆开放型经济试验区建设提档升级

1. 促进贸易投资自由便利

支持贵州主动对标高标准经贸规则，积极参与区域全面经济伙伴关系协定（RCEP）实施。进一步完善国际贸易"单一窗口"功能，推进全流程无纸化。支持发展数字贸易，探索建设数字丝绸之路国际数据港，重点面向共建"一带一路"国家提供数据服务，加快发展跨境电商、外贸综合服务、海外仓等新业态新模式。研究探索放宽特定服务领域自然人移动模式下的服务贸易市场准入限制措施。积极推动中欧班列开行。推动扩大机电产品、绿色低碳化工产品、特色农产品等出口。

2. 畅通对内对外开放通道

巩固提升贵州在西部陆海新通道中的地位，加快主通道建设，推进贵阳至南宁、黄桶至百色铁路和黔桂铁路增建二线等建设，研究建设重庆至贵阳高铁。开工建设铜仁至吉首等铁路，实施贵广铁路提质改造工程，适时开展兴义至永州至郴州至赣州、泸州至遵义、盘州经六盘水至威宁至昭通等铁路前期工作。研究建设重庆经遵义至贵阳至柳州至广州港、深圳港、北部湾港等铁路集装箱货运大通道。加快兰海、沪昆等国家高速公路繁忙路段扩容改造，研究推进厦蓉、杭瑞、蓉遵、贵阳环城等国家高速公路扩容改造。积极开展与周边省份公路通道项目建设，加快打通省际瓶颈路段。推进乌江、南北盘江—红水河航道提等升级，稳步实施乌江思林、沙沱、红水河龙滩枢纽1 000 吨级通航设施项目，推进望谟港、播州港、开阳港、思南港等港口建设，打通北上长江、南下珠江的水运通道。加快贵阳、遵义全国性综合交通枢纽建设，完善提升贵阳区域枢纽机场功能。加快威宁、黔北、盘州等支线机场建设。

3. 推进开放平台建设

加大贵阳航空口岸开放力度，实施 144 小时过境免签政策。加快遵义新舟机场、铜仁凤凰机场口岸建设。支持广州港、深圳港、北部湾港在贵州设立无水港。不断提升中国国际大数据产业博览会、中国（贵州）国际酒类博览会、中国—东盟教育交流周等展会活动的影响力。高标准、高水平办好生态文明贵阳国际论坛。加快国际山地旅游目的地建设，发展国际山地旅游联盟，办好国际山地旅游暨户外运动大会。

4. 加强区域互动合作

支持贵州积极对接融入粤港澳大湾区建设，探索"大湾区总部＋贵州基地""大湾区研发＋贵州制造"等合作模式，支持粤黔合作共建产业园区。推动贵州深度融入长江经济带发展，加强与其他沿江省份在环境污染联防联控、产业创新协同发展、公共服务共建共享等方面合作。积极对接成渝地区双城经济圈建设，推进交通、能源、大数据、文化和旅游等领域合作。

（五）加快构建以数字经济为引领的现代产业体系

1. 提升科技创新能力

支持贵州参与国家重点实验室体系重组，在数字技术、空天科技、节能降碳、绿色农药等优势前沿领域培育建设国家级重大创新平台。进一步完善"中国天眼"（FAST）数据资源整合能力，国家科技计划对 FAST 核心科学目标给予支持。加强南方喀斯特地区绿色发展与生态服务整体提升技术研究与示范。实施"科技入黔"，加强公共大数据、智能采掘、非常规油气勘探开发、新能源动力电池等领域关键核心技术攻关。支持贵州培育壮大战略性新兴产业，加快新能源动力电池及材料研发生产基地建设，有序发展轻量化材料、电机电控、充换电设备等新能源汽车配套产业，支持以装备制造及维修服务为重点的航空航天产业发展。强化企业创新主体地位，培育一批"专精特新"企业。支持贵州符合条件的省级高新技术产业开发区升级为国家级高新技术产业开发区。积极吸引数字经济、清洁能源、高端制造、山地农业等行业领军人才，探索多元化柔性引才机制。

2. 实施数字产业强链行动

推进国家大数据综合试验区和贵阳大数据科创城建设，培育壮大人工智能、大数据、区块链、云计算等新兴数字产业。加快推进"东数西算"工程，布局建设主数据中心和备份数据中心，建设全国一体化算力网络国家枢纽节点，打造面向全国的算力保障基地。支持贵阳大数据交易所建设，促进数据要素流通。建设国家大数据安全靶场，开展数据跨境传输安全管理试点。推动在矿产、轻工、新材料、航天航空等产业领域建设国家级、行业级工业互联网平台，促进产业数字化转型。适度超前布局新型基础设施，推动交通、能源等基础设施智能化改造升级。

3. 推进传统产业提质升级

落实新一轮找矿突破战略行动，支持贵州加大磷、铝、锰、金、萤石、重晶石等资源绿色勘探开发利用，加快磷化工精细化、有色冶金高端化发展，打造全国重要的资源精深加工基地。支持布局建设关键零部件、关键材料、关键设备等产业备份基地。发挥赤水河流域酱香型白酒原产地和主产区优势，建设全国重要的白酒生产基地。推进特色食品、中药材精深加工产业发展，支持将符合要求的贵州苗药等民族医药列入《中华人民共和国药典》。推动传统产业全方位、全链条数字化转型，引导传统业态积极开展线上线下、全渠道、定制化、精准化营销创新。

4. 促进文化产业和旅游产业繁荣发展

围绕推进长征国家文化公园建设，加强贵州红色文化资源保护传承弘扬，实施中国工农红军长征纪念馆等重大项目，打造一批红色旅游精品线路。做优做强黄果树、荔波樟江、赤水丹霞、百里杜鹃等高品质旅游景区，提升"山地公园省·多彩贵州风"旅游品牌影响力。支持培育创建国家级文化产业示范园区（基地）、国家文化产业和旅游产业融合发展示范区。积极发展民族、乡村特色文化产业和旅游产业，加强民族传统手工艺保护与传承，打造民族文化创意产品和旅游商品品牌。加快优秀文化和旅游资源的数字化转化和开发，推动景区、博物馆等发展线上数字化体验产品，培育一批具有广泛影响力的数字文化和旅游品牌。

（六）持之以恒推进生态文明建设

1. 改善提升自然生态系统质量

科学推进岩溶地区石漠化、水土流失综合治理，支持苗岭、武陵山区、赤水河流域等一体化保护修复。加大对乌江、南北盘江、红水河、清水江生态保护修复的支持力度，实施重要河湖湿地生态保护修复工程，对易地扶贫搬迁迁出地和历史遗留矿山实施生态恢复。优先支持贵州开展地质灾害综合防治体系建设，对处于地质灾害风险隐患区的人员分批实施避险搬迁。实施重点流域水环境综合治理，做好马尾河流域水环境综合治理与可持续发展试点工作。实施森林质量精准提升工程，深入开展国家储备林建设，加快低效林改造，稳妥探索开展人工商品纯林树种结构优化调整试点，大力发展林下经济。研究设立梵净山、大苗山国家公园。加强生物多样性保护，落实长江十年禁渔，建设有害生物风险防控治理体系、野生动物疫源疫病监测防控体系，实施黔金丝猴、楠木等珍稀濒危野生动植物拯救保护工程。

2. 深入打好污染防治攻坚战

坚持最严格生态环境保护制度，加强细颗粒物和臭氧协同控制，强化重点行业挥发性有机物综合治理。实施磷、锰、赤泥、煤矸石污染专项治理，推动磷石膏、锰渣等无害化资源化利用技术攻关和工程应用示范。加强农业面源污染综合防治，推进化肥农药减量化和土壤污染治理。实施城镇生活污水处理设施提升工程，全面消除城市建成区黑臭水体。实施生活垃圾焚烧发电和飞灰利用处置示范工程。提高危险废物和医疗废物收集处置能力，加强新污染物治理。

3. 健全生态文明试验区制度体系

支持赤水河流域等创新生态产品价值实现机制，探索与长江、珠江中下游地区建立健全横向生态保护补偿机制，推进市场化、多元化生态保护补偿机制建设，拓宽生态保护补偿资金渠道。支持贵州探索开展生态资源权益交易和生态产品资产证券化路径，健全排污权有偿使用制度，研究建立生态产品交易中心。健全生态环境损害赔偿制度，探索将生态产品总值指标纳入相关绩效考核体系，实施经济发展与生态产品总值"双考核"。探索创新山地生态系统保护利用模式，建立健全用途管制规则，在此基础上探索促进山地特色农业和山地旅游发展的政策。

4. 积极推进低碳循环发展

加快推动煤炭清洁高效利用，积极发展新能源，扩大新能源在交通运输、数据中心等领域的应用。强化能源消费强度和总量双控，落实重点领域节能降碳要求，力争新建项目能效达到标杆水平，引导存量项目分类有序开展节能改造升级。巩固森林生态系统碳汇能力，发挥森林固碳效益。探索实施碳捕获、利用与封存（CCUS）示范工程，有序开展煤炭地下气化、规模化碳捕获利用和岩溶地质碳捕获封存等试点。推进工业资源综合利用基地建设，推动工业固体废物和再生资源规模化、高值化利用。稳步推进"无废城市"建设。

（七）提高保障和改善民生水平

1. 提升劳动者就业能力和收入水平

全面实施就业优先战略。建设一批就业帮扶基地、返乡入乡创业园、创业孵化示范基地。大规模、多层次开展职业技能培训，完善职业技能培训基础设施，加强公共实训基地建设，加大对农民工职业技能培训的支持力度，做强职业技能服务品牌。健全最低工资标准调整机制，加强劳动者权益保障。加强创新型、技能型人才培养，壮大高水平工程师和高技能人才队伍，提高技术工人待遇水平。落实失业保险稳岗返还及社保补贴、培训补贴等减负稳岗扩就业政策，支持中小企业稳定岗位，更多吸纳高校毕业生等重点群体就业。

2. 推动教育高质量发展

推进学前教育普及普惠安全优质发展、义务教育优质均衡发展，加强县域高中建设。推进职业教育扩容提质，推动职业院校与技工院校融合发展，支持建设本科层次职业学校。支持贵州围绕发展急需探索设立大数据类、工业类、文化和旅游类高校，推进部属高校结对帮扶贵州地方高校，支持省部共建贵州地方高校、协同创新中心，鼓励教育部直属高校招生计划增量向贵州适度倾斜，稳步扩大贵州地方高校研究生培养规模，支持贵州深入实施"国培计划""特岗计划"。

3. 推进健康贵州建设

支持在贵州建设国家区域医疗中心、省级区域医疗中心，推动市级医院提质扩能和县级医院提质达标，提升基层卫生健康综合保障能力。实施重点人群健康服务补短板工程，提升产前筛查诊断和出生缺陷防治、危重孕产妇救治、儿童和新生儿救治等能力。支持建设国家中医疫病防治基地。健全公共卫生应急管理体系，完善重大疫情防控体制机制，提高应对重大突发公共卫生事件的能力和水平。实施"黔医人才计划"，拓展"医疗卫生援黔专家团"范围，完善远程医疗体系，推进国家健康医疗大数据西部中心建设。

4. 完善公共服务体系

坚持尽力而为、量力而行，围绕落实国家基本公共服务标准，完善并动态调整贵州基本公共服务具体实施标准。建立社会保险公共服务平台，完善以社会保障卡为载体的"一卡通"服务管理模式。扩大保障性租赁住房供给，着力解决新市民、青年人等群体住房困难问题。扩大住房公积金制度覆盖范围，租购并举有力保障缴存人基本住房需求。制定基本养老服务清单，对不同老年人群体分类提供养老保障、生活照料、康复照护、社会救助等适宜服务。全面构建育儿友好型社会，实施健康儿童行动提升计划，大力发展普惠托育服务。

（八）强化重点领域安全保障和风险防范

1. 提高水安全保障和洪涝灾害防治水平

加强水利基础设施建设，提升水资源优化配置和水旱灾害防御能力，有效解决长期困扰贵州发展的工程性缺水难题。推进凤山水库、观音水库等重点水源工程建设，力争开工建设花滩子、石龙、英武、宣威、车坝河、玉龙、美女山等水源工程和贵阳乌江供水工程，加快推进德隆等中型水库建设，力争到2030年全省水利工程设计供水能力达到170亿立方米以上。充分考虑地形条件，研究对贵州小型水库建设以打捆方式给予定额补助。加快病险水库除险加固，推进堤防和控制性枢纽等工程建设，持续深化兴仁、岩口等控制性枢纽工程论证。实施乌江、清水江、舞阳河等防洪提升工程。强化山洪灾害监测预报预警，继续实施重点山洪沟防洪治理。水利工程坝区和淹没区用地按建设时序分期报批，研究对淹没区按农用地管理。推进水利工程供水价格改革，完善水价水费形成机制和水利工程长效运营机制。

2. 提升能源安全保障能力

加强清洁能源开发利用，建设新型综合能源基地。在毕节、六盘水、黔西南布局建设大型煤炭储配基地，打造西南地区煤炭保供中心。加快现役煤电机组节能升级和灵活性改造，推动以原址扩能升级改造及多能互补方式建设清洁高效燃煤机组。推进川气入黔、海气入黔等工作。加快煤层气、页岩气等勘探开发利用，推进黔西南、遵义等煤矿瓦斯规模化抽采利用。推进川滇黔桂水风光综合基地建设，加快实施大型风电、光伏、抽水蓄能项目，在开阳等县（市、区）开展屋顶分布式光伏开发试点。开展源网荷储一体化、能源数字化试点，研究建设能源数据中心。

3. 防范化解债务风险

严格政府投资项目管理，依法从严遏制新增隐性债务。加大财政资源统筹力度，积极盘活各类资金资产，稳妥化解存量隐性债务。按照市场化、法治化原则，在落实地方政府化债责任和不新增地方政府隐性债务的前提下，允许融资平台公司对符合条件的存量隐性债务，与金融机构协商采取适当的展期、债务重组等方式维持资金周转。完善地方政府债务风险应急处置机制，即在确保债务风险可控的前提下,对贵州适度分配新增地方政府债务限额,支持符合条件的政府投资项目建设。研究支持在部分高风险地区开展降低债务风险等级试点。

(九)保障措施

1. 坚持党的全面领导

充分发挥党总揽全局、协调各方的领导核心作用,落实新时代党的建设总要求,把党的领导始终贯穿于贵州在新时代西部大开发上闯新路的全过程和各领域各方面各环节,继承发扬长征精神和遵义会议精神,引导激励广大党员、干部勇于推进改革创新,提升全局性、系统性思维,提高干事创业的本领能力,走好新时代的长征路。

2. 强化政策支持

研究以清单式批量申请授权方式,依法依规赋予贵州更大改革自主权。中央财政继续加大对贵州均衡性转移支付和国家重点生态功能区、县级基本财力保障、民族地区、革命老区等转移支付力度。中央预算内投资、地方政府专项债券积极支持贵州符合条件的基础设施、生态环保、社会民生等领域项目建设。支持发展绿色金融,深入推进贵安新区绿色金融改革创新试验区建设。支持开展基础设施领域不动产投资信托基金(REITs)试点。

3. 完善实施机制

贵州省要落实主体责任,大力弘扬团结奋进、拼搏创新、苦干实干、后发赶超的精神,完善工作机制,细化实施方案,明确工作分工,主动作为、大胆探索,以敢闯敢干的姿态在新时代西部大开发上闯出一条新路。国务院有关部门要按照职责分工,根据目标任务,加强指导协调,出台配套政策,对贵州改革发展给予大力支持。国家发展改革委要加强对本意见实施的跟踪评估,依托西部大开发省部联席落实推进工作机制,协调解决突出问题,重要情况及时向党中央、国务院报告。

基于上述政策意见,2023 年 6 月 28 日,贵州省巩固拓展脱贫攻坚成果同乡村振兴有效衔接考核评估反馈问题整改工作推进会议在贵阳举行[①]。省委

---

① http://www.gz.xinhuanet.com/20230629/726f621ccb114614af46b212b7a2eb40/c.html.

书记、省人大常委会主任徐麟出席会议并讲话。他强调，要深入学习贯彻习近平总书记关于"三农"工作的重要论述和视察贵州重要讲话精神，认真贯彻落实党中央重大决策和国务院工作部署，较真碰硬、举一反三抓好国家考核评估反馈问题整改，高质量巩固拓展脱贫攻坚成果，奋力在乡村振兴上开新局，加快推动贵州高质量发展实现新跨越。

省委副书记、省长李炳军主持会议，省委副书记、省委政法委书记时光辉传达全国巩固拓展脱贫攻坚成果同乡村振兴有效衔接工作电视电话会议精神并通报国家考核评估有关情况，省委乡村振兴领导小组有关负责同志，省人大常委会、省政府、省政协有关负责同志参加会议。徐麟指出，习近平总书记对巩固拓展脱贫攻坚成果同乡村振兴有效衔接高度重视，作出一系列重要指示，为做好有效衔接工作提供了根本遵循。要结合深入开展主题教育，自觉对标习近平总书记重要指示，从衷心拥护"两个确立"、忠诚践行"两个维护"的政治高度，以更高站位深刻认识做好有效衔接工作是关系"国之大者"的重大政治责任、关系"省之大计"的重大战略任务、关系"民之大事"的重大社会问题，切实增强时时放心不下的责任感。要对照国家考核评估反馈情况增强坐不住慢不得的危机感，对比打赢脱贫攻坚战前后工作状态增强丝毫不能放松的紧迫感，响鼓重槌推动有效衔接工作走深走实，以实干实绩实效检验主题教育成果。要把全面抓好国家考核评估反馈问题整改作为重要政治任务，严格实行地方和部门"双台账""双责任""双销号""双问责"，坚持较真碰硬抓整改，注重举一反三抓整改，层层传导压力抓整改，以更强担当推动问题全面整改见到实效，以问题有效整改推动工作有力提升。

徐麟强调，要以更实举措巩固住、拓展好脱贫攻坚成果，坚决守住不发生规模性返贫底线，加快建设巩固拓展脱贫攻坚成果样板区。要聚焦重点群体加强动态监测帮扶，进一步扩大监测覆盖面、提高认定精准度、增强帮扶有效性。要聚焦重点地区推动补短板强弱项，资源力量配置要把国家乡村振兴重点帮扶县作为重中之重，重点帮扶县要把巩固拓展脱贫攻坚成果摆在突出位置。要聚焦重点任务狠抓脱贫群众增收，通过稳定务工就业增加工资性收入、激发内生动力增加经营性收入、落实惠农政策增加转移性收入、深化农村改革增加财产性收入。要聚焦重点领域深化易地扶贫搬迁后续扶持，抓住产业和就业两个关键，确保搬迁群众稳得住、有就业、逐步能致富。

徐麟要求，要以更大力度做好乡村振兴这篇大文章，学习借鉴浙江"千万工程"经验做法，继续打造"四在农家·美丽乡村"升级版，大力推进符合农业农村现代化标准的乡村产业、人才、文化、生态、组织振兴。要因地制宜推进乡村产业高质量发展，注重发挥比较优势、加快产业深度融合、提升产业发展质效，以产业振兴带动乡村全面振兴。要实事求是推进乡村建设行动，加强科学规划引领、尊重乡村发展规律、提升公共服务水平。要深化村民自治实践、强化乡村法治建设、细化乡村德治工作，多措并举推进乡村治理现代化。要大力加强农村基层党组织建设和乡村人才队伍建设，全面夯实乡村振兴基层基础。要强力推进大数据赋能乡村振兴，把数字乡村打造成为贵州又一张靓丽名片。

徐麟强调，要毫不动摇坚持和加强党的全面领导，坚持"五级书记"一起抓，党政一把手负总责，严格落实"四个不摘"要求，推动组织领导再加强、工作合力再增强、工作作风再提升、监督考核再优化，为做好有效衔接工作提供坚强保障。各地各部门要以更严要求压紧压实工作责任，加强上下联动和相互协同，确保各项任务落到实处、见到实效。广大党员干部要把实事好事办在群众急难处、办到群众心坎上、办出群众好口碑，有力有效提升群众认可度。

李炳军在主持会议时强调，要深入学习贯彻习近平总书记重要讲话指示要求，把巩固拓展脱贫攻坚成果作为高质量发展的底线任务，坚决克服思想松懈、工作松劲、作风不实等问题，结合主题教育专项整治，下大力度整改国家考核评估反馈问题，以实干实绩诠释对党忠诚。要把发展产业作为治本之策，坚持按市场规律办事，发挥农民在种植养殖环节的主体作用，在品种繁育、技术支持、产品加工、市场销售等方面加强服务支撑，持续做好扶贫项目资产管理，推动乡村产业提质增效。要把增加农民收入作为头等大事，紧盯重点地区、重点群体，采取针对性措施拓宽增收渠道，实实在在提高脱贫人口特别是易地扶贫搬迁脱贫人口收入。要进一步压紧压实责任，大力改进干部工作作风，激发脱贫群众内生动力，用足用好各类协作帮扶资源，凝聚起巩固拓展脱贫攻坚成果、全面推进乡村振兴的强大合力。

三、新时代乡村振兴战略的具体任务

（一）产业融合创新发展，促进产业振兴

由于社会分工逐渐明晰、社会生产效率不断提升，产业振兴成为发展的"当务之急"。产业兴旺可以为乡村人才振兴、生态振兴、文化振兴、组织振兴其余四方面的振兴提供充足的物质条件与基础，激发乡村发展的活力，提升乡村振兴的内部动力。农业作为乡村发展的主要产业，必须加快转型升级，推动农业朝向商品化、现代化发展。中国经济进入高质量发展阶段，农产品生产成本不断增加，农民一旦调高农产品价格，就会丧失核心竞争力，消费者往往选择低价商户购买。这一矛盾要求持续完善农村人才引进体制，技术人才需整合农村信息平台；在生产中结合现代科技力量，推动人工智能等高科技技术在农业生产中的应用；推动农业转型升级，可选较发达地区定点帮扶，为农民解决实际问题。

（二）贯彻绿色发展理念，促进生态振兴

良好的生态环境是实施乡村振兴战略的重要标志。习近平总书记提出："环境就是民生，青山就是美丽，蓝天也是幸福，绿水青山就是金山银山，保护环境就是保护生产力，改善环境就是发展生产力。"① 乡村振兴的重大环节在于生态环境的保护利用和可持续发展，在发展中遵循绿色发展原则，改善城乡环境、促进资源循环利用，以绿色发展引领生态振兴。同时，鼓励大力发展绿色产业，积极推进绿色产业化、产业绿色化，建立完备的绿色产业链条，降低能源消耗与污染，做到产业、生态双赢。村委会可借助互联网、报纸、广播等媒体，通过文化宣传加强乡村精神文明建设，对农民进行潜移默化的价值观塑造，使其树立生态文明观念。

（三）加强乡风文明建设，促进文化振兴

乡风文明是乡村振兴的象征。在乡村中培育和践行社会主义核心价值

---

① 胡俊生，王彦岩. 新时代乡村振兴战略的内在逻辑研究［J］. 农业经济，2022（12）：29-30.

观，使传统文明与现代文明融合发展。为继承与发扬农村本土文化和农耕文明，应合理使用乡村现有文化资源，提升乡村社会整体文明水平。不断补齐农村发展的"文化短板"，注重对各地方优秀风俗的传承与保护，重视对农业、林业、牧业、渔业等产业文明的保护，让农民真正有家园的归属感，增强凝聚力和向心力，实现农村公共文化建设与农民的日常生产生活相融合。

（四）发挥党组织作用，加强基层干部人才振兴

习近平总书记强调，实现乡村振兴战略，关键在党组织[①]。在"三农"问题中，党起着总揽全局、协调各方的作用。农村基层党组织的党员干部肩负着巨大使命，这就更需要他们发挥坚韧不拔、吃苦耐劳、冲锋在前、享乐在后的战斗精神以及先锋模范带头作用，而基层党组织也更应该成为一个强大的战斗碉堡，坚决把党的农村工作的各项方针以及决策路线落实到位。此外，培养一支扎根农民的、对农村有着深厚感情的高素质高水平的农村党员干部团队也格外重要，壮大农村干部团队、培养高素质农村干部，同时提高党员干部的待遇，出台政策吸引高学历高水平人才到乡村帮扶，这些措施都有利于乡村振兴战略的实施。

四、新时代乡村振兴战略的时代价值

乡村振兴战略是中共中央、国务院提出的重要发展战略，目的是解决"三农"问题，使农民构成多元化、农业发展多样化、农村发展包容化，对实现中华民族伟大复兴中国梦具有十分重大的现实意义和深远的历史意义。

（一）新时代乡村振兴战略的理论创新价值

1. 创新马克思、恩格斯的城乡融合观

乡村振兴战略既是马克思、恩格斯农民农村农业思想在中国的体现，更是对马克思、恩格斯"三农"思想的补充与创新。中国共产党的城乡融合观建立在马克思主义城乡融合观之上，依据中国实际情况产生，坚持中国特色

---

① 鲁杰，王帅. 乡村振兴战略背景下农村基层党组织的定位、困境与发展 [J]. 西北农林科技大学学报（社会科学版），2021（6）：20-25.

并致力于解决中国问题。中国共产党的城乡融合理论是新时代乡村建设理论的重要组成部分。实施乡村振兴战略所构建的新型工农城乡关系要将农业农村问题放在第一位，从"以农哺工"到"以工哺农"，城市带动乡村发展，加快农业农村现代化。

2. 丰富中国特色社会主义理论体系

坚持以历史思维思考新时代中国乡村振兴。作为我国百年乡村建设的重要部分，乡村建设在每个阶段都有其特定的任务与目标。从民国开始，乡村建设的重点从重视农民文化教育转到农业配套设施建设，再到农民减负问题。21世纪后，农村生活环境也被纳入乡村建设中来。党的十九大后，公共服务的均等化、乡村文化旅游也得到了重视。党的二十大报告明确指出："全面建设社会主义现代化国家，最艰巨、最繁重的任务仍然在农村。"农强国强，强国先强农。

（二）新时代乡村振兴战略的现实指导意义

1. 为解决我国"三农"问题指明了方向

"三农"问题是事关国计民生的根本问题。没有农业农村的现代化，就没有中国现代化。实施乡村振兴战略是解决"三农"问题的重要途径，同时是科学发展观在农业农村领域的延伸，为乡村发展规划发展蓝图，促进乡村高质量发展。

2. 为全球消灭贫困提供了新方案

乡村振兴战略是中国为全球消灭贫困、消除贫困人口提供的一种全新的解决思路，它彰显了中国特色。在中国，"三农"问题，究其根本仍是发展不平衡不充分的问题，而这一问题的解决事关当今中国社会主要矛盾的解决，因此乡村振兴战略是必须长期坚持的国策。同时，作为具有中国特色的"减贫方案"，乡村振兴战略向世界上其他国家彰显着社会主义制度的优越性。

五、新时代乡村振兴战略的实现路径

乡村振兴战略是新时代我党开展乡村振兴工作的重要指导方针。目前，我国乡村振兴战略在实施过程中存在一些问题，也面临着一些挑战，党中央针对这些问题，以全面深化改革促进农业农村发展、实现共同富裕、巩固脱贫攻坚战成果等方面提出了诸多推进乡村振兴战略的意见与对策。

（一）坚持"以人为本"，提高农民的参与度

作为乡村振兴战略实施的主要对象与最直接的受益者，农民是乡村振兴战略的主体，所以推进乡村振兴战略必须要树立以农民为治理主体、内部发展是主要推动力的观念，实现多元共治。在实施乡村振兴战略的同时，要加大对乡村地区人力、物资、财政的支持，赋予农民资产权益。在坚持农民主体地位的同时，也要从构建完善、快速、准确的信息反映渠道，提高农民满意度的社会调查等方面建立以农民为主体的乡村振兴战略实施机制。

（二）深化农村重点领域改革

仅仅依靠种植农作物很难给农民带来更高的收入，政策的支持是农业快速发展的一条重要途径。深化对农村重点领域的改革，做到农业政策适时而变，因地制宜，紧跟时代发展的步伐，以此实现农村地区的可持续发展。此外，要深化农村集体产权制度改革，除了要保证农民日常的农业收入之外，还要分享增值收益、保护农民的合法权益，因此必须建立健全经济发展运行机制。此外，今后我国更应该大力发展农业科技，重视农民职业教育，提高农业机械化水平，实施退耕还林政策，坚守耕地面积红线，以此来实现农业的发展。

（三）巩固脱贫攻坚成果，做到脱贫不返贫

实施乡村振兴战略与打赢脱贫攻坚战具有密不可分的关系。共同富裕是社会主义的本质要求，摆脱贫困是勤劳朴实的中国人民自古以来的美好愿望。不论是"八个一批""十大工程"，还是"六个精准"，这些纲领性文件都为我国的精准扶贫指引了方向，指明了道路。建立"授人以渔"的长效扶贫机制，真正做到脱贫不返贫，如通过电商下乡来促进乡村产业发展、加大教育资源投入、点对点帮扶等，既扶贫也扶智，既富口袋也富脑袋，以此增强农村竞争力。

乡村振兴战略集历史性、复杂性、时代性于一体。立足于新时代的历史起点，乡村振兴战略不断在发展中焕发新的时代风采，以城哺乡、以工哺农

日渐成为中国发展的主线任务。中国共产党须坚持农业农村优先发展，按照乡村振兴的战略目标及基本任务，建立健全城乡融合发展机制和政策体系，推进乡村持续发展，加快解决"三农"问题的脚步。持续推进乡村振兴战略，可以为实现第二个百年奋斗目标打下基础，为全面建成社会主义现代化强国、实现中华民族伟大复兴的中国梦注入强大动力。

第三节　乡村振兴战略下的乡村规划与建设

一、乡村规划的基本知识

（一）乡村规划的依据与原则

农村区域规划应在深入调查研究的基础上，对其未来一段时间内经济与社会的发展与建设做出战略性部署与安排。

区域经济与社会发展必须建立在学科基础上，这样才能发挥其自身的指导作用。在制定农村区域规划时，需要做到三个方面的内容：第一，正确认识区域农村经济的发展方向，并对其发展方向进行客观的分析；第二，对于区域内的发展战略目标以及区域内经济的合理结构要有所明确；第三，对于规划的战略措施以及方针政策要有正确的制定，保证其能够实现。

（二）农村区域规划与设计的工作步骤

1. 农村区域规划工作的方式

下面要讨论的内容是关于开展区域规划的方式，所针对的地区为三级地区，即省区、地区或市域、县区，着重讨论三级地区主要是因为这三级地域互相之间的关系是十分紧密的。农村区域规划工作的方式一共有三种。

第一种方式为自上而下的方式，即先从省区级开始规划，再对地区或市域开始规划，最后再对县区级进行规划。应用这种方式的优点在于规划的范围是十分全面的，并且具有较强的整体性，其缺点在于规划工作无法深入进行，如果想将上一级的规划做得更具体，就需要对下一级的规划资料有充分的把握。该方式的主要特点为，从全体开始规划再对局部进行规划，即从大到小，当规划下一级时，上一级的规划可以作为重要的指导内容和依据内容，让规划具有全面性而不是片面性。

第二种方式为自下而上逐级规划的方式。这是比较简单的一种方式，在规划的过程中只需要有地方的支撑即可，并且能充分地调动其地方规划的积极性。这种方式的优点在于方便了解规划过程中的实际情况，对区域的发展方向以及建设方向有明确的认识，在规划上一级时，下一级的规划工作就可作为有价值的依据内容。但这种方式也存在着一定的缺点，即在对局部进行规划时会遇到较大的局限性。

第三种方式为先中间后两头的方式，即先对地区级和市级进行规划，之后再对省区级和县区级进行规划。上述两种方式中的优点都包含在了该方式之中，但这种方式也同样具有其自身的缺点。

综上所述，在任何一种规划方式中，不同级别的规划都在互相联系着，当上一级的规划工作结束后，下一级规划的发展方向也就得到了确认；当下一级的规划工作结束后，可以对上一级规划过程中所产生的不足之处进行补足。每一级的规划工作都是按照一定的阶段任务来完成的，但在实际规划的过程中可以对其进行修正，而规划工作就是在这样的过程中得到补充与完善的。

2. 工作步骤

在对农村发展的规划工作进行开展时，为了保证其能顺利地进行，需要采取以下几个工作步骤。

（1）工作的准备阶段

之所以要在农村规划开始之前将准备工作做到充分，是因为其规划工作带有很强的科学性，所涉及的内容比较复杂，涉及的范围也十分广泛。

① 组织准备工作。在提出任务之后，先要建立工作组织和制订工作计划，这是顺利完成编制任务的保证。农村规划工作组织的内容有两方面：一是规划工作领导机构的建立；二是规划工作队伍的组织。

② 准备业务相关的资料。在对农村的规划内容进行制定时，作为依据的资料数量要有很多，为了能够完全掌握农村规划区域内的社会技术经济条件以及自然条件，需要将这些资料内容充分地利用起来。在准备资料的过程中，

需要确定农村规划的范围，以及规划的主要目标和重要任务。而农村规划范围的主要依据在于进行区域规划时所产生的问题的性质，以及为解决问题的主要任务。

（2）收集资料阶段

在制定农村发展规划时，其最重要的依据及内容就是全面准确掌握农村区域的情况。在制定农村规划时，一共需要用到五类资料。

第一类资料是关于自然资源的最基本的资料内容。随着社会经济不断发展，其最重要的物质基础就是自然条件。自然条件包含了多个不同的要素，即生物、矿产、自然景观、地形地貌以及土壤和气候等，人们的生活以及人们的生产活动都在不同程度上受到了这些因素的影响。在收集资源的过程中，需要根据不同地区的特点来调查收集重要资料。

① 关于自然资源的质量与自然资源的数量。保证经济发展的能力是依靠资源的潜力来实现的，而潜力能够被开发利用的程度就是依靠资源的数量实现的。但只有查清资源绝对量和相对量，以及资源量与消费量的对比（包括未来消费量的对比），方能予以准确的评价。另外，自然资源的质量在一定意义上比数量更能影响经济、社会的发展，因为它反映着自然资源开发利用的经济价值，影响着开发利用的技术可能性和经济合理性。

② 自然资源的时空分布及其组合。自然资源的时空分布决定着人们活动的区域性与季节性。各种自然条件相互配合、相互影响，共同作用。所以，如果想在开发时做到因时制宜和因地制宜，就需要充分掌握自然资源的组合方式以及自然资源在时间和空间上的分布。

③ 一些制约因素和自然灾害。一些主要的自然灾害包括旱涝、冰雹以及霜冻等，针对这些自然灾害，所调查的内容主要有灾害发生的时间、灾害发生的频率以及灾害发生的程度等。对于一些不利的自然条件也需要进行调查。例如，生活在高山陡坡的人们会因其地理位置产生怎样的制约作用。

对于自然条件的各个要素，既要逐项进行评价，还应将自然条件作为一个整体进行综合评价。前者是后者的基础，后者是前者的深化，将二者结合，从而获得全面的认识，揭示自然条件对经济发展和社会进步的作用和影响。

第二类资料是关于社会经济的最基本的资料内容。针对资料所要调查的基本内容包括农村行政区划的分布、农村村落的分布、农村的建设条件、农业生产情况以及社会技术经济条件，当地规划的优势条件以及在生产建设的过程中存在的问题等。

① 经济条件包括国民生产总值、社会总产值、各个行业的产量、农村的经济政策等，除此之外还有农村生产协作化、农业产业化、农村劳动力的数量与质量、农业生产的装备以及农业技术等内容。

② 社会状况包括民族人口、医疗保健、生活地生态环境、社会文化以及就业福利等内容。

③ 科技状况一共分为两部分的内容：一部分为科技实力与科技水平，如科技人员、科技设备、科研成果、科技活动耗费的经费、科技交流以及科技政策和科技管理等；另一部分为技术经济状况，如技术资金、劳动生产率、新技术使用率以及生产现代化水平等。

④ 规划地区历史情况包括该地区的社会经济以及自然条件的发展历程，并找到影响规划完成的阻碍原因。在调查的过程中如果遇到有利因素则需要继承下来，如果遇到不利条件则需要先对其进行改进再加以利用。

第三类资料是对外部的农村区域的情况所进行的调查结果。在开展调查工作时，不能只对农村的内部情况进行调查，农村的外部情况也是十分重要的内容，因为农村是一个较为开放的系统，外部的信息流、人流以及物流都在和农村的内部进行交换。对外部的地区进行调查也需要选择重点的内容进行，包括社会经济、自然环境等，同时还要将调查的结果与农村当地规划区域在不同的方面进行比较，了解外部地区和本地之间存在着怎样的关系。这种调查有利于农村规划区域了解哪些外部的条件是可以加以利用的以及确定农村规划区域的发展方向等。在规划的过程中也可以将这些调查的内容作为主要依据。

调查工作重点在于掌握规划对象的现状和发展潜力，揭示其发展规律，探讨未来发展的大致方向。在调查顺序上，一般可采取先宏观后微观，先点后面，做到既把握全局，又了解关键的细节。

第四类资料是相关成果的资料内容，包括对综合农业区域的规划资料、不同产业的区域专业规划资料，如农业、畜牧业以及渔业等，对土壤分布的调查结果，对土地现状的调查结果，对当地地形的调查结果等，除此之外还有一些文字类的资料和统计数据，如当地的交通和地质地貌等，同时还要根据调查的结果制作专业的专题图件，即当地的规划图以及当地的现状图。

第五类资料是一些指导性的文件并且是由上级部门发下来的，主要内容是关于农村发展。

综上所述，收集资料这项工作具有一定的复杂性、阶段性和地域性，资料所涉及的内容包含了许多方面，并且贯穿于区域规划的始终。其调查的主要方法有许多种，常用的有座谈访问、阅读资料、实地踏勘等，也可以在实地调查的过程中对资料的内容进行分析，还可以结合全面调查与典型调查。

（3）分析和整理资料阶段

在调查完资料之后，需要对资料进行分析与整理，在这个过程中需要根据资料的内容对区域内的各类条件进行详细的评价，包括社会条件、经济条件以及自然条件。在对不同区域的资料内容进行对比时，可以找到有利于规划的因素和不利于规划的因素，同时掌握区域所具有的优势。在分析农村发展的历史、现状以及存在的问题时，就能对未来农村发展的主要趋势以及农村发展的潜力进行预测，并根据这些内容制定出合理的农村发展规划。在对区域系统进行分析时，需要依照其最终的结果完成区域模型系统的总体设计、确定模型的总体结构、确定子模型中的方程形式以及其中包含的变量，要想将模型参数确定下来，需要利用经验估计或系统辨识等方法。最后不要忘记完成有效性检验，其检验的对象为参数、模型以及方程。

（4）制订农村区域规划方案阶段

在对农村区域进行规划时，除了要对当地进行调查研究外，还需要依照区域规划的原则，将当前获得的利益与未来能够获得的长远利益结合起来，同时还要兼顾农民的利益、集体的利益以及国家的利益。在规划的过程中要时刻按照党对于国家发展以及农村政策所提出的总要求，确定农村规划区域今后的战略重点以及主要的发展方向。在制定区域规划的同时还要对有利条件以及不利条件做出正确的评价，并根据当前的水平以及未来发展的潜力，对规划指标提出相关的建议，确定区域规划的战略目标，同时还要编写相关的规划方案、规划说明以及规划图表。

在区域规划报告中，其主要编制的内容有实施区域规划任务的方法、程序，区域规划任务所处的社会背景与自然环境，设计区域规划的具体方案，评价区域规划的具体方案，以及对区域规划任务提出的相关建议等。在整个区域规划工作中，最关键的内容就是设计农村区域规划方案，并且在设计的过程中，综合规划也随之形成。综合规划的主要目的是对社会经济以及生态科技等多方面的内容进行掌握，其掌握的出发点为规划对象的协调观点以及整体观点。从总体来看，规划的指导思想、战略重点以及发展模式等都是需要仔细研究的内容，以便能从不同的角度对规划做出准确的评价，从而获得科学的研究结论。

在对规划方案进行编制时，需要先从整体角度对其进行控制，再在局部范围内对原则进行详细分类，规划的顺序是先规划总体，再规划行业内部，最后规划各专项。针对农村区域具体的发展方向、规划的战略重点以及建议等内容，需要相关的领导同设计规划的专家对各项内容进行综合论证与评价，再根据最终的比较结果，制订相关的规划草案。

（5）规划成果整理、审查批准阶段

当区域规划被设计出来后需要对其内容进行比较，并在经济方面对其进行评述，在将最优的规划方案确定下来之后，就需要做规划方案的整理工作。编制规划成果的内容包含两个方面的内容。

① 农村区域规划报告。编写报告的主要依据为实施规划任务时对其做出的各项要求以及实施规划方案时对其做出的各项要求，同时还要考虑区域规划的具体情况。区域规划的报告一共由两个部分组成。第一个部分为总体规划，包括规划区域的社会经济背景以及自然资源条件。在做总体规划时需要对规划区域的特点进行整体分析，以了解当地和周边地区之间的社会经济关系，以及当地在国民经济中的主要地位。在制定总体规划时还需要明确规划的主要依据，分析当地发展经济时所要依据的主要原则等，除此之外，还需要对一些内容做出简单的概括说明，如区域规划的具体内容、具体范围、人口数量以及行政区划等。第二个部分为专项规划，在编写这部分内容时需要按照不同的专业分别编写，并对专业规划的突出特点以及一般情况做出简要的概括说明，在编写的过程中还需要确定规划的主要原则、主要依据以及具体内容等。专项规划所涉及的专业一共有三种：农业、工业以及仓储，所编写的内容包括能源供应、交通运输、风景区规划、文教和卫生事业等。如果在编写的过程中需要使用到一些附件，如综合且合理利用资源的

建议、针对实施规划方案所提出的建议等，都可以添加在后续的说明书中。

② 图件。图件一共包含了八个方面的内容。

第一个方面为规划区域的区位图，在该图件中需要对规划区域内的经济地理位置标注出来，同时还需标明这些地理位置和周边地区之间在经济方面形成的重要联系。该图件所使用的比例尺通常有两种：一种为1:300 000，另一种为1:500 000。

第二个方面为土地利用的现状图，在该图件中需要对规划区域内目前存在的农村区域、集镇区域、工矿区、风景区、农业用地区以及其他作为专用地的区域进行标明，需要在图件中显示出其具体的地理位置以及涉及的范围。除此之外，一些类似于高压线路、机场码头、公路或铁路等位置也要标明出来。该图件所使用的比例尺通常有两种：一种为1:50 000，另一种为1:100 000。

第三个方面为矿产资源的分布图，在该图件中需要标明矿产资源在规划区域内具体分布的位置、矿区在规划区域内的主要范围、规划区域内现有的矿井位置和开采场位置以及计划要有的矿井位置和开采场位置。该图件所使用的比例尺通常有两种：一种为1:50 000，另一种为1:100 000。

第四个方面为农村区域的总体规划图，在该图件中需要明确规划区域内县镇的位置、集镇的位置、农业区域、公路线路、铁路线路、机场码头、高压线路、防洪工程位置、建筑基地位置、排水口位置以及风景区位置等相关的区域。该图件所使用的比例尺通常有两种：一种为1:50 000，另一种为1:100 000。

第五个方面为农业分布的规划图，在该图件中需要标明农作物分布的主要区域、农场的位置、果园的位置、林区的位置、水库的位置以及菜地的位置等。该图件所使用的比例尺通常有两种：一种为1:50 000，另一种为1:100 000。

第六个方面为专业规划的综合草图，在该图件中需要标明区域内的交通运输系统、供水系统与排水系统、水利系统以及动力系统。该图件所使用的比例尺通常有两种：一种为1:50 000，另一种为1:100 000。

第七个方面为重要村镇的规划草图以及工矿区的规划草图，在该图件中需要标明同村镇和工矿区相关的主要干道，另外还需要标明一些工业企业、机场码头、仓库以及居民居住的地理位置。该图件所使用的比例尺通常有三种：一种为 1:5 000，另一种为 1:10 000，还有一种为 1:25 000。

第八个方面为区域环境质量的现状评价图，在图件中需要标明污染源的性质、污染的范围、污染的程度、取水口的位置、排水口的位置、水系的分布情况、水系的流向以及目前被污染的程度等内容。该图件所使用的比例尺通常有两种：一种为 1:50 000，另一种为 1:100 000。

（6）规划实施与检查监督阶段

当区域规划方案完成了成果的整理工作，并顺利通过评审后，就可以将区域规划正式投入实施中。其主要实施的是年度计划，同时还需要对实施的具体情况进行检查与监督。在这个过程中还需要确定实施总体规划时的一些细节，对规划实施的具体情况开展定期检查，以便对实际情况进行追踪与评价。可由各部门自检、互检，或由领导部门组织人员进行检查，以利于及时发现实施中的问题，及时反馈，适时进行动态的调整与协调。

二、乡村规划的任务与内容

（一）农村区域规划与设计的任务

在较长的一段时间内安排农村产业的发展方向、农业生产的发展方向、农村产业的发展规模、农业生产的发展规模，以及发展农业的关键方案等内容，就是在实施农村区域规划的任务。简单来讲，合理建立农村的生活体系以及区域生产就是为了向农村区域提供一个合理的发展规划，同时这也是计划部门在编制农业发展规划时的重要依据。

在对农村区域进行规划时，需要考虑农村区域发展的长远利益，以及农村区域的整体情况，同时还要对农村区域进行统筹兼顾，结合其实际情况，合理安排农村区域现有的生产力，合理规划农村区域的人口。在规划的过程中会遇到一些生产性和非生产性的建设，这些建设通常存在于为实现当地社会发展以及经济发展所设计的长期规划中，对于这些建设需要进行合理的布局，保证其能够实现协调发展。显然，做这些事情的最终目的是为生活在农村的居民提供优质的生活环境与舒适的生活氛围。总之，在农村区域规划中，其主要包含的任务有以下几个。

1. 把握规划区域内社会经济发展的基本资料

在编制农村区域的规划内容时，其最主要的依据就是能够掌握区域内的经济与社会发展的基本资料。这些资料的主要内容为当地发展的长期计划内容以及在发展过程中所使用的技术等基本资料，在收集到这些资料后再对其进行分析与评价。之后为确保当地的产业能够按照合理的结构与规定的内容顺利发展，需要对当地的各项资源都有充分的了解，再根据当地生产力布局的基本原则，完善规划区域内的社会发展以及经济发展的方向以及任务。

2. 合理布局对规划区域内的各项生产力

为了使规划区域内的社会经济能够全方位得到协调发展，需要对该区域内的各个行业进行合理的配置，包括农业、林业、畜牧业、商业以及服务行业等，其配置的主要依据为农业区划的成果。合理布局就是合理安排不同的行业所应用的生产土地范围，避免不同行业在用工、用地以及用水等方面产生矛盾，如果有一些行业需建设副食品基地，则将其安排在城郊的位置。

3. 规划区域内的人口以及农村居民点体系

想要满足人们对物质生活以及对文化生活的需求，就需要不断发展。为了提供给规划区域内的居民一个优质的生活环境，就需要制定农村居民点体系，同时该体系不能违背工农业的发展。制定该体系的前提条件是要合理分布规划区域内的人口，并处理好他们同自然之间的相互关系。

4. 规划带有区域性的公用基础设施

社会上的公用基础设施会影响到人们的生活质量以及社会发展生产，如生活服务设施、交通运输设施以及能源供应设施等。在对这些设施进行布局时，要注意符合工农生产的布局以及居民点体系的布局，并使这些内容之间能够协调与配合。举个例子来说，若某一个地区为开发利用水资源而开展水利建设工程时，首先要考虑相邻地区之间该怎样分配这些水资源，其次要解决因分配水资源而产生的矛盾，最后再对水利建设工程进行合理规划。

5. 保护好环境，让规划区域内的生态系统实现良性循环

生态环境很容易因为没有合理地开发资源或没有合理地运用资源而受到污染和破坏。如今，保护环境在世界范围内都已经变成了最重要的内容。如今人们在面对环境的问题上，更多的是希望能够减少居民点、水源地、旅游区的污染，并且对历史文化古迹、自然风景区多加保护。针对农村开展的区

域规划也同样需要避免对环境造成破坏，同时要预防自然灾害，对于已经遭到破坏的生态环境，需要开展生态重建工作帮助其恢复生态平衡，让生态系统实现良性循环。同时，为进一步优化农村环境，可以做一些园林绿地的规划，建设更多的文化设施，添加更多的休憩场地。

6. 为获得最高社会经济效益，实行统一规划与综合平衡

在农村区域规划中，最基本的一种规划方法就是统一规划、综合平衡，在挑选方案时要考虑在经济上能否做到合理，在技术上能否做到正常实施。使用这种方法主要是为了实现效益最大化，这些效益包括生态效益、经济效益以及社会效益。

（二）农村区域规划与设计的内容

乡村规划内容的制定需要同当地的实际情况相结合，并对规划的目的有所明确。

第一，为了使农民种田更加方便。对于农民来说，种植是他们的主要工作，因此农民居住地和农民耕作地要有适当的距离，如果之间相差的距离较远，对于农民的生产活动并不方便。为使村庄达到一定的居住规模，在对乡村进行规划时，不仅要注重村庄有没有合并到规定的规模，还要注重农田是否和居住地之间有适当的距离，是否方便农民对其进行管理。就目前的情况来看，居住地和田地最适宜的距离为一千米。一般来说，北方旱地为平原地区，旱作田间管理要求相对低，农具类型少，耕作半径可以大一些；而南方丘陵从事水稻种植地区，田间管理任务重，农具多，地形复杂，耕作半径应小些。

第二，方便农民生活。现在规划人员总是认为传统的独门独院不好，没有现代感，不开放，总是希望把大家装进一幢楼，那么农民的粮食怎么储藏？农机工具放哪里？农民还能不能养鸡养猪？绝大多数农民一年打几千斤粮食，怎么能扛上楼？除了将卫生所、商店以及服务中心等作为新的规划点，将食堂列入规划范围也是比较合理的。居住在乡村的村民将喜事与丧事都看得很重，如果有食堂，也方便村民举办这些事宜。

第三，农民居住的房屋应具有多样化，并带有一定的特色。乡村规划的设计人员可以让农民在其提供的房屋套型中进行挑选，一般所提供的类型都

是按照村民的喜好选择的，并且村民选择的也是同自己的生活习惯和经济条件相适应的。

为了方便推进村庄建设管理工作，需要编制乡村式规划①，在推动乡村地区的社会经济和环境协调发展的同时，加快推动乡村城市化的发展，同时还要做到节省土地面积、保护自然环境以及保护历史文化。在对乡村规划进行编制时需要遵循五项原则。

第一项原则为乡村规划应在城市总体规划的引导下，按照区域进行规划，即针对城镇做出总体规划，市、区和镇对土地的利用也需要做出总体规划。

第二项原则为始终坚持节约用地、因地制宜和合理布局。对于乡村中许多地区都要进行有效的保护，如生态林区、农田保护区以及蔬菜生产基地等，除此之外还要保护好乡村的生活环境，针对各类污染做好防护与治理，避免遭受更多的公害。

第三项原则是关于城市规划发展用地的内容，其制定的城市规划主要存在于乡村区域范围内，确定发展用地的依据包括城市的总体规划、各个区域的规划内容、城市中对于公共服务设施的规划、城市中对工程管线的规划以及城市内其他基础设施的规划。

第四项原则是乡村规划建设，其建设的方式有两种：一种为集中建设方式，另一种为相对集中建设方式。这两种方式都能对村民的居住位置进行合理的安排，对乡村中的设施建设进行合理的布局，避免在建设的过程中没有秩序，随意进行。

第五项原则是建设用地在乡村规划中只能让村民用作居住、开展生产活动或用于发展经济，除此之外的活动均不可使用建设用地，尤其是房地产开发经营。

分析乡村规划的内涵可以发现，凡是不将城镇包含在内的大型乡村地域规划都属于村镇规划，其主要包含三个层次的规划内容：第一个层次为村镇体系规划，第二个层次为村镇总体规划或村庄总体规划，第三个层次为村镇

---

① 编制乡村式规划：《乡村振兴战略规划（2018—2022年）》对实施乡村振兴战略工作做出了具体部署，强调实施乡村振兴战略要坚持规划先行。编制村级规划是乡村振兴战略实施的重点和难点。重点是因为村是乡村的基本单元，只有村级规划编制好、实施好，乡村振兴才能落到实处、取得实效；难点是因为以行政村为单元的村级规划不同于城市规划和乡镇规划，它更加强调参与性，即村民要参与到规划当中来。

建设规划或村庄建设规划。其中同村庄相关的规划主要有两个：一个为村庄总体规划，另一个为村庄建设规划。在实际操作的过程中，通常会将最后两个层面的内容统一进行规划和编制规划，并将这种操作称作村庄规划。

在同城市调查的内容比较之后，认为乡村规划的出发点为县级区域或市级区域村庄的现状以及背景，对于县级区域的村庄规模或市级区域的村庄规模，需要通过分析行政村庄的数据内容进行确定。除此之外，村庄的产业与职能、村庄的空间、村庄设置分布的类型与设置分布的特点也同样需要依照这些数据内容进行确定。

在明确当地的城乡职能同城乡空间之间的关系时，需要了解当地城市化发展的途径，还要结合当地城镇体系规划的实际情况以及城镇总体布局的实际情况。在明确村庄的功能同村庄空间之间的关系时，需要了解当地人文资源以及自然资源，还要结合当地对于基础设施的保护开发与分布发展的实际情况，以及当地对于各项社会服务设施的保护开发与分布发展的实际情况。

在对乡村规划的现状以及乡村的特点进行分析后，最终确定乡村规划一共包含了九个方面的内容：第一，合理布局村庄的发展用地，并确定村庄未来的发展方向；第二，合理安排村庄的道路交通，同时处理好村庄的内部交通和外部交通之间的联系；第三，合理设定村庄的公共设施的位置并确定其规模，包括幼儿园的位置与规模、小学的位置与规模等；第四，合理改造村庄的生活环境，保证生活环境的卫生，同时还要保证不会破坏旅游接待的环境；第五，合理营造村庄的景观环境，规划公共绿地以及公共的活动空间，对河流岸线以及村民的住房要进行绿化改造，保证乡村内的住房建筑是统一的风格，从视觉上改善环境质量；第六，村民住宅的户型既要同当地的自然条件相适应，还要同当地的经济条件相适应；第七，优化与完善基础设施建设，包括对供水系统、排水系统以及污水处理系统以及电力系统的完善等；第八，管理体制需要建立全新的内容，有利于未来成为旅游胜地后建设优质接待区；第九，建设经费的来源可以通过选择建设主体模式进行确定，建设主体模式一共包括两种：一种是由个体进行建设，另一种是由开发商进行建设，从而确定经费的来源，注意在建设开始之前对所需的费用进行预算。

建立我国农业社会的基础就在于人们对世间万物的崇拜，对土地深深的信仰，以及对祖先的崇拜，并且在建立的过程中在人们的心中形成了一个稳定又牢固的心结。人们对家乡会产生强烈的归属感，对民族精神会产生强烈的认同感，这都是因为人们热爱自己生活的这片土地，且这片土地承载了先人的智慧与思想精神。

在乡村里存在许多的"乡土观"，如在乡村道路的两旁有用来养鱼的小池塘，在村头有人们最爱的小店，在店的门口有人围坐在一起下着棋、聊着天等，这些都是人们归属感的来源，当这一切还没有被城市替代的时候，人们需要珍惜这样的时光，因为在未来的日子里，乡村会逐渐被开发起来，城市的规模开始向乡村延伸，村民原本的生活会因这样的发展变化而受到影响。因此，在发展和规划的过程中，需要对乡村自然景观进行保护，要做到"以人为本"，维护村民正常的生活。

在规划的过程中一定要重视环境的保护，只有重视了才能实现保护，如果从一开始就忽略了这一点，那么在未来的日子里就需要人们花费更多的时间来恢复环境，这是一种得不偿失的行为。在乡村中有一些特质是需要被保留下来的，有许多具有特色的景观值得被保护，村民对于乡村中的一草一木都是带有感情的，就算将村民的生活方式改变了，他们心中的情感也是永远都不会变的，所以在规划的过程中要尊重村民的生活习惯，尊重乡村内的自然景观。

三、乡村规划的理论依据

人们在思想上的高度来自规划，人们在理论上的深度来自规划，人们在实践中的信度也同样来自规划。为在乡村规划的过程中始终坚持科学发展观，需要做到尊地之规、束人之行、因地制宜，其中尊地之规指的是要做到人与自然能够和谐相处，束人之行指的是做到人与社会能够和谐相处，因地制宜指的是开展科学的战略规划。

（一）尊地之规

乡村自然环境是乡村存在的基础，也是乡村生活环境优于城市生活环境的关键。

自然本身是不存在生命意义的，是我们人类的认识赋予了它的价值，这主要体现在两个方面：一方面，人类对自然的保护使自然始终存在于社会中；另一方面，人类与自然始终保持和谐的状态使自然呈现出了它的美感。想要做到人与自然和谐共处，就要做到在利用自然的同时保护自然，在认识自然的同时尊重自然。在乡村规划的过程中，针对这方面的内容则需要做到两点。

第一点，要确定人类在自然中的活动容量，不能不断地破坏自然、索取自然，因此需要确定好乡村规划的规模以及乡村建设的功能，并按照确定好的内容开展工作。人和自然之间能够做到和谐相处的最高境界就是实现许许多多的村落按照自然分布的方式生活在群山之中。

第二点，对于乡村的地形地貌以及地理位置做好充足的调查与研究，对于建设场景中原有的地理条件可以适当地加以利用，使建设的建筑物在自然中和谐共处，并形成当地的特色。这种做法在保护环境的同时维持了生态的平衡，使人类在自然环境中更好地生存下去。

（二）束人之行

我国的乡村文化是在我国历经了上千年的农业文明中形成的，生活在乡村的农民都在依附着自己的土地而存活，因此农民的个体行为要更多一些。农民可以在自己的土地上做任何自己想做的事情，如在土地上建造自己喜欢的房屋，在土地上开展自己擅长的生产活动等。现代社会文明是在长时间的发展下形成的，在这样的文明中农民都已经形成了固有的思想观念，为了使农民生活的社会更加和谐，就要求他们相互之间能和平共处。但是农民之间总会在思想上或行为上产生一些冲突，如当有人侵占了自己的土地时，拥有这片土地的农民既不想做出妥协，也不愿意让别人在自己的土地上开展各项活动。因此，在乡村规划的过程中，将不侵犯农民的利益作为基本的原则，如可以在交通比较方便的道路两旁以一字形的方式为农民建设房屋，如果农民觉得这样无法使自己的空间权益得到保障，自己可以在房屋的周围建设围墙。

在乡村规划的过程中，为了保证农民之间能够和谐共处，就需要针对农民的问题制订相应的要求与规则，让农民的行为活动在规则下进行，从而使整个乡村社会变得更加和谐。

（三）因地制宜

我国的地域范围十分宽广，虽然城市之间和乡村之间都存在一定的差异，但是乡村之间的差异比城市之间的差异更大。在开展城乡经济发展活动时，需要对乡村进行规划建设，并在规划建设的过程中始终坚持科学发展观，要因地制宜。

首先，想要做到因地制宜，就要对规划区域内的人文条件以及自然条件进行详细的研究与分析，不能盲目照搬其他地区的模式应用于本地区，因为发达地区有发达地区的条件，欠发达地区有欠发达地区的条件，不能采用相同的模式。在规划建设的过程中，如果直接使用其他地区包括国外的建筑风格以及建筑理念，没有考虑当地的情况适不适合开展这样的建设，或没有考虑符不符合当地的文化习俗，那么这种规划建设只是在头脑幻想中的一种完美的规划建设。

其次，想要做到因地制宜，就要对当地村民的生活方式以及生产方式有所了解，如在规划乡村生活方式时就不能按照城市居民的生活方式进行。乡村生活空间中有两大特点：一是自然空间远大于村庄居住空间，二是生产和生活空间相结合。在对乡村规划建设时，需要保留村民居住空间的生产功能，即在居住空间中设置农具摆放空间，村民在居住的同时还有空间开展副业活动，如在家晾晒谷物或饲养家禽等。

再次，想要做到因地制宜，就要在规划建设的过程中对人文环境进行构建，很多乡村建筑和街道都存在一定的历史价值，在规划建设的过程中要注意不要对其造成破坏。如果乡村本身没有这些建筑景观，可以在规划建设的过程中适当地为其添加一些传统的古典建筑，如牌楼、塔楼或者小亭子等，并按照历史原型进行修建，以突显乡村的标志性。这样不仅为乡村创造了人文氛围，还对历史文化进行了传承，同时有利于为乡村提供社区功能。

最后，想要做到因地制宜，就要在规划的过程中考虑乡村的实际经济发展水平。欠发达地区的乡村和发达地区的乡村在面对差异时所做的规划是不同的。下面将介绍在八个不同的差异下，不同地区的乡村所做的规划。

第一种差异为内容差异。欠发达地区的乡村主要追求的是经济发展，将规划的内容分出了重点与次重点；发达地区的乡村主要追求的是全面发展，重视乡村的协调发展。

第二种差异为产业差异。欠发达地区的乡村更加注重农业基础，主要走的是绿色产业发展道路，实现以农带工或者是以农带商，尤其要带动加工业；发达地区的乡村更加注重大规模的工业化生产。

第三种差异为用地布局差异。欠发达地区的乡村用地的主要依据为基础的住宅基地；发达地区的乡村用地的主要依据为城镇居住小区的规划。

第四种差异为发展策略差异。欠发达地区的乡村主要是对现有的山河湖泊进行开发利用，更多的是在利用原有的建筑风景带来的优势，即后发优势；发达地区的乡村主要是利用工业化道路以及先发优势。

第五种差异为灾害防护差异。存在这种差异主要是因为乡村所处的地形有所不同，欠发达地区的乡村主要实行防洪；发达地区的乡村主要实行防涝。

第六种差异为特色差异。欠发达地区的乡村更注重发展村庄内原有的环境特色以及古朴的风格，在规划建设的过程中主要是对村庄的空间格局进行保护，对村庄原有的特色建筑进行维修，并改善村民的生活环境以及村庄内的基础设施；发达地区的乡村其特色发展的趋势为城市特色。

第七种差异为编制过程差异。相比于发达地区的乡村，欠发达地区的乡村对于规划编制的过程更加重视，在规划的过程中让村民也参与进来，负责规划的工作人员还要和村民之间进行互动，为村民普及规划事宜。

第八种差异为经济来源差异。欠发达地区的乡村的经济来源主要是依靠政府的支持，会有一小部分来自多方的筹措，在这样的条件下其规划建设活动主要为计划性，很少有市场性特征；发达地区的乡村本身具有雄厚的实力，因此其经济来源大多是通过自筹所得。

根据上述规划思想，乡村规划需要构建自己的理论，城市规划的理论对构建乡村规划的理论具有重要的借鉴和引导意义，但完全采用城市规划理论去规划乡村，必然导致乡村规划只有城市的形式，而无乡村的内容，只有纸上美好蓝图，而无实际应用价值。构建乡村规划的理论需要注意以下几个方面。

第一，乡村功能的实用性与简约性。乡村和城市不同，其功能要更加简单。在乡村发展的产业主要为农业，也有一些零售业，但都是小型的，主要为了满足村民的日常生活所需。如果是发达地区的乡村可能会有乡村工业。

因此，在乡村规划中，不需要对其功能进行分区或做一些更复杂的规划。例如，人车分流或将功能分成几个组等。乡村最主要的美感就在于它的简约，也同样是因为它的简约使其更加地实用。近些年来对农村进行的规划建设大多都没有考虑村民们的生产空间，其居住空间也是仿照城市进行的规划，且在对村庄进行建设时未按照人均建设用地的指标来进行，而是考虑村庄居住空间的尺度。当前，村民最需要的就是院落，所以可以为村民设计多种类型的院落空间，有的用围墙围合，有的用栅栏围合，有的就是一块空地，但它显然附于住宅，院落是居民生产与生活共同使用的空间，村民既把它用来晾晒谷物、饲养家禽，也是村民进行交流的场所。因此，院落的规划需要有充足的空间，并成为村庄中最具吸引力的空间，让村民有足够的兴趣与空间开展活动。

第二，乡村需要被设置能够保护其安全并进行防卫的规划。和城市相比，乡村要显得更加地安静，村民在村庄中安居乐业并将村庄看作他们生活的乐园，也正是在这样的村庄中，才会存在淳朴的村民。因此，在规划建设上，更加重视其是否具有能力抵御自然灾害，其生活的社会环境是否足够安全。对于前者，村庄依旧会遭受水患，并且防汛工作的开展也始终充满困难，许多地方的村民更加关心的依旧是兴修河堤以及对险段进行加固的工作。对于后者，村民们不仅将自己家人的生命安全看得很重，和周围邻居之间也始终和睦相处，互相维护对方的利益，因为在乡村，大家认为互帮互助是十分重要的事情。因此，在乡村规划中，其居住的环境不仅要做到有特色，还要做到安全，在规划的过程中需要使用科学的方式方法，把握乡村规划的重点、难点以及特点。这样的规划不仅包含了村民的社会安全，也包含了村民的心理安全。

第三，在乡村建设信息系统。乡村主要从事的是农业，其最大特点是分散经营；城市主要从事的是工业，其最大的特点是集中生产。也正是因为这样的特点使二者在选择区位时产生较大的差别，也使得农业的发展更加落后于城市。现在的人类所处的时代是信息时代，乡村也可以像城市一样建设信息系统。乡村在信息系统的建设下也同样能够接收信息，并保证接收信息的渠道始终保持通畅，让村民们在当今社会不再是被动的地位。目前，在经济发达地区，许多乡村产业的发展已离不开信息服务，网络已走进千家万户。

在一些区域内，农业部门已经拥有了资源共享的能力，并依靠网络技术实现共享，即使是使用不同的网络类型，也可以实现互联互通。有一些乡村还拥有了短信服务平台，可以利用网络对短信息进行传输，同时完成整合电信运营企业网络资源的工作。在乡村内建设信息系统时也要结合乡村特点，同时还要做到创新，因此城市信息系统的建设模式不是一定要完全应用的，要注重提升"三农"的协同服务能力，提升整合农业信息资源以及共享农业信息资源的水平。

第四，对乡村内多条线路进行完善。在我国，城市与乡村之间的差异表现在多个方面，其中最显著的差异在于基础设施，我国的乡村经济之所以发展缓慢，很大一部分原因来自落后的基础设施，同时还会对乡村同外界之间的经济联系以及农民的生活质量产生重要的影响。乡村的基础设施主要有交通设施以及市政设施：在乡镇的社会经济活动中，最重要的基础设施是交通系统，人们同外界之间的联系，车辆的运行也都是需要依靠交通系统来实现的；想要让乡镇充满生命力，就要保证市政设施系统始终保证运行，包括电力系统、排水系统以及热力系统等，有了这些设施系统，乡镇居民的生活质量才有所保障，乡镇的运行效率才能得到提升。由此可见，在建设新农村和城乡统筹发展的过程中要做到对乡镇基础设施的完善。

第二章

乡村振兴战略下的乡村产业发展

随着时代的发展，我国已经到了新发展阶段，在这一阶段中开始新的一段征程，对于"三农"工作来说，已经将工作重心转移到了乡村振兴上。对于乡村振兴来说，最基础的就是对产业进行扶持，有了好的产业发展，传统农村的发展才能更进一步。乡村产业需要对已有的资源进行整合以及创新，不断开发新功能、新产品、新业态，为人民的生活提供更好的保障，满足人民生活的需求。这些发展对于农村经济和社会改革来说有着很大的影响，为其提供了广阔的发展空间。

第一节　乡村产业与乡村产业振兴

一、乡村产业的概念

乡村产业从传统单一的农业形式转变为现在的多样化产业就是一个不断进行丰富和拓展的过程。从 20 世纪 90 年代开始，我国在农村的产业发展已经从传统的种养环节开始拓展延伸，逐渐涉及加工和运输等环节，随着乡村旅游与休闲农业的加入，使得农村农业的功能逐渐拓展到了娱乐、教育、文化等方面，从原本的第一产业向二、三产业发展，不断对产业形态进行创新，对空间进行拓展，为农民的收入提供更多的渠道。2017 年，农业农村部课题组针对农村产业的功能、业态和实现路径等特点，第一次提出"乡村产业"这一名词，帮助农村更好地将第一、二、三产业进行结合，将农村新产业新业态作为重点，不断对农村产业进行改革和创新，从而建立起一个衔接紧密、工作效率高、分工明确的产业体系①。

2019 年 6 月，国务院在《关于促进乡村振兴的指导意见》一文中提出，乡村产业的发展需要以现有的资源为基础，将农民放在主体地位，将第一、二、三产业共同发展作为途径，强调当地的特色，帮助已有的产业活跃经济，将利益关系紧密联系起来，从而帮助农村优化产业结构、提高农民收入。

在 2021 年，中央一号文件指出需要对已有的产品在原产地进行初步的加工以及精深加工，开拓农产品市场，建立流动网络，开发相应的休闲农业以及旅游路线等，建立一个完整的现代化农村产业体系。

二、乡村产业振兴

为有效解决"三农"问题，中央提出了乡村振兴战略，强调因地制宜，引导各类要素资源向农村地区聚集，逐步消除贫困、改善民生，发挥农户的主观能动性，利用资源、技术等向农民赋能，通过产业项目创新，科学发展特色优势产业，更多、更好地惠及农村农民，繁荣农村经济，激发农村地区潜力。结合地区特色，创新产业业态与经营模式，活跃农村市场，从供需两端着手，打造地域特色品牌，利用现代经营手段，提升乡村产业现代化发展水平。

特别强调，产业振兴是推进农村经济繁荣的关键所在。构建经济新发展格局，促进农业与工业的良性循环与互动，立足于特色资源与市场需求，培育特色产业集群，做精做优做强特色产业，积极发挥绿色引领、创新驱动效应，依靠技术突破发展的"瓶颈"问题。构建新型农业经营主体合作社，实施纵向一体化经营，促进要素跨界配置、交叉融合，帮助农户增产增收，推动农村居民消费升级，为全面建成小康社会夯实基础。创新乡村产业发展模式，构建全产业链增值体系，加快乡村新业态、新模式的发展，提高农村经济质量效益。完善流通与高效配送体系，发挥财政投入引领作用，发展农村数字普惠金融，助力于乡村产业振兴，推进乡村经济繁荣发展。

---

① 张绘. 实现西部乡村产业高质量发展的机遇与挑战［J］. 人民论坛，2022（12）：50-53.

第二节 乡村产业振兴的基本模式

一、启动农村直播电商模式

在农业经济发展阶段，只有实现农业生产的现代化和科学化，才能进一步体现农村经济的发展优势，从而实现社会的全面小康。通过建立有效的电子商务平台，能够进一步优化农业的生产链条，从而减少中间的流通环节，全面提升农业经济的生产效益。从当前的规划发展战略来看，在乡村振兴的道路上，要结合电商的发展模式，实现产业的发展一体化，从而建立绿色的农业经济渠道，进一步促进偏远山区的经济发展，从而实现农业经济的全面转型。直播电商在农业经济应用过程中，形成的效果相对不一，所以还是要进行农业经济的产业优化。

（一）农村直播电商的主要类型

1. 农村直播电商平台类型

对于当前来讲，直播电商作为市场风口，影响着农村经济的发展，全国大量的农民也跟随自媒体的潮流，开展直播电商活动，在各大直播平台上进行农产品的销售。农村电商直播的平台要求不高，只要有一台手机就能够移动操作，这种简单的操作模式满足了农户的直播商业需求。

2. 农村直播电商主体类型

随着社会经济的快速发展，社会越来越关注直播电商，农村直播电商已成为农产品买卖的主要方式，由于直播平台的要求不高，它全面满足了农户农产品销售的需要。当前，各大直播平台都在开展电商直播，形成的达人数量也越来越多，他们的带货能力也相对不同，形成的效果也参差不齐；以年龄作为划分节点，直播达人的年龄差别较大。农村直播人员大部分是地方的种植户，由于自身的年龄相对较高，形成了带货专业能力相对有限，所以通常采用传统的直播方式来进行农产品的销售；此外，在开展直播电视活动中，一些区域会引进有名气的网红，来进行直播带货活动。名人带货创造了全新的销售业绩，影响直播销售领域，形成了全民直播的时代，越来越多的明星加入直播带货活动，甚至有一些地方的官员也在全面参与，为地方的农产品代言。

3. 农村直播电商产品类型

在农村直播电商活动中，加快了传统农业的转型，满足了互联网经济的发展需要，实现了农业转型的快速发展。在农村直播电商活动中，主要是进行农产品的直接销售，在直播带货过程中，大部分农户加入了直播行业，各大平台都在开展农产品的销售，从而进一步展现了农产品的销售价值。随着直播大会的发展，农产品的销售方向有了全面转型，进一步实现了农产品销售的品牌化。一些地区也在进行优质产品的销售，建立了更加全新的农业文化。

（二）直播电商助力乡村产业振兴的现状

近年来，随着直播电商的快速发展，农业经济借助电商平台优势，实现了线上线下经济的有效融合，满足了农业经济的发展要求，它促进了产业的全面经济转型，提升了农业经济的应用价值。例如，在一些电商平台都植入了直播的相关元素，它形成更加动态化的营销环境。对于农村经济来讲，在乡村振兴环节中，要结合战略的发展要求，加强直播经济的建设，从而进一步丰富农民的收入渠道。然而，从当前的营销数据来分析存在诸多发展问题，这就影响了直播电商的发展作用，不利于农业经济的整体建设。

1. 产品内容同质化现象

直播电商在应用中产生了一定的经济价值，它全面提升了电商经济的互动性，这种有效的营销策略满足了农业经济的多元化发展要求。在整个农业经济营销活动中，一些农户为了获得更多的利益价值，在电商直播平台中，过分地关注眼球经济，希望能够引导客户进行下单购买。例如，夸大了产品的功能，用户在收到产品之后，发现产品和想象的并不一样，从而进一步降低了营销的作用，产生了大量的投诉问题。对于一些优秀的农业商户来讲，受到大环境的影响，存在不公平的竞争现象。除此之外，在农村经济发展阶段，产品的"同质化"现象严重，农村在开展农产品营销活动中，没有针对性地进行产品销售，从而使得文案的内容介绍差别不大，形成的营销模式相对传统，不利于农村经济的创新发展。

2. 农村本土主播专业技能不足现象

随着直播产业的快速发展，产生了大量的网红经济，这也改变了农产品的发展方向，进一步实现了农业经济的快速转型，全面满足了社会经济的发展需要。大部分农业产品在直播营销活动中都沿着网红经济的模式开展活动。例如，明星直播带货对于消费者来讲，它存在一定的可信度，从而让消费者能够放心购买，这进一步促进了农业经济的进步。然而从带货的视角来分析，明星带货仍然存在诸多问题，因为随着农业经济的发展，明星不只在一个平台上进行直播展示，这就需要投入大量的时间和精力，其带货的质量效率就相对偏低，同时，由于明星的聘用费用相对较高，这就增加了农产品的带货成本。对此，一些农村在开展直播平台建设中，会加强地方主播的培养，从而进一步减少资金的投入，满足了本土化的发展要求，然而在人才引进工作中，仍然无法满足工作的发展需要，大部分农村人口的劳动能力相对较低，形成的素质能力相对不高，且他们没有接受规范化的教学，并不具备专业的工作技能。例如，在产品展示阶段，没有全面体现产品的特征，同时根据不同消费者的使用问题，没有形成有针对性的解决策略，加上农村主播缺乏一定的专业能力，就无法形成高效的直播效果。

（三）农村直播电商在发展过程中面临的问题

1. 供给问题

（1）供货端产品规模化程度低，供货量的问题突出

在全新的时代背景下，在开展乡村振兴活动中，农产品的销售大部分以农业单独销售为主，形成规模化的程度不深，农户受到产量的影响，无法保证农产品的整体质量，在高标准的产品选择过程中，产品的供应效率不高，规模化的程度不深，从而使得在整个农产品的直播销售阶段存在一定的供货问题，无法满足直播带货的供应需求。同时，销售农户需要付出大量的销售平台费用，同时加上其他费用，这样就提升了产品的服务成本，从而降低了产品的销售利润。

（2）供货端产品质量参差不齐，农户缺乏品牌意识

在整个直播销售阶段，由于形成的利润相对较高，在直播销售过程中，

产生了大量的负面新闻，许多主播在卖货阶段，夸大了产品的功能价值，从而提升了消费者的消费期望，导致消费者在收到产品之后，对产品的功能不够满意，而形成了大量的差评。甚至一些商户有以次充好的现象，这就影响了产品品牌的建设。另外，在我国农业经济的发展影响下，一些商户以个体经济为主，从而影响了产品的品牌化发展。

（3）配货端物流配套体系不健全，行程的配送成本较高

随着网络经济的快速发展，网购的发展规模越来越大，然而在配送的工作中，一些地区由于离城市较远，没有形成一体化的城乡机制，导致产品的运输效率不高，存在一定的物流运输问题，这就影响了配送的整体成本，在一定程度上影响了产品的配送，特别是一些对冷藏技术较高的产品，在交货的过程当中，全面影响了产品的质量。

2. 需求问题

（1）消费者的群体有限、消费能力弱

在网络直播阶段，大部分观众都是青年群体，其他群体参与网络直播活动的机会较少，在网络直播活动中，主要影响的是青年群体，由于青年群体的消费能力有限，他们的消费能力不高，从而无法产生规模性的销售活动。同时，由于受到网络技术的限制，对于需求量较大的人群，没有参与直播的活动意识，这就影响了直播活动的市场，影响着销售的整体数量。

（2）消费者对于直播购买的忠诚度低

对于直播平台来讲，他们大部分吸引的消费者是年轻人，而年轻人在观看直播的过程中，更多的是站在娱乐的角度，自己的需求变化相对较快，同时农民缺乏一定的直播平台管理经验，在直播的过程当中通常是模仿他人开展销售活动，对于自身销售行为缺乏市场定位，并且在新媒体的运用阶段，没有掌握消费者的基本特征，从而让消费者很难留下深刻的印象。由于在直播带货的过程中，大部分都是临时性的工作，消费者在观看直播产品的过程中，没有形成一定的消费忠诚度，没有全面关注产品相关功能，从而造成的销量下降，形成了诸多的农产品销售问题。

3. 硬件条件问题

（1）农村直播电商人才缺乏

一方面，由于大部分的农村青年进入了城市发展，农村缺乏专业的工作

人才，且电商工作对于信息技术的要求相对较高，导致农村在发展直播电商的过程中，缺乏专业性的工作人才；另一方面，农村的主播达人相对数量较少，大部分都是年龄较高的农户，对农产品缺乏一定的了解，同时对于产品销售缺乏一定的技巧，对于直播电商的运营管理缺乏一定的管理经验。

（2）直播电台参差不齐，直播平台监管不力

农产品在整个直播销售阶段，大部分平台都会提供直播服务，希望能够吸引农村人口的关注，然而在乡村振兴的发展阶段，存在诸多的经营问题，由于直播行业的门槛较低，加上直播审核的内容也不够严谨，从而形成了诸多的监管问题。

（3）农村直播电商同质化现象严重

当前，在农产品直播带货过程当中，大部分主播都是年龄较高的农户，他们通过市场模仿，开展相应的直播活动，形成的直播形式相对单一，"同质化"的现象要较为严重，由于市场定位性不强，观众的流失率较高，形成的销售总量不大。许多商家在看直播活动中，都会根据直播的影响力来进行商业合作，虽然有大量的资本融入电商直播行业中，也促进了电商直播行业的发展，使得直播行业更加商业化，然而就在商业化的过程中，让更多的消费者产生了一定的反感，从而影响着直播电商的发展和进度。

（四）直播电商助力乡村产业振兴的对策

1. 打造特色品牌

在农产品营销阶段，企业要想形成市场的主导地位，想要全面提升产品的整体质量，就需要让用户对产品形成一定的信赖，从而建立品牌忠诚度。对于农业产品来讲，要加强质量管理，确保产品在每一个生产阶段满足安全生产的基本要求，通过安全制度的有效建立，体现产品品牌建设的规范化。从产品的角度来讲，要建立农业产品的市场品牌，从而进一步提升产品的美誉度。对于直播电商来讲，要加强农产品的市场定位，解决消费者的使用痛点，从而满足消费者的市场消费需要。在电商直播阶段，要加强与消费者的互动，全面体现产品的应用特征，通过全方位的营销，进一步提升产品的市场价值。与此同时，在不同的区域条件下，农业商户要形成一定的竞争意识。例如，在一些香蕉产量较高的地区，在产品注册时，香蕉的注册数量达到了

上万个，这就需要加强香蕉产品的营销，通过直播电商活动，进一步减少产品的"同质化"。与此同时，要选用专业的策划人员，进一步提升产品的社会价值。

2. 打造"人、货、场"服务体系

在农业经济发展阶段，想要全面提升直播电商的应用价值，就要构建多区域的发展优势，结合人的发展特征获得市场属性，进一步加强对市场的有效对接，从而让用户在消费阶段，能够满足产品的消费价值。如此一来，消费者在购买阶段，能够通过有效的体验来满足自身的产品需求。所以，在整个阶段，要加强产品和市场的对接，通过直播带货的形式，进一步体现产品销售的市场价值。

要加强对直播电商平台的管理，确保货物的正常销售，避免虚假广告的产生，只有这样才能保证产品的供应效率，进一步提升农业经济的发展价值。要转变传统的营销思维，在传统的营销工作中，主要以产品为中心，平台作为产品的销售载体，只满足人们的浏览需求，没有形成有效的营销价值。作为全新的营销工作模式，它结合了产品的发展特征，根据用户的消费痛点，通过网络平台的整体营销，进一步实现了人和货币的直接对接，从而让产品形成一定的交互价值。例如，在电商平台中，通过数据的相关应用，了解了不同阶段的直播状况，从而进一步掌握消费者的消费行为。在后期的直播阶段，可以通过销售数据的有效分析，进一步掌握市场的相互规律。这样一来，整个产品在销售阶段就可以根据消费者的消费情况，加强营销工作的针对性和科学性。在直播平台中，可以通过产品和用户之间的互动来实现产品的高效宣传，用户在购买产品之后，可以通过交互的形式来进行下一个产品的推荐，这就展现了不同形式的直播模式，构建了更加真实的传播场景。

3. 整合多元渠道

在当前的市场经济环境下，电商平台的市场价值越来越大，它改变了传统的营销模式，实现了产品销售的高效化。从生产的角度来讲，电商平台能够促进农业经济的高效发展，它使得产品在与用户对接过程中，能够满足不同城市的市场发展需求，从而实现线上线下经济的有效融合。所以，在未来农业经济发展过程中，可以结合产品的不同属性来建立真实的消费体验，从而通过产品的多维度推广，进一步扩大产品的销售渠道，从而实现农业产品销售的公平化和科学化。

综上所述，直播电商作为新的经济模式，它满足了用户的购买需求，建立了真实的消费情景。对于乡村振兴来讲，开展直播电商活动，能够借助网络优势来加大乡村资源的整合，从而通过网络经济的发展进一步提升农产品的市场价值。对此，在未来的发展阶段，要加大农业经济的市场分析，制定科学的市场经济管理制度，从而进一步规范农村营销的市场行为，建立更加绿色的生产发展机制。

二、创新投融资模式

（一）乡村产业振兴中投融资的现状

在推进乡村振兴战略中，着力发展特色产业是关键，要有序地获得"人、钱、地"等要素的集聚与支撑，必须要对投融资模式展开分析。深入到部分乡村产业项目中展开实地调研，对其当前的投融资现状展开分析。

1. 基础设施建设加快，推进乡村产业发展

长期以来，我国城乡经济发展差距较大，究其原因主要是农村基建投资不足，基础设施建设相对滞后，由此亦严重影响了农村经济的发展。近年来，农村地区基建投资加快，农村人居住与生态环境得到有效改善。

2016 年我国已实现了"村村通"公路，惠及 8 亿农民，缓解了农产品出村难问题，构建了县、乡、村农村物流体系。同时，在医疗、教育等硬件设施上加大投资。自 2017 年提出乡村振兴后，着力发展农村基础设施建设，投资金额呈现几何级增长，有序地为推进农村产业发展奠定了良好基础。例如，截至 2019 年，我国农村公路里程达到 420 万千米，更是实现了村村 100%通硬化路，为发展乡村产业项目提供了有力支持，构建农村物流冷链体系打通了农产品运输节点，更是构建了全产业链产业模式，为农户增产增收奠定了基础。

2. 乡村产业投融资供给瓶颈长期存在

长期以来，在发展乡村产业项目中依旧面临着投融资渠道狭窄、资金获取不足的矛盾，究其原因如下。

一是资金来源单一。目前，许多产业项目的投融资资金主要依靠政府统

筹引导，社会资本参与，村集体、农户自筹，但资金来源单一，尤其是社会资金参与较少。部分乡村产业在发展前期面临着没有现金流收入、经营风险较大、市场化运作不灵活等问题，由此社会资本参与的意愿较弱。

二是市场主体参与较少。许多乡村产业项目的投资周期较长，特别是涉及一些种植、养殖项目，果树等需要三年、五年才能挂果，进入到投资回收期，可能面临着诸多不确定性风险，由此市场参与的主体较少。在向银行申请信贷资金时，在质押物方面难以满足相应的借贷条件，导致融资困难。

三是资产资源盘活不足。在发展乡村产业项目进程中，耕地、林地、农房等存在分散或闲置等情况，但由于盘活不足，无法创造经济效益，也难以获得融资支持，无法为推进乡村产业振兴提供条件。特别是随着城镇化进程加快，许多农村居民涌入城市中，部分产业项目在推进过程中，缺少人力支持，亦难以吸引高端人才。

四是产业项目缺乏市场化运作。部分产业项目在推进过程中，由于规模较小，管理人员观念陈旧，缺乏市场化的运作机制，导致没有全面打通整个产业链，无法有序地实现农户增产增收。由此，不仅难以扩大规模获得投融资支持，甚至使农户丧失信心。从市场化运作来看，由于缺乏资金支持，规模较小，资金供给渠道不畅，在经营规模的创新方面不足，使项目难以落地。

整体而言，在发展乡村产业项目过程中，能够获得的投融资渠道非常有限，导致很多产业项目在推进过程中，因为缺乏资金而难以发展，亦导致特色产业荒废或是经营规模较小，无法形成地区品牌，尤其是在发展特色农业过程中，缺乏乡村产业项目支持，导致规模较小，在销售渠道、市场开拓方面受到一定的限制，甚至导致滞销情况出现，严重打击了农户生产种植的积极性，无法实现农户增产增收。这易导致大量农户涌入城市中务工，不愿立足于乡村发展农业生产。

（二）乡村产业振兴中创新投融资模式的路径

为了有序推进城乡经济协调发展，尤其是引导要素资源向农村地区集聚，繁荣农村经济，提升农村居民生活水平，乡村振兴战略被提出。在拓展投融资模式、吸引要素资源向乡村产业集聚过程中，必须要整合现有资源，培育多元化市场主体。结合农村地区经济发展实际、资源禀赋优势等，以良好的政策环境为依托，创新探索新发展模式。

1. 坚持政府主导统筹作用，构建多主体链接模式

在有序推进乡村产业振兴背景下，要因地制宜，立足于区域经济发展特色，构建多种利益联结方式。

一是项目深度整合。结合乡村发展实际，有序地推进特色经济、成片经济，通过加强基础设施的建设，如道路、物流体系等，营造良好的投资环境。发挥地方龙头企业的带动作用，依托于种植、养殖等，发展特色经济，如绿色蔬菜、绿色养殖等。在整体规划中，前期要进行深度调研，充分发挥乡村资源禀赋要素优势，结合当地农户生产经验，统筹整合项目，推进产业化发展。

二是参与主体多元化。在发展乡村经济中，地方国有企业具有重要地位，更是充当着"先锋军"的作用，统筹进行投融资、运营、建设等。与此同时，要充分发挥农户的"主人翁"意识，联合当地龙头企业构建"基地＋农户＋多主体"的模式，推进"农民变农工"的形式，使农户参与到乡村产业项目建设中，稳定农户家庭收入。积极与龙头企业、村集体建立联系，实现土地流转，成片化建设产业项目，充分发挥规模效应，推进现代农业生产发展，使土地资源变为资产。同时，由龙头企业统筹协调，提供技术支持，统一运作，拓宽市场，确保农产品生产后的销售渠道畅通，有效控制实施风险。通过构建多主体联结模式，吸引龙头企业在乡村地区扩大投资，帮助农户、农田带来增值收益，并结合特色农产品不断延伸产业链，发展深加工产业，创造价值收益。

三是坚持政府的主导统筹作用。在推进多主体联结模式过程中，政府加强与金融机构的联系，通过举办银企对接会等形式，帮助乡村振兴产业获得融资支持，提升项目的可持续经营。政府应发挥统筹协调作用，统筹多主体投融资模式的建立与协调，将农户、村集体、龙头企业紧密联系，构建利益共同体。同时，政府也应统筹乡村地区的农田、荒地等，在进行整理与开荒过程中，按照相关制度给予补贴，提升耕地储备指标，有序地为发展乡村成片产业创造有利条件。

2. 构建"互联网＋PPP"模式

在发展乡村现代化农业过程中，构建绿色、田园、高标准的建设体系，引入"互联网＋PPP"（PPP 模式即政府和社会资本合作模式）模式，汲取成功的经验，促进全产业链的建设与打造，从而为农产品"从田间到餐桌"打造一体化的运作流程，减少实际执行过程中的潜在风险源。

一是结合产业项目的特征，在乡村区域实现成片种植与生产，发挥规模经济与集约化效应，充分利用乡村资源禀赋，结合地方政府的产业项目引领计划，确定项目的属性，如公益性、准公益性，设计整体投资与运营模式，多维度地吸引社会资金的介入。运用"互联网＋"充分获得信息资源，提高项目的知名度，打造线上物流交易平台，畅通农产品流转体系。

二是政府政策给予充分支持，有序推进各类资源要素的集聚与整合，着力探索投融资机制，并充分利用优惠政策，帮助项目有序运营，如贷款贴息、投资补助等。加强对农村水、电、气、通信等基础项目建设，为产业项目的有序运营奠定良好基础。在运营过程中，通过构建"运营＋补贴＋付费"模式，有序地实现项目的现金流综合平衡。将重点资源与精力聚焦于投资运营中，吸引社会资本、项目资本的介入，对经营过程进行动态跟踪与适度扶持。在项目投资前期，提供技术指导、基础设施建设支持等，满足成本回收与合理回报的需求。在项目后期，利用市场化运作，优化产品结构，提升产品附加值及产业链延伸，参与市场竞争。

3. "特许经营＋股权合作"模式

从乡村产业发展视角，部分项目经营要求较高，则可由政府部门主导，赋予特许经营权，对运营过程中的现金流进行协调与综合平衡。例如，针对本地的一些工业项目，引入市场化运作经验，有助于增强项目的自身造血机能。在产业项目推进过程中，明确其是否具有公益属性，政府协调投融资主体积极参与。在运作前期，给予一定的专项补贴，如场地建设、利息补贴、税收优惠等，在进行融资过程中科学设计方案实施时间错配，以避免项目短期承受较大偿还压力，给运营造成限制。吸引社会资本股权合作，通过政府主导调配现金流，在进行项目运作过程中，可采用"市场性＋公益性"相结合的组合方式，通过"特许经营＋股权合作"模式，在市场化运作获取收益后，约定用于公益性项目还款，从而有序地推进乡村产业项目振兴，繁荣并激活乡村经济。

4. "龙头企业+特色小镇"模式

结合乡村资源禀赋要素集聚，如旅游资源、特色农业、特色产业等，对乡村进行统一规划建设，吸引地方龙头企业积极参与，推进特色小镇园区的建设工作。由政府发挥主导作用，统筹协调成立项目组，建设中期紧紧围绕小镇或园区的定位，构建完整的供应链体系，吸引更多的企业入驻小镇或园区，发挥规模效应，打造现代农业产业园。引入专业机构进行招商引资，配套相应的公共服务体系、冷链物流、交易平台等，从而促进整体效益的最大化，结合资源禀赋，政府统筹协调，提供产业孵化服务，有效引领乡村产业持续发展。通过推行"龙头企业+特色小镇"模式，有助于繁荣乡村经济，吸引本地企业参与到乡村经济建设与发展过程中，立足于本地经济发展实际，优化产业结构，亦能够吸引乡村居民留在本地从事服务，共同推进乡村产业振兴。

5. 综合金融服务模式

在推进乡村产业振兴过程中，由政府发挥主导作用，加强金融机构、保险机构等与产业项目的有效对接，创新金融服务模式，为产业项目提供多维度的投融资支持。

一是融资租赁服务。在推进乡村产业振兴过程中，要想发展农业种植业，必然需要大型农具、生产设备等，但产业项目前期投资压力较大，而由机械设备生产企业与商业银行合作，推出融资租赁创新模式，能够有效地缓解项目设备采购资金压力。

二是"两权"质押融资。金融机构要创新贷款业务，针对乡村产业项目发展实际，推出多维度的融资模式。同时，政府机构要构建完整的闭环交易登记平台，使"两权"质押融资能够得到有效实现，为产业项目的发展提供投融资支持。

三是构建农业产业链融资。在发展现代农业经济过程中，结合本地特色农业，构建"种植（养殖）+保险+贷款"的产业发展模式，农户将土地流转给龙头企业获取地租收入，参与到生产经营过程中获取工资性收益，生产出来的产品由龙头企业进行销售，并购买保险，以防范因极端天气而造成的损失。龙头企业通过产业化、规模化运作项目，向银行申请信贷资金，使用土地进行抵押，从而构建全产业链的合作发展模式，促进乡村产业项目的振兴。

实施乡村振兴战略是有效破解我国城乡发展不均衡矛盾的有效路径。农村地区在推进产业振兴、特色城镇建设、现代化农业发展的过程中，必须引导资金资本投向乡村地区，从而实现资源要素的集聚，有序推进乡村产业发展，优化结构，激活经济。结合我国乡村产业项目发展进程中所面临的投融资困境，创新性地提出构建多主体联结模式、"互联网＋PPP"模式、"特许经营＋股权合作"模式、"龙头企业＋特色小镇"模式、综合金融服务模式，能够为乡村产业项目发展提供投融资的新思路、新理念，着力促进乡村产业振兴。

第三节 乡村产业振兴的推进策略

一、促进乡村产业的高质量发展

（一）高质量发展的内在机制

对于乡村产业来说，最主要的就是进行农业农村的现代化发展，需要不断提高产业的创新力与活力，增强市场竞争力。可以将过去仅仅追求数量发展转变为追求质量发展，经营方式也从粗放转变为精细，供给链从低端转为高端，尽可能地建立一个高质量、高效益、优结构的现代化农村产业体系[1]。农村的高质量发展需要对目标进行转变，将以往追求增长产量的目标转变为提高质量的目标，其主线是进行供给侧结构性改革，面向的受众群体也逐渐转为高端群体，在平时的生产中更加注重质量与可持续发展，对一些产业进行升级和优化，尽可能地引进一些品质优、效益好的产业进行发展。在进行产业更新的时候，需要注重对生产效率的提升，还需要对产前产后的一系列环节进行改善。有关部门需要为其提供一定的支持，尽可能地帮助其进行产

---

① 赵颖，陈永. 新时代乡村产业高质量发展制度创新研究［J］. 商业经济，2022（11）：96-98.

业升级。

在进行农村高质量发展时，最重要的就是增加产业链的价值。各地需要根据自己的实际情况，针对已有的种植业，对产品进行深加工，对产业链进行延伸，提高农产品带来的效益，增加农民的收入。以往单单出售原材料所获得的效益较低，但是在经过后期加工之后再售卖，可以提高其销售价格，并且也可以将衍生出来的副产品进行售卖，帮助农民获得更多的利润。

对于农村的高质量发展取得的成就需要农民进行分享。农民是对农村产业发展有着直观感受的群体，他们的话更具有说服力和影响力。在农村高质量发展过程中，农民占据主体地位，相关产业需要给农民预留一定的工作岗位，并且为其带来更多的收入。在发展时需要注重"联农带农"的影响，让农民在享受高质量发展带来的好处的同时，积极地进行分享，从而让更多的农民参与到其中，激发其主动性。

（二）乡村产业高质量发展面临的困境

1. 产业链较短

各地政府需要依据当地的情况有针对性地建立一条符合当地特色的产业链，帮助推动第一、二、三产业的发展。目前农村的情况是第一产业的产业链没有得到足够的延伸，第二产业没有扩展到位，第三产业还没有发展起来，所以导致出现农村产业增值乏力等问题。

第一产业的产业链没有足够的延伸。是因为其主要精力都集中在生产方面，后期阶段没有得到充分的发展，很多商家是为了向外供应原材料，没有一条从产地到餐桌的完整产业链。造成这种情况的原因一方面是因为产品原材料的出售价值不高，另一方面是没有对产品后期价值进行发掘。

第二产业没有扩展到位。第二产业在进行衔接的时候不够紧密，一方面是因为当地缺乏对于产品的深加工，很多产品的出售仅停留在最初的阶段，不能满足消费者的需求；另一方面是农村产业仅仅对产品进行了初步的筛选、分级和包装，没有对副产物进行有效利用，提高产品的附加值存在一定的难度。

第三产业还没有发展起来。农业社会化服务可以帮助农民更好的发展，推动农村高质量发展进程。但是，因为产地的基础设施较为落后，如网络、道路、物流等没有全面覆盖，所以农村可以提供的生活服务能力有待提高，很多产品没有办法销售出去。

2. 缺乏对特色资源的认知

每个地方都有当地的特色，如小吃、手工艺、节庆、食品等，这些当地特有的资源可以作为一个城市的名片，让人们在看到某一产品的时候就想到那个城市，如人们提到螺蛳粉就会想到柳州，说到火锅就会想到重庆等。在柳州的螺蛳粉借助网络的力量，经过几年的发展就已经成为网红产品畅销全国的时候，江苏很多特色的资源还没有被发掘出来，基本还在自然发展阶段。很多特色小吃样式丰富，但是没有形成自己的品牌，只在小范围进行销售。特色的手工艺也存在两极分化的问题，大部分也都是用来制作一些平时生活需要的用品，没有得到很好的传承。只有一小部分手工艺发展成了艺术品，但是并没有受到市场的青睐。很多当地特色的食品都仅限于附近流通，售卖渠道单一。

3. 缺乏市场竞争力

在农村有很严重的跟风种养现象，大部分的农村劳力仍旧从事农业，他们与市场不能很好地进行对接，只要某一产品市场给的价格高，就会有大量的人开始种养这种产品，最后导致出现供大于需、产品价格大起大落的现象。很多农产品的加工仍然处于最基本的阶段，大多向市场进行售卖的都是原产品，很少有经过深加工的商品，精加工的更少。经营的主体都是一些小商小贩，没有进行集中售卖，没有足够的能力去拓展市场，更没有打造具有品牌效应的产品。休闲农业一般吸引的都是周边城镇的游客，功能和发展模式较为单一，对于高质量、有品位、中高端的产品供给较少，对于游客来说缺乏一定的吸引力。区域间和产业间的联系不够紧密，基本是各自进行发展，从而导致要素资源没有集中，限制了产业链的延伸，从而很难将产业都聚集在一起，阻碍了经济发展。

（三）乡村产业高质量发展的策略

1. 破除城乡二元体制机制的弊端

城镇化对于农村来说最重要的影响就是其对产业发展的推动。如果想要更好地在农村进行高质量发展，那么就需要打破现有的城乡二元体制机制，尽可能地扩大城镇对于农村发展的牵引作用，优化城乡共同发展的机制①。这就需要解决城乡之间平等发展的问题，从而突出乡村发展的优势。打破城乡二元机制需要尽可能地落实"三化"，分别是对要素的合理化、均等化和设联化。想要对要素进行合理化，那么就需要促进城乡之间要素的流动，尽可能地提高流动效率，对市场进行扩大，将城乡两个市场的长处发挥出来。对公共服务进行均等化操作，以群众的实际需求与城乡人口结构为中心，合理地使用标准与制度，在城镇进行高质量发展的情况下，将一些公共服务朝着发展较为缓慢的地区倾斜，尽可能多地为其弥补短板。这不仅仅需要政府提供帮助，还需要对社会中的一些乡镇企业进行引导，让他们为农村发展提供帮助。

2. 建立新的动能机制

乡村产业高质量发展的动能机制需要从培养人才和培养产业动能两个角度入手。

从培养人才的角度来看，需要根据乡村产业结构来培养相关人才，并且对人才进行引进，为其提供一系列的保障。在进行培养时，需要采取科学的方式，先选择适合操作和经营的人员，之后定期对其进行培训；采取多种政策，尽可能多地吸引一些人才回乡进行创业和就业，帮助农村进行发展，带领农民走向更好的生活；建立引进人才和培养人才的机制，对回乡发展的人才进行分类，并且为其提供晋升空间；强化给予人才的激励和保障机制，对于不同层次的人才有针对性地给予相应的激励和保障。

从培养产业动能的角度来说，当前产业需要以国内国际大市场作为背景，建立一个可以满足市场需求以及可以帮助产业进行调整的机制。首先，需要不断地进行科技创新。随着时代和科技的进步，在推动乡村产业发展的时候需要对科技创新进行充分利用。政府也需要对农村产业进行供给侧结构性改革，对于其存在的短板和一些较为关键的领域，通过大数据等进行分析，推动乡村产业的发展。其次，加大对资金的供给。政府需要出台相关引进资本的政策，通过这些政策来对外引进资本，让资本投入到农产品的经营中去，从而帮助农业转型。最后，对产业规划进行创新，乡村需要结合实际情况，

---

① 张晓蓉，李浩. 高质量发展视角下忠县乡村产业振兴路径研究 [J]. 重庆行政，2022（10）：26-28.

结合自己的地理位置以及具备的优势寻找出一条适合自己发展的道路，尽可能减少囧况的产生。

3. 采取共享形式

当前，很多乡村已经搭建出了一套将线上线下进行结合的货物流通架构，但是大多是较为分散的小农户，没有较高的聚集性，所以在进行商贸的时候需要采取数字化的方式，除此之外，还需要建立"共享"，通过"共享"来减少成本、提高效率、扩大影响。

第一，在收集完产品之后，对加工车间进行共享。抓住政府目前对农村集体经济扶持的机会，对其进行统一的策划，将资金进行整合，合理地使用地皮，在乡镇具有较大生产规模的村落建立加工车间，为收集到的农产品提供加工服务，解决在采摘特色产品之后无法进行处理或者因为没有配套设施导致较高损耗的问题，帮助特色农产品从出售原材料向分级分价销售的转变。

第二，建立共用品牌。乡村产业需要建立一个属于自己的品牌，借助政府的引导力，加大对品牌的打造力度，有针对性出售特色农产品，为其制定统一的生产标准、注册商标、追溯体系、包装、产品推广等。通过共享品牌这一机制将分散的小农户进行集中，这样既可以解决以往没有生产标准、包装成本高、没有销售渠道的问题，还可以让生产者加强生产的标准，提高产品质量，从而形成按照要求生产—提高质量—优化价格—稳定市场的局面。

第三，对物流进行统仓共配，在运输方面积极和多家快递公司进行合作，建立一个共享的物流系统，开展配送产品的服务，减少物流成本。对于一些大型的超市、电商平台、生鲜连锁超市，采取直采直供直销的方式，在农村开展直播带货、建立微商等模式，帮助农产品更好地进行销售，缩短消费者和生产者之间的距离，给农民提供更多的创业和就业机会。

4. 创新发展休闲旅游业

乡村休闲旅游业既涉及了农业，也涉及了旅游业，它包含了生活、生产、生态等方面，为乡村振兴的发展提供了积极影响。随着时代的发展，城乡居民的收入也在不断地提升，人们对于旅游的需求越来越大，旅游业发展较为迅速，为了给消费者提供更好的体验感，在观光游玩中放松心情，从养眼转变为养生养心等，因此乡村休闲旅游业需要不断对当地的特色资源进行发掘，以创新为目的，不断开发新场景、新产品、新业态，打破原本低水平、同质化的局限，帮助乡村更好地发展农业和旅游业。用旧瓶来装新的酒，可以帮助乡村有效地提高其在休闲业上的经营能力。对目前在城镇周边聚集的乡村休闲网点，展开户外运动、拓展训练、亲子体验、科普教育等设施的改善及策划各类主题活动，通过不断对主题进行创新来增加消费群体的黏性。乡村需要结合当地的特色开展相关的旅游业，为游客介绍当地的文化、民俗，有针对性地建设酒店、民宿、庄园、农场等，借助乡村的景色以及现有的产业建立一个适合人们旅游的地方。在打造景点以及设计旅游路线的时候不断朝着产业基地、特色村落方向进行引导，让游客们在旅游的时候了解这些内容的存在。借助当地特色以及地方小吃、非遗工艺等打造一系列伴手礼，从而突出当地特色。

在进行农村产业发展的时候最需要注重的就是品质，其次需要拓展产业链，帮助第一、二、三产业进行融合。为了提高产品质量、增加效益，必须尽快对产品进行升级和转型。在打造休闲旅游业的时候需要注重对于当地风景、民俗等已有资源的运用，加大发展健康养老、农村电商等力度，形成乡村经济新业态，借助网络不断帮助产业进行增值。在进行乡村产业发展的时候需要将农民作为主体，让城镇的发展带动农村发展，将重点放在提高农民收入上，尽可能地帮助农民摆脱贫困，成为受益者。要建立健全共赢机制，通过分红或者让农民入股的方式，推动农村经济发展，帮助他们将资源变成资产，把农民变成股东，从而提高农民收入。对联农带农进行强化，帮助新兴产业发展，让一批优势企业作为龙头，引领其余企业发展，将农户和家庭农场进行联合，以合作社作为枢纽，将产业链的大部分放在县域，为农民提供更多的就业岗位，帮助他们提高收益，让农民有事做、有钱拿，过更好的生活。

二、应用互联网技术促进乡村产业振兴

互联网技术的广泛运用为新时期的经济建设带去了极大的推动力。当前，乡村振兴战略已经获得了较大的成就，可以在现行标准下实现全面脱贫。为了达成发展成果，需要在现有基础上提高农民群众的生活水平，运用互联网技术，总结经验并进行反思，将乡村产业振兴作为基点，汇聚多方力量，关注群众利益，精准地制定产业发展目标，与市场进行精准对接，形成具备乡

村特色的新兴产业链条，全方位地为乡村振兴战略目标的实现提供助力，达到巩固脱贫攻坚成果的目标。

（一）互联网时代乡村产业振兴需求

互联网时代的发展对乡村振兴发展提出了新的要求，这是与现代文明发展相契合的，我国是农业大国，乡村产业发展，可以为农耕文明发展提供重要力量，促进民族文化的传承与发展。在互联网时代，在实现乡村产业振兴的过程中可以充分发挥互联网技术优势，可以为城乡均衡发展提供助力，实现城乡一体化发展目标。振兴乡村产业，是夯实中华文明根基、促进现代化文明发展进步的必然需求，能够为城乡经济、人员发展的平衡性提供前提条件，只有达成乡村产业发展目标，方可从真正意义上推动新型城市发展，为经济的持续稳定发展提供保障，强化基础工作落实力度，带动农村经济发展。

（二）互联网时代乡村产业发展现状

在互联网时代背景下，乡村的发展振兴产生了许多变化，城乡之间的数字鸿沟逐渐缩减，智能手机的出现与应用，为乡村与世界之间的连接提供了纽带，丰富的信息元素打破了时间、空间的障碍，可以传达至乡村，充实人们的认知世界。在互联网时代环境中，城乡之间的互动形式出现了极大的改变，城乡交流渠道更具多元性、开放性，可以为乡村产业振兴及公共服务事业的发展带去促进作用。如今，出现了越来越多的淘宝城镇，对电子商务的合理运用打破了空间区位的束缚，加快了社会经济建设进程，实现了信息传输手段的多样化，实现了信息共享，增强了城乡互动的便利性。另外，在互联网时代下的乡村振兴发展，有效强化了城乡社会参与度，凸显了互联网的动态化、自由化特点。运用互联网技术，促进了乡村产业的蓬勃发展，淘宝村实现了转型升级，乡村景观与新媒体流量相互渗透，尤其网红村的出现更是推动了乡村的振兴发展。

（三）互联网时代乡村产业振兴的意义

1. 产业振兴是实现乡村振兴的关键

落实乡村振兴战略的关键点在于发展产业，迈入产业振兴与发展的道路。

现如今，乡村地区的发展面临着产业结构单一的问题，过度关注种植业经济，发展动力不足，对乡村产业振兴起到的作用并不明显。在互联网时代下，想要促使乡村振兴，便要将技术作为着手点，逐步扩大乡村产业建设与发展规模，为产业发展注入活力。由此可见，实现产业振兴能够为乡村振兴奠定坚实基础。

2. 产业振兴是农民增收致富的根本之策

农业发展滞后是致使乡村地区处于贫困境地的主因，并且农村并没有其他类别的产业。想要对乡村地区经济发展滞后的问题进行改变，便要着重关注产业的发展进步，改良农村产业结构，促进乡村振兴。对许多成功案例进行阅览与分析可以证明，发展乡村产业能够促使农民群众掌握一些技术手段，并充分利用产业发展带来的经济效益提高生活水平。

3. 产业振兴是巩固脱贫攻坚成果的长久保障

目前，脱贫攻坚任务已然大获全胜，然而如何稳固其成果是一项十分重要的工作任务。乡村地区可以综合考虑当地的实际情况，有目标地开展工作，了解当地的优势，迈入农业发展道路，凝聚各方力量，促进乡村产业的转型升级，从根本出发改变地方经济发展后劲不足的情况，提高地方经济发展的持续性、稳定性，改善农民群众的生活条件。

（四）互联网时代乡村产业振兴面临的问题

1. 干部群众的思想问题

产业振兴与干部、群众的共同努力息息相关，只有凝聚人心，同心协力谋发展，方可实现产业振兴。然而，当前许多干部群众在产业发展思想方面存在一些不良问题：一些干部群众在产业发展思想方面较为陈旧与保守，难以把握未来的产业发展方向，担忧会因为产业发展效果不佳而对自己的未来发展前途造成不利影响；多数农民群众对技术并不了解，习惯于使用保守的农业生产模式，想要发展致富，却对产业发展缺少信心。

2. 技术人才的培养、引进问题

产业振兴与技术人才有着紧密的关联，然而当前所有的乡村地区都严重缺少专业技术人才，并且在市场经济的影响下，专业技术人才更加侧重选取经济发展水平较高的地区就业。除此以外，即便许多地区都在专业人才方面存在着较大的需求，然而并未采用先进的技术人才培训模式，人才引进机制缺乏完善性，导致乡村产业振兴存在严重的人才缺失问题。

3. 产业的定位布局问题

想要促进产业发展，务必要综合考虑自身优势，发展具有特色的产业，然而就当前情况来讲，许多地方存在着严重的产业跟风问题，并没有进行科学有效的市场调研，没有进行精准的产业定位，难以获得充分的发展，容易遭受市场排挤，甚至要退出市场。比如，网红小镇建设存在着十分严重的"同质化"服务内容，难以获得长期稳定的发展。

（五）互联网时代乡村产业振兴的具体策略

1. 凝聚各方力量，转变工作思路

互联网时代指的是信息相互联通的时代，需要汇聚多方力量，将其高效地投入乡村振兴工作之中，在实际的工作当中清除思想保守的问题。首先，要充分利用互联网新媒体平台，对乡村发展理念、经验等进行深层宣传与推广，统一干部、群众的思想，坚持步入乡村产业振兴发展道路，尽可能为乡村产业的发展创设优良的环境。其次，要对其他地区的乡村产业发展实例进行深度分析与探究，不能仅仅依靠政府提供的支持力量，而是要充分调动社会力量与资源，努力实现乡村产业建设，增强各项产业之间的联系、沟通与合作。最后，地方各级政府要着重开展市场调查与研究工作，并为乡村产业提供政策支持，对市场发展方向进行正确引导，防止出现产业发展项目、服务内容雷同的问题，甚至引起产业之间的恶性竞争。

2. 培育专业人才，助力产业振兴

想要实现乡村产业振兴，要对专业人才在其中起到的支撑作用给予足够的重视，由此可见，开展有效的人才培育工作是至关重要的。其一，地方各级政府需要组织农民参与到涉农企业的生产活动之中，在具体的实践过程中学习并练习先进技术，不断积累管理经验，成为与时代发展浪潮相适应的新农民。其二，地方各级政府应当提升自身的认知水平，将关注点放在培养与建设产业发展人才方面，并在政府的中长期建设规划中对其进行重点强调，逐渐培育出与产业发展需求相适应的各种人才，落实人才引入工作，为人才提供具有吸引力的条件，促使其积极地参与到乡村产业发展事业之中。其三，

地方各级政府需要对当地实力强劲的企业进行有效引导与鼓励，促使其大力开展生产技术升级改造工作，引入先进的技术设施与工作人员，将企业职工的培训工作贯彻到底，使企业可以为乡村产业发展带去帮扶作用。

3. 找准产业定位，培育龙头企业

产业定位即产业发展方向，想要实现产业振兴，对产业定位加以明确是极其必要的。各个地区应当综合考虑当地的自然条件及资源条件，开展有效的市场调研及试点工作，步入产业振兴与发展的新道路。其一，在产业振兴与发展中，农民没有掌握足够的专业技术，对市场情况并不了解，因此可以对龙头企业进行鼓励与引导，促使其带领农民实现产业发展，形成"龙头企业干两端，农民兄弟干中间"的经营管理机制。在此过程中，龙头企业需要将自身在技术先进性、营销科学性等方面的优势充分发挥出来，保证农民在进行农业生产管理期间可以获取更高收益，提高其生活水平。其二，乡村产业负责部门应当充分考虑对自己的发展优势，采用科学的方式来制定与规划发展路线，利用相关政策条例来培育出实力更为强劲的龙头企业，采取此种方式，不仅可以提高地方经济发展水平，还能引起一系列连锁反应，营造优良的乡村产业发展环境。

4. 精准对接市场，发展特色产业

想要实现乡村产业振兴，务必要确保其充分契合市场发展规律，并以此为依据，建设与发展地方特色产业。各个地区需要着重进行市场调研，编制与修订未来的产业发展计划，对当地优势进行充分利用，发展独具特色的地方产业，与市场相对接，提高乡村产业的市场竞争实力及产业发展的持续性、稳定性。

5. 精准对接群众，分享产业红利

想要实现乡村产业振兴，最为重要的便是要促使农民学习并掌握足够的生存技能，提升其生活质量。因此，在实际开展工作的过程中，政府应当对群众的具体需求有清晰的认知，将群众利益置于首位，规划与建设产业与群众联结制度，确保群众能够见证企业建设与发展的全过程，使得农民可以就近就业。与此同时，需要确保农民可以在企业发展进程中掌握先进技术，分享产业发展红利，从真正意义上确保农民可以受益。

6. 关注扁平化传播平台建设

如今，将互联网技术运用在现存产业振兴中可以获得良好的效果，利用搭建互联网扁平化传播平台的方式，可以提升利益诉求渠道的畅通性，开展具有创新性的乡村治理管理工作，从现实角度出发，关注乡村精神文明建设，与农村文化场馆加强联系，开展送文化下乡活动，突出农村地域文化特点，积极创新乡村文化传播形式，在新时期内构建城乡互补、全方位融合的发展关系，在脱贫攻坚中充分发挥互联网技术的作用，促进乡村产业的智能化发展，实现精准扶贫、精准脱贫，在互联网技术的加持下，促使更多的优质农产品进入市场，提高农民收入水平。互联网技术的应用需要适应新时代乡村建设振兴方向，推动乡村电子商务及农业大数据的快速发展，发展新形态的农业经济，提高农业的现代化管理水平，为互联网背景下的农业创新发展带驱动力，从真正意义上达成规定目标，为现存产业振兴打下良好基础。

在乡村产业发展与振兴的关键阶段，要实现乡村产业振兴，需将实际情况作为出发点，充分利用互联网时代发展红利；制定乡村振兴发展整体规划方案，逐步改良与创新乡村产业发展路径；集结群众与干部的想法与智慧，将群众利益作为工作的立足点，改良工作方式；应用互联网技术，优化乡村产业发展结构，步入乡村产业振兴发展道路，为乡村全面振兴带去推动力。

三、乡村产业振兴的实践分析——以茶产业为例

（一）四川宜宾茶产业发展的对策与建议

茶业是四川宜宾市的特色农业产业，其覆盖面广、关联度高，对农民增收及地区经济发展有着至关重要的影响，但目前当地茶产业发展过程中面临诸多机遇和挑战。为推动当地茶产业发展，增加经济收益，实现茶叶增业、增效，使茶产业获得更好的发展，必须与当地茶产业发展实际充分结合，探寻更为有效的对策和措施。

1. 茶产业发展存在的问题

（1）缺乏合理的茶区布局与产品结构。宜宾市茶产区布局及产品结构不是非常合理，首先，很多茶园主要分布在土地肥力较差、生产水平管理低、交通不便的山坡地带，没有将当地良好的自然气候资源及早茶优势充分发挥

出来；其次，名优茶产量不高；最后，种植茶树中良种无性系茶树面积相对较小。

（2）缺少知名品牌。虽然宜宾市有很多茶叶品牌，知名品牌却很少，一些加工企业由于资金不足，经营规模不大，难以更好地维护茶叶品牌和提高茶叶知名度，影响知名企业和品牌健康发展。虽然某些品牌得过奖，却没有再次改善产品质量，生产的茶叶数量有限，这些都对茶叶知名品牌的培育形成很大阻碍。茶叶知名品牌较少，导致顾客忠诚度普遍不高，时常出现随波逐流现象，降低了当地茶产业风险抵御能力。

（3）生产加工及销售运行机制不完善。宜宾市种茶户较多，但各户种植面积却非常有限，生产水平在低位徘徊。同时，茶叶生产加工企业不重视和茶农之间的联系，加上企业众多但规模较小、机械化程度不高，手工操作还占据较大比例，技术含量不足，生产鲜叶方面投入的人力物力较大，没有更多精力去拓展品牌。

（4）缺乏健全监管体系。首先，目前参与当地茶产业发展的管理部门众多，如农委、林业、农业、扶贫、财政等，然而各部门间存在不同利益，彼此不重视沟通，给管理工作带来巨大难度，也影响管理作用的整体发挥。其次，存在很多资金来源，应用较为分散。为推动茶产业发展，各部门想尽办法利用各种途径融通资金，推动茶叶项目发展。然而由于资金应用方面较为分散，对于规模经济形成巨大阻碍，导致资金不能得到充分利用。最后，宜宾市存在数量众多的茶产业项目，但规模都不大。茶叶生产经营项目中有很多部门参与其中，但不是每个部门都有足够的专业人员，由于人才不足，以致设计的茶叶项目缺乏合理性，不能科学配套有关设施，对项目运营成效形成巨大阻碍，加剧了资金浪费。

2. 推动宜宾市茶产业发展的对策

（1）健全指导与发展思路

基于当地茶叶生产基地，以生产天然生态茶为标准，树立优秀企业标杆，打造知名品牌，拓展茶产业市场，实现提质增效，指导宜宾市茶产业获得更好发展。将早茶作为当地发展主线，同时辅以发展绿茶、苦丁茶和红茶，做到两线并进逐步扩大出口规模，推动宜宾市茶产业向着更好的方向迈进。

（2）理顺管理体制明确职责

政府部门应强化领导，构建完善管理体制，明确各方职责，有效支撑当地茶产业获得更好发展。建议当地政府组建由政府领导和高素质专业茶叶技术人员组成的调研小组，并在各地设立基站，依据站点为当地茶产业生产管理提供支持，同时对全市茶产业发展情况做全面调研，做好茶产业发展规划。通过政策引领及有关措施，为当地茶产业发展提供更优质的服务。

（3）加强农资市场整治

农资质量的高低对茶叶质量安全有至关重要的影响，但农资市场面临复杂因素，需进一步加强宣传教育、服务、抽查，采取综合性措施进行整治，才能为保证茶叶质量安全奠定良好基础。尤其要对茶叶农药经营单位强化监管，采取有效措施整治农村无证农药经营者，推动企业与合作社统一防治茶园病虫害，加强源头控制，从根本上将产品卫生质量问题有效消除。

（4）优化茶产业结构调整生产布局

进一步优化品种结构、产品结构及市场结构，推广优良茶树品种栽植，扩大无性或有性优良早熟茶树品种种植面积，对茶产业生产布局合理规划与改造，发挥优势并兼顾生态，同时有效调整当地茶叶生产基地及物流企业布局，依托地理位置优势合理集中产业规模，改造原来的老茶园，发展无性系良种茶园，推动早茶生产基地不断发展。对于某些具有特殊价值以外的茶园，处于 800 m 海拔高度的茶园及超过 20 年种植时间的茶园、陡坡部位的茶园逐步取缔，这些茶园不利于发展物流，生产效益很低。

（5）建设茶农合作组织

为进一步增强茶农抵御市场风险的能力，增强其在市场中的竞争力，加强建设合作组织非常重要，只有如此才能让茶农从中获得更多利益。通过合作组织的建设可更有效地组织零散茶农，把各方联合起来形成利益共同体，彼此享受其中利润共同承担风险。但茶农合作组织要想获得良好运行，政府部门必须充分发挥自身服务功能，加强行政引导，培养更多高素质专业人才，进一步强化茶农组织内部交流，还应不断拓展组织和外界之间的联系，保持信息始终处于根本对称状态，充分发挥茶农组织的效能。

（6）加强茶叶产业链运行组织的协调

首先，加强建设茶叶生产加工基地，运用茶叶无公害生产加工技术，调动企业与基地打造有机茶或绿色产品知名品牌系列，同时政府提供相应奖励措施。不断提高茶叶加工质量，对茶叶包装加强创新，推动茶叶向商品化方向迈进，增强产品良好的视觉效果，吸引更多潜在新顾客，以获得更高收益。

其次，重视良种茶树繁育体系建设，搞好规模与质量，并不断完善各种基础设施，落实各项优惠政策。探索研究与当地自然条件相符合的优良茶树品种，在拓展良种茶树茶苗繁育及技术推广基础上，进一步强化监督管理。同时，结合实际举办茶技培训班，打造一支高素质茶技队伍，尤其是对宜宾市从事茶叶生产加工及销售的各方面人员进行定期培训，在政府工作考核中纳入培训制度，使相关人员更熟悉业务流程，增强其业务素质以便更高效开展工作，且能积极洞察国内外茶叶市场出现的新变化并及时回应。

最后，加强基层茶叶专业组织建设，发挥茶叶协会优势保障茶农增产增收，严格依照以人为本、为民谋利原则，组织协调各方力量加强组织管理工作，各组织成员应保持和茶叶协会步调一致，确保协会合理运作。科协与农业茶技部门等有关单位必须为茶农协会提供有效支持，强化技术培训和茶叶生产各方面业务指导，同时应将先进技术及时传递给茶农，引导其科学种茶与健康种茶，带动茶农增收致富创建优势品牌，实现企业和农户共赢。

（7）结合当地茶叶优势改革茶叶市场体系

在改革茶叶市场过程中，要对特色茶文化加强宣传，运用优秀茶文化拓展市场。宜宾市作为历史文化名城，旅游资源丰富，为宣传当地茶叶文化奠定了良好基础。同时，让广大消费者更直接接触茶叶生产与加工，使其更深入理解茶叶文化内涵，提高茶叶消费欲望。例如，组织消费者深入生态茶园旅游观光，观摩绿无公害茶产品加工，欣赏与品评茶叶产品，开展茶文化交流等，这些也可结合当地特色旅游资源如珙县悬棺、兴文石海、蜀南竹海等拓展茶文化市场。还要将茶叶民间组织作用充分发挥出来，政府部门定期对其进行组织培训，尤其是对从事茶园观光、旅游景点及宾馆等各类工作人员，使其具备较高文化素养，形成良好文化氛围，如提高对宜宾茶叶的认识，了解茶叶品尝与消费等内容，并与当地茶文化充分结合，向消费者大力宣传当地优秀产品，借助来此旅游的各方客人，将当地优质茶产品及茶文化传播到世界各地。上述措施必须基于健全完善的市场管理机制才能实现。可结合宜宾具体实际打造茶产业协会，以宣传茶文化。此外，加快茶产品出口企业培育，使其成为当地优势产业，并加强国际市场拓展，增加宜宾茶叶出口总量。充分收集和反馈市场信息，主动将宜宾当地的茶推出去，并加强引进先进管理技术及销售技术，互相补充加强学习，以便更好地掌握国际市场茶叶信息方面的变化。同时，强化宜宾市茶叶出口骨干企业建设，构建基于自愿原则下的培训机制，对一些具有较好条件、发展前景广阔的茶叶出口企业长期进行培育，促使企业有效带动当地茶产品出口，并制定完善的茶业招商投资环境，将更多外资吸引过来建设茶叶加工企业。还应重视出口茶生产基地建设，有效结合基地、农民、协会与企业，打造茶叶生产管理一条龙经营运作模式，为当地茶产品出口创造有利条件。目前，宜宾市的秋茶也具有非常好的市场前景，应进一步拓展秋茶市场。

（8）重视品牌建设拓展市场

地理标志产品具有的信誉、质量、特征都是其获得更高售价的重要基础，这些不是取决于某个自然人及企业是否具有雄厚资金与技术，而是和当地特色自然因素及世代总结培育出的人文因素密切相关。因此，经营的地理标志好坏都与该地区地理标志产品链上的各方主体利益密切相关。地理标志具有公益性，意味着在使用、管理及保护宜宾茶叶地理性标志产品及其收益上，当地政府应强化宜宾市茶文化的深入挖掘，发挥当地独有的民俗风情优势，整合各方力量，在宜宾早茶获得国家农产品地理性标志保护产品基础上，创建国内知名度较高的宜宾茶公共品牌。同时，充分发挥各大媒体优势，通过开展博览会、展销会及各种推荐平台等，对宜宾茶叶品牌进行广泛宣传，使宜宾茶叶品牌不断发展壮大。另外，还要主动参与行业评比活动，加大宣传力度提升品牌知名度，扩大市场占有率。

（9）综合各方管理效能整合产业资源

首先，政府在推动川宜宾市茶产业发展中，应为其营造更好的外部环境，不断完善茶叶产区各项基础设施，有效结合市场信息监控、质量检测及出口代理等各方面，打造良好的公共信息平台，为参与集群的各方主体提供有效的信息支撑，并对市场信息加强收集，使相关企业获得更好的发展。基于该平台确保茶叶生产、销售之间实现更好的沟通交流，保证信息对称性，促使宜宾茶叶在市场中获得更高竞争力。

其次，结合实际系统规划茶产业发展集群，要将当地文化资源充分考虑其中，结合自身环境与优势运用本土资源，逐步优化投资环境，扩大招商引资。同时制定完善的优惠政策及产业指导措施，使当地茶产业不断聚集，形成产业集群。

最后，进一步提高产业服务水平，加大产业集群宣传力度，调动更多企业主动参与到产业集群中。政府通过定期开展技术交流会及技术培训班的形式，创建良好的茶产业集群发展氛围，增强集群内生力和产业创造力，重视监督茶叶生产、流通、销售等各环节，通过构建完善的政策制度改进工艺，更好地推动茶产业发展。对于茶产业集群中介机构组织机构应不断健全和完善，引进市场化运作模式，使机构效能不断提升，确保机构和企业、政府、集群内部其他主体之间能有效沟通，提高效率，全面提高执行茶叶行业标准的能力。组织茶叶协会、茶叶商会及茶叶学会等，扩大资源重组提高服务水平，使原来非营利性获得更大收益，也能增强组织业务冲劲，让中介作用更好地发挥出来，进而提供更优质的服务。在茶叶产业集群内部，应重视茶叶生产加工企业之间的有效协调，在保证利润最大化的基础上，和茶农共享信息，将茶农利益和自身利益放在均等位置，对于茶农之间的利益关系合理处置，有效改善合作机制。通过整体层面控制与减少茶农机会主义行为和趋势，降低企业经营运作风险，为推动宜宾市茶产业获得高质量发展奠定坚实基础。

总之，宜宾市茶产业发展取得明显成效，但目前仍有很多问题存在。因此，必须采取有效措施进行解决，以更好地推动当地茶产业发展。

（二）大力发展广西茶产业助力乡村振兴

在乡村振兴战略背景下，广西茶产业一路突围，迈向高质量发展，如今已经实现优势茶产业特色化、集成化发展，改变茶园传统管理模式，深入挖掘茶文化品牌价值，不断带动农副产品销售量与销售额，如今已经取得良好成效。基于此，下面主要以广西壮族自治区岑溪市安平镇富宁村为例，分析该地区茶产业创新发展路径，旨在丰富农民创收途径，实现村民增收致富。

1. 富宁村茶产业发展背景

安平镇富宁村根据《梧州市"十四五"茶园种植规划》，为贯彻落实梧州市委、市政府和岑溪市委、市政府关于六堡茶产业高质量发展的部署，响应上级党委政府的号召，将发展六堡茶产业作为乡村振兴的重点中心工作来抓。

并立足乡村振兴战略定位，积极发展集体经济，将发展六堡茶产业作为乡村振兴的重点，为特色农业发展、带动就业、农民增收致富提供新路径，为发展富宁村旅游业，以茶园为基础，打造茶旅一体产业，实现产业兴旺、生态宜居目标。

2. 富宁村茶产业发展前景

随着时代的发展变化，人们愈加注重健康，而随之对茶叶健康属性的了解，茶客群体将会逐渐增多，茶叶消费需求将会增大，而消费市场的变化将会涌现更多的茶品牌，有机茶将会有更多的市场份额，因而有机茶将会得到大力推广。在乡村振兴战略的实施背景下，各级政府将会进一步制定茶产业激励政策，加大财政扶持力度。为后续茶品牌推广和第一、二、三产业融合打下坚实基础，休闲消费将受到追捧，茶文旅融合产业将成为时尚。

3. 富宁村茶产业发展的现状与困境

（1）基地建设滞后

富宁村当前茶园建设距离"茶文旅茶园、万亩茶园、千亩茶园"布局的目标任务还有较大差距，自去年11月至今仅仅完成第一期425亩种植，茶园排水、灌溉、通山公路、厂房等基础设施未完善。

（2）管护技术不到位

茶叶不像其他农作物，在短期内能获得效益，因而对茶园管护不重视，技术不到位，没有落实专职人员管护，致使茶园管理水平低下、管理粗放等问题，存在"任务茶"的思想。

（3）发展模式单一

首先，富宁村茶产业发展模式较为单一，多集中在第一产业发展阶段，难以实现第一、二、三产业的深度融合，不能打造并培育完整茶产业体系，产业链单一，不能拓宽茶叶发展新路径，以此释放茶产业巨大能量。其次，茶产业上下游联动机制不明显。种植、采收、加工、研发、销售等多个环节带动效应不明显，难以提高茶产品附加值，使得茶叶加工向纵深化发展。

（4）市场占有率不足

当前富宁村还存在茶产业市场占有率不足这一问题，产生这一现状的主要原因体现在两个方面。第一，在茶叶种植之前，未能进行市场调研，及时生产市场需求量大、广受消费者欢迎的茶品种，因此在采收时、销售时，容易引起茶产能过剩，由于供需不平衡问题降低农民创收，经济效益不明显。第二，在销售阶段，缺少专业化销售人才，销售手段、销售理念落后，因此难以提高市场占有率，市场份额占比较小，压缩茶产业利润空间，在乡村振兴战略背景下难以实现茶产业振兴。

4. 富宁村茶产业发展的建议

（1）加快基地建设，宣传茶产业优惠政策

要想实现"茶文旅茶园、万亩茶园、千亩茶园"布局目标，富宁村首先应该加快茶基地建设，合理布局，科学规划，在酸碱度适宜的地块内集中连片种植茶叶，茶园选择坡度较缓（最高不能高于 46.6%）、土壤肥沃，土质疏松、土层深厚的相对集中连片区域，茶园灌溉水 pH 在 5.5～7.5 之间，确定无农药残留，沟池道路水系应配备良好，以此满足茶园标准化、规范化、集成化种植要求。其次，合理密植，移栽约 3 000～4 500 株/亩左右即可，施加农家肥 1 200 kg/亩，栽植后浇足定根水，严禁使用高毒、高残留农药和化学农药，尽量培育无公害绿色茶园。在茶基地建设中，相关部门应注意到需推广茶园机械化管理模式，尤其是茶叶生产清洁化和茶叶作业机械化，当地财政部门给予专项资金，投入机械化管理与生产环节，加强该地区病虫害监测预警系统配置，以植保站监测预报资料为主，制定科学安全的防控措施，以此实现茶园高质量发展。此外，应加大对茶产业的投入，鼓励更多群众投身于茶产业发展，加大对种茶积极性高、种植规模较大的农户扶持力度，尤其应该为广大种茶户宣传推广茶产业补助政策，比如广西地区在 2020 年为进一步促进茶产业高质量发展对获得认定的自治区级茶叶技术创新中心，给予 100 万元科研经费，对获得新品种保护权的茶叶新品种予以 10 万元（最高）奖励，对应用大型科研仪器服务平台茶叶企业予以 20%补助，以此进一步激发茶农种茶积极性，为后续茶产业发展打下坚实基础。

（2）提高种植水平，加强技术指导，提高茶产品品质

相关部门应该提高群众对茶产业的认识，组织种植户到茶产业发展效益显著县级、市级单位参观学习，实地了解茶产业给群众带来的社会、经济、生态等综合效益，从而提高群众的积极性。致力于当地种植规模化，集中连片种植，便于统一管理，加强技术指导，引进茶产业专家技术指导服务。技术指导内容主要体现在两大方面，分别是茶树整枝修剪和无公害培育技术，

其中整枝修剪是茶种植阶段的重要环节，可改变原来生育态势，使得侧芽和不稳定芽萌发功能更强，有利于树体营养生长，同时通过整枝修剪可改变茶树生长顶端优势，剪口以下侧芽反应较为敏感，以此可刺激根茎部潜伏芽萌发，再加之根部与树冠在整枝修剪后，上下部位养分达到相对平衡，最终诱导新芽萌发。因此，农业技术人员应指导广大农户掌握定型修剪、深修剪、重修剪技术，其中定型修剪指为有效培养骨干枝，使得树体形成宽、密、壮的树形结构，在春季、夏季和秋季进行 3～4 次定型修剪，扩大采摘面；同时，在每年 2～3 月对冠面出现纤细枝、鸡爪枝的茶树进行深度修剪，剪除深度约为 8～12 厘米，以此培育树势，对于树势矮小、半衰老茶树给予重修剪，剪去原来树高 1/2 左右，促进细小芽叶萌发。在无公害培育方面，相关技术人员应推广绿色种植技术和绿色植保技术，施加绿色有机肥料，降低高残留复合肥的使用，同时为遏制病虫害滋生蔓延，应将生物天敌防治法、生物药剂防治法、农业防治法、物理防治法等多种手段有机结合，不使用传统高毒高残留化学药剂，以此降低对当地水源、大气污染，在维持生态稳定性和平衡性前提下，提高茶树抗病虫害能力，最终实现无公害茶叶的培育。

（3）坚持茶文旅融合发展，拓宽产业链

要想充分发挥茶文旅绿色生态高附加值的产业新功能，相关部门应该充分挖掘富宁村现有资源，如桑果采摘园、桑寄生茶园、威隆蔬果产业示范园等，打造具有富宁特色的农家乐功能，吸引游客进园采摘游玩，感受田园风光，体验田园生活，集种植、采摘、观光休闲等为一体。同时，辐射带动镇区附近的特色产业示范园。发展好、利用好本镇的银妃三华李、金秋砂糖橘、红心木瓜、火龙果和番石榴等产业基地，合理开发这些本地特色农旅与茶园特色相结合的农事体验项目，以茶促旅，以旅兴茶，推进茶产业与文化、旅游产业深度融合发展。比如，在 2021 年岑溪市构建高标准生态茶园建设，在 11 月千余亩山场开垦已基本完成，在 2022 年年初种下 800 亩茶树，并围绕茶园建设推出综合旅游观光服务，将生态茶园、莫式古屋、筋竹古街、樟木古街组合，形成特色观光路线，丰富文化内涵，延伸茶产业链条。同时，岑溪市还构建 3 个茶树苗圃基地，进一步加快土地整理，提高茶苗成活率的同时，打造"茶农＋合作社＋茶企"产业链条，不断完善"种植—加工—市场销售发展体系"大力推进茶园建设与生态乡村的深度融合，以此提高茶产品附加值，延伸茶产业链条，促进茶园第一、二、三产业融合发展。而富宁村可以立足当地生态资源禀赋和茶园文化底蕴，发挥政府主导作用，打好组合拳，抓好文旅融合"软措施"，构建"采摘+游玩+康养"一日游项目，提高游客参与感，助推开发农旅"硬项目"，鼓励建设"徒步步道""茶园烘焙"等网红娱乐设施，让游客深入体验富宁村茶文化，以此丰富该地区旅游产品供给。

（4）快速占领市场份额，抢占市场利润空间

富宁村要想扩大其在茶产业市场占有率，不断加大农户创收，还应该引入茶产品深加工生产线、开拓市场。

首先，做好多样茶产品预案，强化市场调研，具体内容包括：市场现状、原料精选、形象设计、文化要素、营销模式、产品包装与定位、广告宣传、人力安排等。在市场现状方面，现如今人们生活水平逐年提高，茶叶作为传统保健品、健康饮品具有多年发展历史，且广西地区又是我国茶叶生产大区，具有良好发展前景和销售市场，但当前富宁村可能面临销售动力不足问题，相关部门应该从以上问题入手，优化销售策略，做好产品定位，选择合适的销售模式。比如，对茶产品进行针对性分类。将其分为女性减肥降、降脂茶、降血压茶、保健茶、润肺清肠茶、美容养颜茶等多个类型，将"网店+实体店"模式相结合，拓宽销售路径，在广告宣传中，拓宽宣传思路，创新宣传模式，利用茶博会、茶叶展销会、茶文化节，在户外广告、电视广告、短视频平台、淘宝店页面、网站封面、公益活动中宣扬本地区茶品牌，公布茶农、茶商、茶企业正面信息，以此加深消费者对富宁村茶产品了解限度。此外，深入挖掘茶产品中文化要素，宣扬茶叶中儒释道文化，依据茶叶香味、色泽做好品牌形象设计，以此引领最新消费潮流。

其次，加大力度引进并培养茶产品种植、茶产品宣传与推广、茶产品销售等专业人才，尤其应该加大对手工茶制作技艺非遗传承人的培养，从实用性、技术性、职业性出发，注重整个产业链岗位需求，不断引进复合型、学术型人才，在乡村振兴战略背景下，通过人才振兴、产业振兴活动，丰富全产区茶产业科技服务支撑体系，积极开辟新产品、研发新工艺，不仅仅要种出茶来，更要卖得出去看得见效益，最终提高该地区茶产业科技竞争力，从

而加大市场占有率。

综上所述，实现乡村振兴战略离不开特色产业的发展，茶产业将起到极其重要的作用，茶文旅结合也可有效带动劳动力就业，实现农民增收，助力乡村振兴。因此，在今后工作中，富宁村应加快茶基地建设，合理布局，科学规划，加快进程推动茶叶生产清洁化和茶叶作业机械化，加大茶树整枝修剪和无公害培育技术方面的指导，以此不断提高茶品质，大力推进茶园建设与生态乡村的深度融合，立足当地生态资源禀赋和茶园文化底蕴，促进茶园第一、二、三产业融合发展，丰富该地区旅游产品供给，最终提高该地区茶产业市场竞争力。

（三）乡村振兴视角下贵州茶产业发展分析

贵州地处云贵高原东斜坡地带，乌蒙山、苗岭、大娄山、武陵山构成贵州高原的基本骨架。全省地势西高东低，平均海拔 1 100 米左右，境内山地丘陵占 92.5%。2022 年，贵州省常住人口 3 856 万人，其中乡村常住人口 1 742 万人，占 45.19%。贵州属于亚热带温湿季风气候区，冬无严寒，夏无酷暑；雨热同季，多云寡照，全省年平均气温在 14～16 ℃之间，年平均降水量 1 100～1 400 毫米，常年相对湿度在 70%以上。由于特定的地理位置和复杂的地形地貌，贵州的气候和生态条件复杂多样，生物资源种类繁多，植被丰厚，立体农业特征明显，农业生产的地域性、区域性较强，适宜于进行农业的整体综合开发，适宜于发展现代山地特色高效农业。

2022 年，全省农业农村系统深入学习党的二十大精神和习近平总书记视察贵州重要讲话精神，深入贯彻党中央关于农业农村工作的决策部署和省委省政府工作要求，牢牢把握国发〔2022〕2 号文件重大发展机遇，以高质量发展为主线，围绕"四新"主攻"四化"，凝心聚力克服困难压力，积极应对多重挑战，大力发展现代山地特色高效农业，全面推进乡村振兴，农业经济实现平稳增长。全省第一产业增加值 2 861.18 亿元，增长 3.6%；农村常住居民人均可支配收入 13 707 元，同比增长 6.6%，全国排名第十。

2022 年是振兴"三农"经济，促进茶产业的高速发展的一年。中央发布了第十九个指导"三农"工作的中央一号文件，根据文件中的"两条底线""三个重点、一个加强"的重点分析，茶行业将迎来高速发展。但茶产业如何乘风破浪，抓住政策机遇，是摆在茶商面前的一大难题①。

1. 乡村振兴视角下农村茶产业发展的重要性

茶文化为茶业的发展和乡村振兴的实现提供了文化动力。只有充分利用、保护和继承茶文化，利用当地文化环境，利用当地茶文化特点，鼓励茶文化的创造性转变，才能将当地资源转变为生产资源，促进茶文化与工业之间的协同作用因此，促进农村地区的茶文化需要探索、保护和传播茶文化，促进茶文化的综合发展和农村地区的振兴，促进文化和工业一体化，利用文化促进农村工业的发展，实现农村地区的振兴。随着中国茶文化在世界范围内的宣传推广，以及茶叶所蕴含保健功能逐渐被社会大众认可，我国茶叶生产需求量日益增长，带动国家茶产业经济向着更高阶段发展。乡村风格建设在乡村精神文明中发挥了默默无闻、不可见的作用，积极的乡村风格可以提高人们的精神和思想水平，促进睦邻友好关系，培养感情，完善精神境界。科学技术是振兴村庄的重要武器，促进茶叶科学技术可导致茶叶质量和产量的提高，并将科学技术的翅膀纳入乡村振兴战略。

2. 农村茶产业发展中的不足

（1）采茶环节机械化程度不高

茶产业在我国有着悠久的历史，从茶叶种植到茶叶的销售已经有相当完善的生产过程，再加上科技、机械化的应用，提升了茶产业后期生产的效率。但是在茶叶的采摘环节，机械化的应用程度比较低、应用的范围也比较小。其原因在于，首先，我国是一个劳动力比较丰富国家，且在过去的很长时间内，劳动力的成本比较低，因此在采茶环节主要依靠人工，对机械化采茶的需求不明显。其次，茶山茶园的地形多是丘陵、坡地，地形对于机械化操作难度较大、要求较高，对机械化采茶有很大的限制性。最后，由于我国悠久的饮茶的历史，消费者对茶叶品质的有着极高的要求。我国采茶的机械化设备起步较晚，且专业化水平还不能很好地满足多样化的采茶环境，与人工采摘相比还是存在很大的不足，机械化采摘还无法满足消费者对茶叶采摘的高品质要求。

---

① 邓燔. 乡村振兴视角下贵州茶产业发展分析［J］. 农业科学，2023（03）：43-46.

（2）劳动力和专业技术指导缺乏

茶产业的发展离不开劳动人员的付出以及专业性技术人员的指导。大多在山区，生产条件差、劳动力缺乏、机械化程度低，目前基本上是人力采摘和手工制作，其过程辛苦且产率低下。劳动力相对缺乏，加之山区茶农的文化素养及专业知识普遍薄弱、专业性指导欠缺，导致了茶区大多数茶园管理不完善，影响了茶产业发展的水平及茶叶的产量和品质。

（3）产业规模化程度不高，资源整合利用率较低

众多茶叶种植园中，其余则多为茶农小规模经营，茶园零散，经营分散，不易形成发展合力。由于受到经营性质和组织规模制约，多数自营茶园组织化程度较低，配套设施滞后，产品结构单一，研发力度不足，产品质量难以保证，无法具备较高的市场竞争力，茶农与茶企间的隐性竞争更不利于茶产业的可持续发展。另外，优质茶叶资源开发仍不充分，且存在破坏性采摘现象，五指山野山茶叶因人为采摘不当，而造成资源锐减和无谓浪费，须以标准化采摘技术为依托，合理整理利用当地自然资源，以有效提高茶叶产量。

（4）产品营销手段单一

产品营销是产品销售的重要环节，随着茶产品市场不断扩大，茶产品的竞争也日渐激烈，如果缺乏优质的营销手段，则很难在众多产品中脱颖而出。在农村地区，农户受文化水平等因素限制，对营销的重要性认识不足，也不具备营销的能力。部分农村地区与茶叶公司达成合作，但公司在营销手段上也存在内容陈旧、方法单一等问题。在新媒体语境下，消费者对产品的了解渠道相较于传统媒体环境更加宽广，这实际上给茶产品的营销带来新的机遇。随着农村电商火热，以短视频作为营销平台的农产品越来越多，在某种程度上打开了农产品宣传营销的新大门。但绝大部分农村地区在进行茶产品的营销时没有借助新媒体和互联网技术，老旧的电视宣传或纸质宣传的方式缺乏吸引消费者的能力。

3. 乡村振兴视角下农村茶产业发展对策

（1）加强茶产业生态建设

为了建造一个标准化的生态茶园，必须为茶树生长选择合适的地理环境，为茶叶种植提供最佳条件。茶产业要做好园区规划，在远离城市工业区的同时也要保证排水、交通和防护林的合理规划。在茶树种植时要尽量选择健康

优质的品种，尽量避免病虫害发生，提高茶叶的品质。茶园环境打造要具有科学性和合理性，可以在园中适当种植遮阴树，树种可以以桂花树，樱花树为主。种植遮阴林，一方面能够帮助茶园保持水土，另一方面也可以为鸟儿甲虫等茶树害虫的天敌提供栖息地，由此来提高茶园妨害病虫的能力。除此之外，茶园还可以在茶树行间种植花生大豆等豆科植物，不仅能够起到保护土壤的作用，也能作为绿肥滋养土地，节约成本。

（2）文化振兴助推茶产业繁荣

文化是乡村振兴的精神动力，贵州茶文化底蕴深厚，但由于与茶产业发展脱钩而无法进行更大规模的传播与发展。因此，应深度挖掘贵州茶文化潜力，结合当地特色风情，为贵州茶品牌注入独特的文化活力。采取制作贵州茶主题的宣传短片、影视剧、宣传册等方式来多维度宣传海贵州文化，并制作茶具形状的钥匙扣、书签等与茶相关的文创产品，丰富贵州茶文化的表现形式，既能拓展茶产品营销渠道，又能在更广的范围内传播宣传贵州茶文化。在自贸港建设背景下，贵州可以通过举办或承办热带农业贸易交流会、中外茶艺主题节、茶艺技能大赛、开茶节等活动，吸引行业经销商及中外旅客到茶区，将茶文化贯穿于各项活动及赛事当中，呈现出贵州茶文化深沉的力量。

（3）加快茶专业人才培养，制定人才引进政策

产业发展离不开专业技术人才，目前陕茶种植户的文化水平有待提高，专门从事茶叶研究的高层级技术人才匮乏。一方面应当与国内重点高校合作，增加高技术茶产业人才的培养，进一步加强校企合作；另一方面适当增加省域内高校茶艺茶文化、茶营销人才培养，提升茶从业者的整体素质。此外，制定人才引进政策，对于专业内优秀的茶生产技术型人才，给予落户购房等一系列配套支持，增加企业的人才引进能力。

（4）促进产业技术创新升级

从贵州茶产业发展来看，既要面对市场环境的影响，也处在技术创新关键期，所以应当结合我国实际发展情况，加大技术研发与投入力度，培养技术创新型人才。充分突出当前各实验室以及技术研发中心、科研院所的创新实践能力，打造专有科研平台，并依托国家产业基地、技术开发区等资源来帮助战略性企业设置科研部门。联合开发技术平台，并完善财税金融系统，

通过多途径多方向的融资渠道来加强贵州茶产业扶持力度，推进平台向多元化方向发展。

（5）改变传统茶经营思路，增加茶产品种类

越来越多的茶产品经营者们，都有结合茶元素来做大做强自己的产业的新营销思路。例如，茶馆的多元化设置、茶艺表演融入旅游文化活动，加快第一、二、三产业融合，更多的茶文化旅游路线的开发等等。陕茶从业者也在积极改变过去的营销思路，但整体来看还较为保守。茶园的开发更多的是结合当地的自然环境，茶文化可以借鉴湖北天门景区，该景点结合茶圣陆羽、陆羽煎茶道及茶经楼，把城市历史名人、茶文化、旅游进行深度开发绑定，让陆羽成为北天门的新名片；也可以参考湖北咸宁赤壁的羊楼洞，将三国历史火烧赤壁与亚欧万里茶路文化与本地旅游资源深度绑定，开辟茶园旅游经济。

（6）加强政府采购和消费引导，营造消费市场良好环境

想要构建有利于贵州茶产业的发展环境，需要充分发挥政府引导作用，打破行业壁垒以及地方性垄断，进一步营造消费市场良好发展环境。在政府的引导下，构建公平合理的价格机制，不断完善规范市场竞争规则，通过有效的市场监管，构建统一、公平、开放的发展环境。从政府采购来看，其中包含多重意义，既为乡村振兴背景下贵州茶产业提供明确市场需求，也充分突出其规范引导作用，通过普及教育来规范企事业单位以及大众的消费倾向。优先采用战略性新兴产品，并积极投入产品研发与使用力度，为贵州产业采购设置相关担保基金。与此同时，打破行业垄断，在统一开放的市场环境下，消除政策上的壁垒，积极构建反映市场供需以及外部成本价格机制，并充分发挥价值机制基础性作用。对于有竞争力、发展前景良好的贵州产业，既要促进企业之间的竞争也要在招商引资等环节有所限制，确保市场环境的和谐有序，也要通过必要的保护措施来予以维护。对于相关职能部门来说，也要构建完善的监督体系，深入推进体制改革，构建与国际市场相适应的准入原则，并最大程度降低企业入市成本。白茶企业研发新产品时，政府相关职能部门应当合理简化审批手续及流程，加快审批速度，为企业争取一定的时间以及机会成本，最大程度推进市场环境下各企业的自主性发展。

（7）加大古茶园的保护

古茶树资源是茶产业发展之基石，古茶园的保护对茶产业的发展尤为重要。要加大古茶树资源保护的宣传，切实落实好《贵州省古茶树保护条例》，定期组织专业技术人员到产地宣讲培训古茶树科学管理方法。做到采摘有度、管理有方，才能让古茶树更好地休养生息，茶叶原料产量及其品质得到保证，有了好的原料才能制作出好的茶叶。

（8）创新品牌特色，提高茶产品市场竞争

想要实现茶叶店的盈利目标，茶企就要学会打造茶叶的品牌效应。真正的品牌是打造在消费者心中的，而品牌打造需要一个能具体显现其定位的产品来建立和强化消费者的认知，而清晰的品牌定位是打造茶叶品牌的核心价值所在。茶企通过创建新品类，获得差异化优势，削弱竞争对手的相关性，从而成为茶叶细分市场的代名词，就已经获得了一半的成功。如果茶企还想要让自己的茶叶品牌在庞大的市场中脱颖而出，这就离不开成功的品牌命名了，品牌在命名时要体现独特的企业个性，让品牌拥有较高的辨识度和感知度，给消费者留下深刻的品牌印象，这样也有利于持续提升品牌的认知度。另外，茶企要打造有温度的品牌故事，品牌故事直接赋予品牌以情感价值，这是品牌的最高境界，让消费者与品牌理念相结合，对关联的品牌产生持久的记忆，极大增强品牌联想度。同时，大家不要忘记聚焦高价值的客户，挖掘有潜力的客户，制订并实施忠诚客户计划，提供物超所值的附加服务，有效提升客户对于品牌的偏好度、满意度和忠诚度，使企业与消费者之间形成持久稳定的关联。

（9）加快创新步伐，拒绝产品同质化发展

茶叶产品同质化一直以来都是一个无可避免的问题，这也导致茶叶市场的很多茶产品缺乏自己的特色，对消费者来说辨识度不高，产品竞争无优势，销量难以提升。产品同质化是由创新缓慢以及众厂商过于追求眼前利润所造成的，为了尽可能地避免产品同质化的发生，商家应加快创新的步伐，找准市场定位，打造独属自己的特色产品，加强产品产权保护，这样才能在产业竞争中得到更好的发展。

综上所述，乡村振兴是我国一项重大战略，在此背景下，贵州产业的发展不仅拓宽我国区域经济发展的途径，也为产业结构调整提供助力。与此同时，我们也要明确产业发展过程中所突出的问题，深入实践探索力度，重点解决产业体制构建、产业创新能力提升、人才支撑力不足、产业布局调整各个环节所存在的矛盾点，从创新发展的角度来打破贵州产业发展中的思想束缚，通过理论与实践的结合为茶产业发展提供更多精神动力，并在统一目标引导下强化其改革发展力度。

第三章

乡村振兴战略下的乡村教育发展

乡村教育对乡村振兴起着关键作用，乡村教育的发展对乡村振兴的贡献主要表现为传承与发扬乡村文化、为乡村振兴提供人才、构建现代化乡村治理模式、提高乡村村民的生活质量等。因此，乡村要振兴，乡村教育必须发展完善、提高品质，更好地发挥"为农服务"的功能。总之，乡村振兴需要乡村教育出力，因此应明确乡村教育的发展方向与清晰定位，在乡村振兴战略的良好契机下审时度势、顺势而为，大力发展乡村教育，提高乡村教育的质量。

第一节　乡村教育与乡村教育振兴

一、乡村教育

对乡村教育概念的界定是研究中国乡村教育振兴的逻辑起点。学术界对于乡村教育的概念有多种意见，但是从宏观上看，乡村教育是指服务于乡村建设和乡村经济发展的一切教育，"既包括乡村的学校教育，也包括其他非正式、非正规的乡村教育活动，以及城市里的直接或间接服务于乡村发展需要的普通高等教育与中等、高等职业教育等"[①]。因此，从理论上讲，乡村教育既包括广大学龄儿童、青少年的学校教育，也包括成年村民的成人职业教育和技能培训教育。从微观上看，乡村教育主要是指乡村的学校教育，主要集

---

① 田静. 教育与乡村建设：云南一个贫困民族乡的发展人类学探究［M］. 北京：中央编译出版社，2013：24-25.

中在义务教育阶段，包括学龄前教育以及小学、初中的九年义务教育。它们是阶段进行的有组织、有目的地以学龄儿童的全面发展为目标的教学实践活动，是我国乡村教育的重要根基，决定着我国乡村发展的整体教育水平，影响着乡村社会、经济、文明的发展速度和发展程度。

关于乡村教育，我们可以从以下两个视角来理解。

（一）空间视角

空间视角主要指的是从地域的维度来理解和解读乡村教育，从地域视角来看，乡村教育有别于城市教育，"乡村"主要是指城镇地区以外的其他地区，我们平时所说的集镇和乡村等都属于乡村的组成部分和内容。其中，集镇主要是由集市发展而成的作为乡村一定区域经济、文化和生活服务中心的非建制镇。乡村指集镇以外的地区。此外，国家统计局发布的《关于统计上划分城乡的规定》指出，"乡村是指本规定划定的城镇以外的其他区域，包括乡中心区和村庄"。也就是说，乡村教育是指乡中心区和村庄的教育，这一部分是我国整个学校教育的重要组成部分，对于我国的社会主义现代化建设具有重要的意义。

（二）价值视角

从价值视角来分析乡村教育具有重要的现实意义，目前很多专家及学者主要持以下观点。第一是以肯定的视角看问题，从这一视角来看，乡村教育的历史传统和文化底蕴更加浓厚，这是城市教育无可比拟的，其发展的好坏在一定程度上影响着中国教育的质量。第二是以否定的视角看问题，受中国封建传统思想的影响，中国的乡村教育也呈现出落后、野蛮等的一面，它比较排斥"现代文明"，在一些地方与现代文明显得格格不入，因此加以改造是不可避免的。为适应现代社会发展的形势，乡村教育要加快改革与发展的步伐，努力向城市教育看齐，不断完善自身才能为社会培养大量的高素质人才。

乡村教育是我国教育的重要内容和组成部分，其发展无论是对于国家还是个体都具有非常重要的意义。乡村教育的健康发展有利于我国的社会主义现代化建设，有利于人民群众的和谐稳定与团结，对于个体的文化涵养和人格塑造也起着非常重要的作用。综上分析可见，乡村教育具有重要价值与意义，乡村教育不仅是我国社会教育的重要内容，也是我国乡村社会的有机构成部分，对于乡村儿童的健康成长、美丽乡村建设、社会的和谐稳定均具有不可磨灭的作用。

二、乡村教育的特征

（一）乡村教育内容的实用性

乡村教育有着多种多样的功能，如传承民族文化的功能、普及科学知识的功能等。这一功能是乡村教育发展之初就有的，对于整个人类社会的发展起着重要的作用。但对于一般的乡村居民而言，乡村教育的这一功能并没有得到很好的彰显，他们更加注重乡村教育的经济功能，即子女上学的主要目的在于考取好的学校，有好的出路，能改善自身的生活质量等。这在一定程度上表明了村民们对科学技术知识的渴求，同时也反映出乡村教育功能的实效性特点，因此说实用性是乡村教育的一个重要特征。

我国是一个人口大国，其中乡村人口占据非常大的比例，因此重视乡村教育的改革与发展非常重要。与城市中的家庭子女相比，乡村中接受高等教育的学生要处于一个较为落后的局面。很多乡村学生在接受完九年义务教育后选择务农或进城打工。针对这一情况，乡村教育部门应认真细致地研究教育的模式，大力培养实用型的乡村人才，解决乡村学生"升学无望，就业无路，致富无术"的问题。因此，乡村教育要高度重视教育的实用性特点，这样才能提高乡村教育的质量，促进乡村教育的发展。

（二）乡村教育地位的基础性

乡村教育还具有地位基础性的特点，这一特点主要从以下三方面得到体现。

第一，我国乡村教育层次较低，即九年义务教育阶段的教育，在这一阶段，乡村学生接受学校的教育，村民们也能从中受到一定的文化启蒙。

第二，我国是一个人口大国，也是一个农业大国，乡村人口在全国人口中占有很大比例，因此加强乡村人口的素质教育非常重要。因此可以说，我国乡村教育的发展非常重要，我们要结合时代发展的形势，不断加强乡村教育的改革与发展，促进乡村居民文化素质的发展和提高。

第三，我国地域辽阔，人口众多，乡村可以说是一种永久的存在形式，乡村教育在我国社会主义现代化建设中发挥着非常重要的作用。我国地广人多，有很多边疆地区，这些地区的地理位置比较特殊，存在着大量的乡村，某种意义上而言，这些地区的村民就是站在"固疆守土"第一线的战士，因此加强他们的素质教育非常重要，这些边疆地区的乡村教育因此也具有了国防教育的性质，这也是我国乡村教育基础性作用的一个重要体现。

三、乡村教育振兴的现状

在我国全面推进科教兴国战略和人才强国战略的当下，乡村教育受到高度关注和重视。乡村教育是我国教育事业的重要组成部分，落实乡村教育改革事宜，推动乡村教育发展，对实现乡村振兴的战略目标及提高中国教育改革成果具有重要意义。在乡村教育改革与发展中，首先要从宏观上全面了解中国乡村教育的现状。

（一）乡村教育与乡村振兴的互动发展

我国乡村教育的发展与乡村振兴之间存在密切的关系，下面从两个方面来分析。

第一，乡村振兴要求优先发展乡村教育。乡村振兴离不开大量的优秀人才，而培养人才则依赖教育。因此，要推进乡村振兴战略的实施，就要将乡村教育置于重要位置而予以重视并优先发展。通过大力发展乡村教育，对科学知识进行传播与普及，培养优秀人才，使优秀人才在乡村建设中作出贡献。总之，乡村教育在乡村振兴中的重要地位和作用是无可替代的。

第二，乡村教育为乡村振兴服务。乡村能否实现振兴目标，关键在于教育，因此在乡村振兴计划的实施中，要优先发展教育。如果忽视乡村教育，则不可能振兴乡村经济。青年一代直接关系着国家的前途、民族的命运，只有重视对青年人的培养，才能从根本上解决乡村发展的问题。搞好乡村教育，培养乡村青年人才是乡村振兴的第一要务，乡村青年人才既要对优秀的乡村文化成果进行传播与传承，对乡村文明予以维护，又要主动学习与接受现代城市文化，将乡村文明与城市文明结合起来，为乡村文明注入新鲜的因素，从而提高乡村教育质量，推动乡村教育的现代化，更好地为乡村振兴而服务，早日实现乡村振兴战略的宏伟目标。

（二）乡村教育正在全面发展

随着国家相关教育战略的实施和乡村振兴政策的推行，乡村办学的积极性大涨。和城市教育相比，乡村教育的范围明显缩小了。随着我国城市化进程的加快，乡村人口大量涌入城市，乡村教育也受到影响，表现为乡村学校以小学和初中为主，学生初中毕业后进入城市读高中。乡村教育中义务教育更受重视，因此政府对乡村教育的投资大部分用于小学和初中这两个义务教育阶段，可见，在乡村教育中，九年制义务教育得到了保障。义务教育制度的实施使得乡村适龄儿童的受教育权得到保障，这也是他们必须履行的义务，义务教育政策的落实有效减轻了乡村家庭的经济负担。近年来，大学生进入乡村支教的现象越来越普遍，大学生的支教行为颇受国家支持，这一方面解决了基层教育师资缺乏的问题，提高了乡村教育质量，另一方面也使大学生的就业压力得到了一定的缓解。

随着乡村振兴计划的推进和"三支一扶"等政策的实施，每年都有很多大学毕业生去乡村从教、从医，一定程度上解决了乡村发展中的教育与医疗问题，促进了乡村人口素质和健康水平的提升。我国一些地区注重对基层人才的培养，每年会分配一定数量的教师（以年轻教师为主）进入乡村从事教育工作。年轻教师的教学思想先进，知识较为丰富，他们在乡村任教中发挥自己的作用，让乡村孩子们感受知识的力量，认识外面繁华的世界。此外，年轻教师在授课时使用标准的普通话，能用先进且有趣的教学方式传授丰富的教学内容，从而使学生在课堂上集中注意力，进而提高了乡村的教学质量。

现阶段，国家对乡村教育颇为重视，不仅从师资层面提供重要的优秀人力资源，而且提供必要的资金和教育设备，从而提高乡村教育水平，使乡村教育达到素质教育的要求，缩小乡村学生与城市学生的差距，为国家培养优秀的栋梁之材。

总之，乡村教育的改革是全面的，从教育理念的转变、教育制度与政策的实施、政府提供师资和教育设备支持以及改革课程教学等都充分体现了乡村教育正在全面改革与发展。在政府与全社会的共同努力下，未来乡村教育的发展空间将会越来越大，发展水平也会越来越高。

第二节　乡村教育与乡村发展各要素的关系

现代乡村教育的振兴与乡村社会发展的各个层面密切相关。从历史的视角看，乡村教育是在国家权力与地方社会的长期互动中实现的。我国的乡村振兴战略的核心内容是乡村教育的振兴，是建设社会主义现代化国家以及推进社会主义现代化强国奋斗目标实现的关键举措。对乡村教育振兴的研究必然包括对与之相关的乡村社会各个方面的彻底认识和了解。本章将从现代农村与乡村教育、现代农民与乡村教育、现代农业与乡村教育几个不同的视角，将乡村教育与乡村发展各要素之间的关系进行全面的梳理和阐述，从乡村发展的角度对乡村教育振兴进行探讨与分析。

一、现代农村与乡村教育

（一）优化教育系统的分工机制

我国的农村正在经历着有史以来最为显著的变革。除了农村的工业化进程令世界瞩目之外，我国现代农村在农业、教育以及精神文明建设方面都正在或已经发生了诸多变化。这也意味着对乡村教育提出了更高的要求。就乡镇企业的发展而言，它体现为企业对人才需求和人才培养的错位是乡村教育专业设置的主要问题，也是教育系统整体结构不清晰的表现。由于高校培养人才的目标过于集中，教育结构设置与社会的实际需求不一致，导致我国高校毕业生不能与乡村社会需要进行直接接轨，致使企业和人才双方都处于尴尬境地。从高校的角度看，我国的高校容易追求"大而全"的发展模式，在人才培养上追求整体素质，而忽略个性能力的培养，特别突出的是重理论而轻实践。我们的大学生往往在理论知识合格但对实践却一片茫然，而我们的高校教育更重视"教"而轻于"学"，更忽视了"用"，学生空有理论知识却在社会的实践生产实践中难以落地。其中更为突出的是专科院校，本来应该重视专业技能培养的专科院校，却偏要模仿本科高校的模式，不仅失去了自身的培养特色，而且让专科生更加失去竞争力。因为专科生的理论知识不如本科扎实，动手能力又不如中专或者高职生，使大量的专科毕业生就业难度增大。所以，教育系统应该重新优化结构设置，更加明确本科、专科、高职、技校、中专等不同系统的人才培养分工，使每个系统的培养方向更为清晰、各有特点，共同搭建起完备的人才培养计划，满足社会的实际需求。

（二）改善现有的师资状况

1. 教材滞后或脱离实际需要

在人才培养的专业设置上应该从实际需要出发，从时代特征出发，根据当前的具体发展需要，及时调整专业的设置，从教育结构上进行整顿和优化。杜绝教材严重滞后、教材选用的随意性大等现象。比如，多数省份使用的是全国统编教材，或选用普通专科教材或本科教材的"压缩本"，无视本地的地方经济特色，也无视地方社会对人才的需要，因此应该从教育端坚持避免轻视社会实际需求的现象。

2. 教师缺乏实践经验

还有一些比较突出的问题是，有些高职教师自身就缺乏实践能力或没有实践背景。而高职培养的人才就是以实践能力为重，符合企业的实际需求，对企业的实际生产活动有较强的认识。而现实情况确实"双师型"教师少之又少，大部分高职院校的教师理论水平高，但实践经验少，甚至实践能力相当薄弱，学校的实践基地设施也不健全，离高职发展的宗旨相差甚远，这种情况下培养出的学生很难达到社会满意。

（三）促进现代农村的进一步发展

农村企业的早期发展主要得益于时代的发展机遇，以及创始人或创始团队的胆识与魄力、勤奋与拼搏。但是这些企业的一代开创者往往并没有受过良好的教育，尽管他们可以创办企业，但是接下来企业能否持续获得发展与壮大还是一个未知数。因此，为了促进农村企业的进一步发展，需要有大量的人才注入，这是摆在乡村教育面前最为紧迫的任务。目前的高校毕业生来到农村企业大多数是作为管理岗位或者领导工作，但实际上这些大学生虽然接受了一定的管理知识训练，但是对农村企业缺乏真实的体察，于是很多时候都有些空中楼阁的味道，不能满足农村对人才的要求。因此，我们的乡村教育迫切需要革新，面对当下绝大多数的乡镇企业在生存之后谋求发展的需要，应该培养出一大批在企业现有发展水平的基础上，帮助企业再上一层楼的人才。这既是企业的需要，也是国家进行农村振兴的需要，符合建设有中国特点的现代化农村的发展战略。

二、现代农民与乡村教育

由于农业的特殊性，我国的农民长期以来都以从事务农活动为生活生存方式，所接受的教育以义务教育为主，较少涉及高等教育、职业培训和其他技能的再教育。加上农村地区的经济较落后、意识观念陈旧，也是制约农民提高受教育程度的原因。因此，长期来看，我国的农民距离现代农民还有一定的差距。

（一）对自身的教育需求

随着社会的高速发展，农民中的年轻一代已经意识到自身的文化水平是限制其发展的核心因素。他们开始自觉主动地寻找机会提高自身的技能水平，有意愿提高自身的文化知识素养，希望通过提高文化与技术来提高生产水平和生活水平。他们越来越注重乡村教育的质量，关注接受乡村教育能否为他们带来实惠或效益。农民已经意识到有没有知识会直接影响着他们接受新技术的快慢和质量。在外界的客观环境和内在的自我要求的共同刺激下，使现代的农民有了更强的求知欲，他们希望自己掌握一定的文化知识，希望能学到新技术。当他们看到身边有知识的人能更快地掌握新信息，获得更多的机会，获得较高收入时，他们产生通过获得知识而提高收入的愿望。但与此同时，也应该注意到农民的这种学知识、学技术的积极性，主要是从自身的经济利益出发，他们要学"有用的"知识，要能很快从自己的收入水平中得到体现。

（二）对子女的教育需求

以往，农民的教育观念薄弱，他们对子女的教育预期较低，更重要的是能生产劳动，因为种植生产才是农民的本分。尽管有相当大一部分人将子女接受教育视为改变命运的唯一渠道，但农民的愿望同时也是务实的、朴素的。他们少有希望子女通过接受教育而出人头地的愿望，他们更多的是希望子女通过接受教育获得生活的本领和技能，且愿为此付出成本。新时代的农民在对子女的培养观念上也在悄然发生变化，他们自身已经尝到因没有文化而难以改变命运的苦，不希望自己的孩子再重复自己的一生。因此，他们关注乡村教育的质量，关心孩子的学习成绩和学习动力。很多农民节衣缩食、进城务工就是为了挣钱给孩子攒学费，他们尽管很辛苦但是为了孩子能成为有知识的人而"俯首甘为孺子牛"。

（三）对教育形式的需求

除了青少年儿童在接受义务教育以外，还有很多的青年和成年农民也有接受职业培训的需要，这也是现代农民的一大进步。他们由于没能考上大学或者在读书时没有意识到知识的重要性，在进入社会后发现没有知识技能很难取得实质性的发展。但是，他们对成人高考之类的学习又动力不足，一是自学需要一定的基础，二是需要相当的自觉性，这对于大多数农民来讲是一个很大的挑战。更重要的是，这些成年农民的学习目的非常务实，他们中有不少人已经成家，因此他们学习的目的不是离开农村进入城市，而是能学到实用的技术技能，能够切实地帮助他们获得更多的机会和收入。他们更需要的是贴近日常生产与生活的技能培训，他们需要立足自身现状而进行提高，从而改善生活水平和提高生活质量。由此可见，这样一批青年农民具有明确的学习目的，他们通过学习和成长或许可以成为农村建设的重要力量。

（四）对教育的性价比有要求

尽管我国的农村地区已经基本脱贫，但是很多农村居民仍然不算富裕，他们对教育有较为理性的需求。比如，他们十分关注学校的教学质量，同时也关心收费的高低，以及能否学到实实在在的知识和技能，这些都是现代农民关心的教育话题。这其实是农民对于教育的一种进步观念，相比于城市居民，特别是一线城市的家长对孩子的教育投资不计成本，甚至常常是一种焦虑性消费。随着国家"双减"政策的落实，也许对城乡的教育差异会有一些积极的促进作用。也就是说，农民的教育观更为务实，他们并没有希望自己的孩子成龙成凤的不切实际的诉求，但是他们希望孩子接受教育后能够获得实实在在的生存技能。他们关注教育质量，也关注教育的结果，另外，他们还关心学校的地理位置，如果学校离家不远，那么不仅可以降低求学成本，学成后也有更大的可能留在或回到家乡工作。

（五）进城务工农民的学习需要

除了留在家乡的农民对乡村教育有各种具体的需要以外，我国还有相当一部分进城务工的农民也有学习和提高的需要。尽管他们处于文化的弱势，但是仍然有勇气突破舒适圈去寻找更好的生存条件和发展的机会，这也是现代农民的进步体现。这些农民工从乡村走进城市，从事的往往都是比较低层次的体力劳动，工作辛苦收入不高。因此，他们之中有相当部分人急需学习一项具体实用的技术来提高收入、改变生活环境。与那些生活在乡村的农民相比，他们要学习的是适应城市生活需要的技能，如家政、家电维修、月嫂等。如果能掌握这些技能，他们可以选择继续留在城市里工作并获得更高的收入，也可以返乡自己创业，对建设和带动农村的相关行业也具有一定积极作用。

三、现代农业与乡村教育

（一）农业结构调整对乡村教育的需求

农业结构的调整是一项庞大的系统工程，它对现代农民提出了很多具体的要求，需要我国农民从自然耕种逐渐发展成为掌握科学知识和技术、营销知识、管理知识和创新意识的现代农民。而这一切是建立在乡村教育的基础之上实现的。乡村教育在这个过程中肩负着重要的使命，它不仅要针对当前社会的发展趋势对农民进行全面的综合素质教育，同时还要切合实际需求完成具体明确的能力培养和训练，从农业结构调整的角度看，具体包括以下几个方面。

首先，要培养农民掌握先进的农业生产技能，了解新品种的特性，对新的生产方法和新的农用技术要保持开放的态度和敏感的意识。可以定期举行相关的职业技能培训，邀请专家和研究人员普及最新的农业相关的生产技术，帮助农民解决在生产中遇到的实际问题，提高农民的生产效率。

其次，在农业结构调整的大背景下，还要求农民自身具有捕捉生产信息和市场机会的眼光，要有辨别时机并适时增产或减产的决断能力，这实质上是一种农业企业家的能力，是一种较强的综合能力的体现。乡村教育中要加大培养市场型人才和营销型人才的比重。

最后，要培养具有农业经营管理能力的人才，要有能够启动资金并进行有效配置的实业家，他们具有了解市场"游戏规则"和对环境准确判断的能力。农业结构调整不仅需要科技人才，还非常需要具有营销能力和市场开拓能力的高级人才。

（二）农业产业化经营对乡村教育的需求

农业产业化是农业经营方式的一场革命，对农村劳动者的素质和人才结构提出非常高的要求。作为农业产业化经营者需要对国内外的经济市场保持敏感，能够准确地判断市场风向，并及时进行布局和调整。这对我们的乡村教育提出了非常高的要求，要努力培养一批既懂科技又会经营的高层次、高素质人才，只有这样才能肩负起农业产业化经营的重任，才能充分利用资源和投入，进行有效的经营。要实现农业产业化经营做强做大，还需要培养一批具有国内甚至国际农产品市场营销能力的人才，这首先要求他们要有开阔的国际视野，要善于借助国际营销网络，积极开拓海外市场，让我国优秀的农产品走向世界。

我国发展农业产业化经营，应该在充分利用国内市场体系的基础上培养和挖掘市场营销人才，积极寻找海内外市场。在农业产业化经营中，突出表现为对管理人才和营销人才的巨大需求。我国实现农业产业化经营，需要提高农民队伍的高级专业人才的比例。毫无疑问，随着中国农业产业化经营的深入发展，必将对乡村教育提出巨大的需求。

第三节　乡村学校教育与师生的发展

随着政府与社会对乡村教育关注度与重视度的提升，有关乡村教育改革的工作正如火如荼地进行着，但乡村教育改革的计划与设想要有课程资源的支持才能变成现实。因此，在乡村学校教育改革中，积极有效地开发课程资源、促进师生的发展已成为重要的内容。

一、乡村学校教育及其发展

（一）乡村学校教育的主要内容

在乡村教育系统中，乡村教育内容是不可或缺的重要组成因素，是居于核心地位的要素，其对乡村教育目标的实现乃至乡村建设质量都有重要影响。根植于乡村地区的乡村教育主要面向的对象是乡民及其子女，其服务于乡村社会发展。乡村教育具有区域性，主要包括三大内容板块，分别是乡村基础教育、乡村职业教育和乡村成人教育。

1. 乡村基础教育

乡村基础教育是师生在乡村从事的基础教育事业，其指向范围界定为户籍属于县城以下的乡村，是留守乡村从事农业或以农业为主、牧业为辅或外出打工人员的子女在乡及村级的教育机构接受的基础教育。在乡村教育系统中，乡村基础教育发挥着重要的奠基性功能，从根本上保证了乡村适龄儿童享受义务教育权利，促进了乡村青少年儿童的发展，并推动了乡村社会建设与乡村人口素质水平的提高。

2. 乡村职业教育

乡村职业教育是以乡村知识和技能为基础，结合现代化农业和相关产业的知识与技能为主要授课内容，旨在为乡村经济发展培养实践人才（主要是第一产业技能突出的人才）和提供后备人才，为提高乡村生产力发挥自身优势的教育形式[①]。

我国是世界闻名的农业大国，乡村职业教育在我国职业教育体系中占据重要地位。我国大力发展乡村职业教育，旨在使"三农"问题从根本上得到解决，推动乡村经济发展，为实现乡村振兴的战略目标和加快新型城镇化建设提供重要的智力支持，而要实现这些目标，就要不断丰富与完善乡村职业教育内容。

---

① 李森，张鸿翼. 当代中国乡村教育研究［M］. 广州：广东教育出版社，2018：87.

在乡村振兴和新型城镇化建设的大环境下，基于对城乡二元结构这一社会现状的考虑，可将乡村职业教育的重点确定为促进乡民生产技能的提升和促进农业技术的推广和运用。乡村职业教育内容广泛，只要对促进乡村社会经济发展、提高乡民文化素质及收入水平有积极作用的职业教育内容都可纳入乡村职业教育内容范畴中。例如，对转移乡村剩余劳动力有利的培训内容可纳入乡村职业教育内容体系中，这部分内容有助于提高乡村人力资源的利用率，促进乡村就业和乡村经济发展。

3. 乡村成人教育

对乡村成年人进行的思想政治、科学文化、技术技能等方面的教育就是乡村成人教育，也被称为"村民教育"，它是乡村教育的重要内容之一。在乡村振兴战略的实施中，不断强调要提高乡民的文化素养，并将此作为新农村建设的首要任务。完成这一任务必然离不开乡村成人教育，不断更新与完善乡村成人教育内容，使乡民"有文化、讲文明、懂技术、会经营"，使其在乡村振兴中作出自己的贡献[①]。

（二）乡村学校教育教学改革

1. 乡村基础教育教学改革

（1）新课程改革下乡村基础教育教学改革

新课程改革促进了乡村基础教育的改革与发展。但城乡二元结构及乡村教育长期以来的落后局面对乡村基础教学改革造成了很大的影响，需要给予重视。在新课程改革背景下我们应从以下几方面来加强乡村基础教育改革。

第一，开发适应乡村实际的教材。教材是教师教学和学生学习的重要依据。乡村基础教育中采用的教材偏城市化，一些内容脱离了乡村学生的生活实际，导致学生学习时比较吃力。另外，现行很多教材的使用对学校教学条件或对学生、教师甚至是学生家长提出了较高的要求，如有些教材内容要求学生在网络环境中学习，有些作业要求家长和学生共同完成，有些内容需要在良好的教学环境下才能实施，而这些对于一些经济落后的乡村学校来说是不现实的。因此，当前应积极组织力量开发一些适合乡村中小学实际的

---

① 陈锟. 中国乡村教育战略［M］. 北京：中共中央党校出版社，2006：90.

教材，这些教材既要达到课程标准的质量要求，保证乡村教育教学质量，又要方便乡村师生使用，贴近乡村实际，以增强这些教材对乡村学校和学生的适应性。

第二，科学构建乡村课程资源体系。乡村基础教育领域中，"核心素养"的引入为乡村基础教育的变革提供了良好的契机。城乡学校的自然资源、地方文化、社会传统等都存在差异，对此有必要建立乡村与城市"和而不同"的多样化现代教育景观①。对此，应在保护乡土文化，并对其进行开发和利用的基础上引进核心素养等基础教育改革理念，构建集传统优势与现代价值于一身的乡村课程资源体系，具体从下列几方面落实：将以"核心素养"为中心的基础教育改革理念融入乡土教材，提升乡土教材的现代价值；将乡村传统优良价值观嵌入中小学课程，培养中小学生的乡土认同感，为乡村基础教育改革寻"根"；将现代技术融入乡村文明建设中，实现乡村传统优势与现代价值的有机融合，并将其体现在乡村教育教学中。

第三，加强对乡村学校新课程改革的专业支持。成为乡村中小学校课程改革的支持系统的单位有教研系统、高等师范院校、综合类高校、教材出版部门以及发达城市的重点中小学等，在各大支持系统中，教育科研部门发挥的作用极其重要。教育科研部门要支持乡村中小学课程改革，为此，要对自身的教研制度、教研工作方式进行改进与完善，将中小学课程改革作为教研工作重心，对基础教育中的重大问题予以关注和重视，必要时成立专题小组对普遍性问题或严重问题展开专门研究。教研部门工作人员应深入乡村，了解乡村基础教育的现实困境与问题，对成功的教学经验进行推广，在不断改革与实践中推动乡村基础教育发展。在具体工作开展中，对于与课程改革方向不符的工作方式，教研部门要及时改进，要积极引导乡村学校自主进行课程改革，而不是一味下发指令，提高乡村学校教育工作者参与改革的自主性与积极性。

除了教研系统外，还要充分调动其他支持系统的力量，将其作用充分发挥出来，制定符合乡村基础教育现状的改革政策，采取科学而操作性强的改革措施，将有效提高乡村基础教学课程改革的成效。

---

① 汤颖，邬志辉. 新时期农村基础教育改革的困境与路径 [J]. 当代教育与文化, 2019, 11（3）: 58-63.

（2）乡村留守儿童教育改革

当前，乡村留守儿童的健康和教育问题深受社会关注。由于没有父母的陪伴，再加上乡村老人的文化知识水平普遍较低，乡村留守儿童的家庭教育处于缺失状态，这严重影响了这些儿童的身心健康，也造成了一些人身安全问题和社会问题。解决留守儿童的健康与教育问题是建设新农村和建设和谐社会的必然要求。下面具体分析我国乡村留守儿童的基础教育问题及有效改革策略。

① 我国乡村留守儿童教育存在的问题。

第一，入学率较低。我国乡村留守儿童的监护以隔代监护为主，即大多是由祖父母或外祖父母监护。隔代监护下的留守儿童虽然基本生活需求可以得到满足，但教育问题常常被忽视，适龄儿童的入学率相对较低，基础教育阶段也有一些留守儿童辍学，这个问题需要引起重视。

第二，心理健康问题较为普遍。留守儿童与父母的接触时间较少，缺乏交流，他们的同伴也有很多是留守儿童，缺少情感寄托，长此以往，导致一些儿童心理出现了问题，如排斥外界，敏感自卑，孤独抑郁，甚至有自杀或报复社会的倾向，这对留守儿童的一生和对社会来说都是危险信号。

第三，学习成绩普遍较差。乡村基础教育普遍存在经费短缺、设施不足、师资落后等问题，这是乡村学校教学环境差的主要原因，恶劣的教学环境直接影响了留守儿童的学习成绩。此外，一些留守儿童的学习意识不强，对文化学习和基础教育的重要性缺乏认识，学习较为被动，日常学习中遇到问题也不向教师请教，而其监护人又没有能力为其答疑解惑，久而久之，他们的学习进度就落后了，学习成绩也一蹶不振。

② 解决留守儿童教育问题的建议。

作为乡村社会的弱势群体，留守儿童缺乏关爱，学校要充分发挥自己的职能，解决学生的教育问题，尊重学生，关爱学生，保证他们受教育的权利，成为留守儿童学习与生活中的引路人。下面提出几个解决留守儿童教育问题的建议。

第一，加大教育投入力度。政府部门要加大对乡村基础教育的资金投入力度，提供政策支持，加强对乡村基础教育资源的优化，加大管理力度，促进乡村中小学办学条件的改善，为留守儿童提供优良的成长与学习环境。地方政府应集中力量和充分运用优势资源构建乡村基础教育管理服务模式，为乡村留守儿童的健康成长、快乐学习及高质量生活而服务。

第二，重视素质教育。乡村留守儿童的教育，不仅包括课堂上的文化知识学习，还包括丰富多彩的课外活动，包括德育、体育、美育等，这些是素质教育的重要组成部分。乡村基础教育要树立素质教育理念，关注留守儿童的全面健康与发展。因此，学校除了关注他们的文化学习成绩外，更要重视对其内心精神世界的引导，注重心理教育和道德教育，多开展一些课外活动，鼓励留守儿童积极参与，培养他们的兴趣，提升他们的自信心和社交能力，使他们能够积极乐观地学习、成长，度过充实而愉快的童年时光。

第三，加强心理健康教育。鉴于乡村留守儿童的心理问题普遍存在且比较严重，学校要特别重视对留守儿童进行心理健康教育，开设专门的心理健康课程，向学生提供心理咨询服务，并加大对心理健康知识、安全知识的宣传与普及，使留守儿童认识到心理健康的重要性，使其正视自己的心理问题，配合教师解决心理问题，塑造健康心理，从而健康成长。

第四，加强学校寄宿管理。乡村留守儿童中有些儿童居住条件较差，家与学校之间距离遥远，再加上交通不便利，如遇恶劣天气，这些孩子在路途中会面临着安全问题，从而严重影响了这些留守儿童正常上学，影响了他们上学的积极性。对此，学校要从自身条件出发为这些儿童提供住宿，为他们创建良好的住宿环境，同时加强寄宿管理，帮助学生解决宿舍生活中遇到的问题，给他们以温暖和关怀，提升其归属感。

农村留守儿童在我国青少年儿童中占到一定的比例，他们是较为特殊的青少年儿童，是处于弱势地位的群体。这一特殊群体的健康问题、成长问题、教育问题引起了社会的极大关注，解决这些问题不仅需要乡村社会的努力，需要教育部门的努力，也需要广大家庭和政府的全面努力，集中学校、家庭、政府和社会的力量而共同为乡村留守儿童的健康成长、全面教育创建良好的环境，这是构建社会主义新农村和社会主义和谐社会建设的必然要求。

2. 乡村职业教育教学改革

（1）乡村职业教育改革的困境

① 传统观念根深蒂固。受封建思想的影响，人们历来重视理论教育、轻视实践锻炼，重视学历、轻视实践技能。乡村地区很多家长认为中职毕业生

将来在就业择业、工资待遇、社会地位等方面与普通初中毕业生没有太大区别，不应该浪费财力去读职业学校。职业教育发展的关键驱动因素是社会的大力支持，只有得到社会认可，人们才有机会在工作岗位上展现自己通过职业教育所习得的技能，现阶段社会认可度低是乡村职业教育发展的一大难题，也给乡村职业教育改革造成了诸多困境，表现如下：第一，吸引力低，招生难且质量差；第二，专业设置不合理，机制僵化；第三，基础设施落后，缺少教学实训基地，学生实践能力差，达不到用人单位的要求；第四，师资队伍整体素质不高。

② 办学目标不明确。办学目标是办好教育的先决条件，是一切教育工作的中心问题。要想发展乡村职业教育，首先应该明确办学目标，这对乡村职业教育的办学方向有直接的决定性影响。当前，我国许多乡村职业学校的办学定位和办学目标尚未明确或不够准确，结果不仅没有为当地脱贫致富作出贡献，反而造成了经济负担。此外，受"离农""弃农""脱农"等错误观念的影响，一些职业学校办学存在功利化、形式化倾向，为了眼前的成绩和升学率而不注重学生本身的发展，甚至一些职业学校的教育内容应试化，脱离了职业教育的轨道，专业设置没有与农业现代化的需求准确对接，专业特色不明显。

③ 法律制度不健全。随着时代的进步和社会的发展，乡村职业教育发展不再是单纯的教育问题，它已经成为乡村社会经济发展的一个重要组成部分，事关乡村和国家经济的发展。专门的法律、法规是乡村职业教育健康、持续发展的有力保障。但目前我国乡村职业教育法律制度不健全，政策没有实效性，乡村职业教育缺乏有力的法律保障。

在乡村振兴战略实施中，乡村职业教育发挥着至关重要的作用。但我国职业教育法律条件还不够成熟，远远落后于发达国家，只有少数几部法律涉及农村职业教育，只是简单规定了学校开展职业教育的义务，没有细化具体措施，更没有相关法规执行监督机制，相关部门也没有对其进行修改与完善，有关职业教育专门的法律、法规依然严重缺失。

（2）乡村职业教育改革的出路

① 转变传统观念。要改变社会传统观念，就必须加强舆论宣传，加强政府干预，实行教育改革，提高社会对乡村职业教育的认同感。

第一，舆论宣传。通过报纸、广播、电视、网络等方式，大力宣传乡村职业学校毕业生就业的有利形势，提高学生和家长对乡村职业教育的认识，在社会上营造有利于乡村职业教育发展的舆论氛围，利用舆论的力量来促进乡村职业教育的发展。

第二，政府干预。政府部门从"以人为本"的角度审视乡村职业教育，规范就业市场，健全劳动制度，为职业学生的就业开辟"绿色通道"。此外，对从事农业类产业的毕业生实行帮扶政策，在土地、资金、技术等方面予以支持，拓宽其就业渠道，促进现代农业发展。

第三，教育改革。学校要解决学生毕业后的去向问题，职业教育中心成立"学生升学指导委员会"，充分了解市场需求，建立人才需求预测分析机制，为学生提供就业咨询服务，并向相关单位引荐优秀人才。

② 明确办学目标。乡村职业学校的办学目标是提高乡村劳动力素质，开发乡村人力资源。在乡村振兴战略下，乡村职业教育肩负重任。职业学校要清楚自己的职责与使命，明确办学目标，努力发展职业教育。同时，各级政府部门要积极贯彻党的政策方针，并通过奖励机制鼓励乡村职业院校在正确目标的指引下调整办学方向，大力改革和发展职业教育。

③ 健全法律与政策。完善乡村职业教育法律法规，地方政府可参照《中华人民共和国职业教育法》（以下简称《职业教育法》）进一步细化乡村职业教育的相关法律。同时，完善地方法律监督机制，在各级职教中心内部建立专门监督、反馈的部门，监督地方政府和下级职教中心对地方政策的执行情况，并反馈各级职教中心的发展需求，为国家、地方制定有关政策提供依据[①]。政府统筹兼顾，积极贯彻落实城乡统筹发展的方针政策，进一步统筹城乡职业教育资源，使优质教育资源得到科学、合理的分配。同时，构建城乡统筹教育机制，建立城乡统一的管理体系，实现城乡优质资源共享，确保城乡职业教育协调发展。

3. 乡村成人教育改革

（1）乡村成人教育的现状及问题

乡村成人教育作为国家成人教育的重要组成部分之一，从新中国成立到

---

① 马宽斌，黄丽丽. 乡村振兴战略：农村职业教育改革与发展新动能 [J]. 成人教育，2020，40（2）：47-51.

中国特色社会主义新时代，为农村建设、农业发展作出了重要贡献。目前，乡村成人教育较以往取得了更大的发展和进步，但仍然存在一些比较严重的问题，具体表现如下。

① 政府不够重视。现阶段，我国政府高度重视学前教育、义务教育、职业教育、高等教育等阶段性教育教学，根据《教育法》制定适合各地的法规政策，确保做好这些教育工作，为各地社会性事业注入活力，尽力为国家培养优秀备用人才。但是政府对成人教育尤其是乡村成人教育的重视程度较低，乡村成人教育的政策法规不健全、不具体，许多乡村成人学校教学设施陈旧，教育资金不足，基础性配套缺失，直接导致乡村成人教育发展落后。

② 生源无保障乡村成人教育主要是针对具有从事农业生产劳动能力的劳动者所进行的持续性、终身性教育。当前常住农村的劳动力大多数年龄结构老化，年龄大的老年人不愿意学习新知识、新技能，而中青年劳动力大都在城市务工，没时间返乡接受教育，而且女性劳动力因家务繁忙而无暇上课，这就导致许多农村成人教育学校招生不顺利，教育工作无法正常开展。

③ 师资力量薄弱。乡村成人教育的师资主要由返聘退休教师、借用的在职高校教师或借调的职业技术教育的教师构成，专门为乡村成人教育服务的专业性教师队伍几乎没有。师资力量的匮乏导致乡村成人教育至今没有形成一套较为完整、完善的体系，表现为教学大纲不明确，授课内容不全面，教学成果不明显，严重制约了乡村成人教育的发展[①]。

（2）乡村成人教育的改革与创新

认清现阶段我国乡村成人教育的现状与问题后，需从实际出发而探索具有针对性的改革举措，从而有效解决问题，促进乡村成人教育的发展，进一步实现乡村成人教育的目标。下面从三个方面提出乡村成人教育改革的举措与建议。

① 提高重视。

第一，政府重视。乡村成人教育，应得到政府部门，尤其是基层政府和地方教育行政主管部门的重视，为了提高地方部门对乡村成人教育的重视程

---

① 杨鹏. 乡村振兴战略背景下农村成人教育发展与改革创新 [J]. 中国成人教育，2018（14）：158-160.

度，促进有关政策在各地的真正落实，可采取量化管理、绩效考核等方式来监督基层工作开展质量，使乡村成人教育相关制度的要求真正得以落实，通过成人教育而丰富村民的科学知识，使村民掌握一技之长，从事农业或非农业工作，促进乡村振兴与发展。

第二，社会关注。乡村成人教育，实际上也是乡村人力资源的继续教育和终身教育，是促进乡村劳动力综合素质提升的重要途径，其应该获得全社会的关注与支持。在社会上营造良好的成人教育、终身教育氛围，提高村民自觉参与继续教育的积极性，提升整个乡村人力资源的综合素质，进而提升乡村生产力水平和乡民的生活质量。

② 因地制宜、逐级管理。

第一，因地制宜。不同地区乡村社会经济、教育等方面的发展情况是有差异的，各地政府部门应从本地乡村社会实际情况出发而对相应的成人教育政策进行制定，并督促落实，有针对性地开展成人教育工作，通过乡村成人教育切实解决乡村振兴中的人力资源问题，培养优秀的劳动力，带动乡村农业及其他特色产业发展。

第二，逐级管理。乡村成人教育管理应以"垂直管理"为主，即自上而下逐级管理，其优点是便于各级部门对乡村成人教育实际情况及时而准确地予以掌握，然后根据掌握的信息进行有针对性的指导和管理，科学规划，稳步实施，快速解决乡村成人教育的问题，提高管理效率和成效。

③ 改善教育条件。

第一，合理安排教育内容。不同区域的乡村在农业产业的发展规划上各有特色，各地的农作物品种也各有差异，这与各地的气候条件、地理位置等自然因素有关。要通过开展乡村成人教育而促进乡村农业发展，就要根据各地农业产业的特点、现状来安排成人教育课程内容，结合农业产业发展的需求而授课，从而更好地达到预期目标。

第二，优化硬件条件。乡村成人教育的质量直接受成人教育教学条件的影响，为提高教育效率和教育质量，有必要对成人教育教学的硬件条件加以改进与完善，如教室的选址要合理，进行现代化设计，配备先进教学器材设备，采用科学而多元的教学手段，建立实验基地，提供实践教学平台。

第三，优化师资队伍。乡村成人教育工作者的素质与能力直接影响教育质量，因此要重视对专业师资队伍的建设与优化，提高师资水平，充分发挥优秀师资力量的作用。对此，乡村地区应重视引进农业科技相关学科的专业教师，或安排长期位于农业劳动一线的杰出人才来进行授课，并合理优化师资结构，注重对年富力强的中青年教师的培养。

二、乡村学校师生的发展

乡村学校的师生发展研究，是我国乡村教育振兴研究的重要组成部分。师生关系的状况直接影响着教育质量和学生的健康发展，同时，师生关系也对教师的教学效能和专业信念带来重要影响。因此，对师生关系的研究不仅仅关乎学生的发展，也关乎教师的发展以及整体乡村教育的发展。下面在探讨完善乡村学校师生关系的基础上，对乡村学校学生的发展问题展开了阐述，希望在乡村教育发展场域下梳理我国乡村学校的师生关系，并结合国外的研究成果和成功经验给出乡村学校师生发展的一些具体建议。

（一）乡村学校师生关系的完善

1. 传统型乡村学校师生关系

学校中，最重要的人际关系是师生关系，师生关系的质量直接影响着教学互动和教育质量。师生关系对学生的学习态度、学习成绩甚至心理健康和身体健康都有深远的影响。尤其是在乡村地区，由于家庭教育、课外兴趣培养等等方面都较为欠缺，因此学校是学生接受教育的主要场所，师生关系是影响学生接受教育和健康成长的最重要的关系，也是学生在家庭、家族之外发展社会关系的第一次尝试，这一切都与学校教师以及他们之间相互的关系息息相关。良好的师生关系是影响青少年儿童学习和成长的重要因素。在乡村教育振兴发展过程中，学校应鼓励教师积极发展新型的师生关系，加强互动，加强师生间的亲密和融洽程度。传统的、最为常见的师生关系有"以教师为中心""以学生为中心""以教师为主导结合以学生为主体"几种。

（1）以教师为中心。这种观点强调教师的权威，忽视学生的积极性。认为在教育过程中，教师应该处于绝对的主导地位，学生应该绝对服从。

（2）以学生为中心。这种观点强调学生是教学活动的主体，应该充分尊重他们的特长、兴趣、学习的节奏等等个性特征。因此，要全面而整体地考虑学生的成长和发展。

（3）教师主导、学生主体。这种观点是对前两种观点的整合和平衡，既肯定了教师的主导性，同时也尊重学生的主观能动性。

2. 关怀型乡村学校师生关系

以美国教育哲学研究会主席内尔·诺丁斯（Nel Noddings）为代表的关怀理论学派，在我国学界引起共鸣，在乡村教育研究和实践中也得到相当的拥护和推行。在关怀理论研究聚焦到乡村学校时，其中重点之一就是师生关系，它指出教师要给予学生最好的关怀。乡村教师对学生的关怀除了学习方面，还应该包括生活的方方面面。这是基于乡村的特殊情况对乡村教师提出的特殊要求。一方面，农民普遍受教育程度低，家长对孩子的教育能力有限；另一方面，很多家庭里年轻的父母都进城打工，孩子留给老人抚养，而老人对孩子的教养方式主要以生活照顾为主，在学习教育、价值观培养等方面都是不足的。因此，在这样的背景下，对乡村教师提出更多、更高的要求。

（1）乡村教师要树立正确的学生观

首先，学生是与教师人格平等的主体。教师要尊重人的成长发展规律，在教学实践中要针对学生的身心特点和年龄特征设计有针对性的学习任务，选择相适宜的教学内容和方法，在强调尊重学生个性的同时，满足学生多样性的需要。教学活动应该是有系统、有层次、有组织地进行，是一个动态的过程，即让学生达到基本的素质能力水平的同时，积极发展个性，鼓励学生全面发展，使每一名学生都能基于自身的条件和特点获得良好的发展，而不是先设定一个发展样本，然后让每名学生都趋于同质化。

其次，教师和学生应该互相尊重。学会尊重别人才能拥有自尊和赢得尊重。在广大的乡村地区，往往具有浓重的传统文化的遗俗，如长为尊、幼为卑的观念深入人心。那么作为乡村教师，就应该更加强调师生之间的平等和谐，引导学生建立更加开明的价值观和世界观。至少在学校的语境下，教师应当示范师生平等、互敬的关系模式，并逐渐帮助学生认同和内化为他们自觉的关系观念。

再次，需要强调尊重不是纵容，教师应该秉持关怀与严格并存。毕竟学生的思想尚未发育完全，他们的判断能力、自制力、观察能力、思考能力都还具有一定的局限性。因此，教师应该像园丁一样，除了悉心培土、浇灌、施肥以外，当小树苗长歪了也要及时扶正，长出小叉也要坚决修剪掉，这同样是教师的职责所在。对学生主体性的强调应该是辩证的，不是绝对的。

最后，乡村小学学生还会面临一些特殊问题。由于城市化发展迅速，城市需要大量的建设，很多农民外出打工争取获得更高的收入，于是有大量的乡村孩子成为留守儿童，被寄养在隔代家长或者亲戚家。由于在成长的关键时期缺乏完善的亲子教育，很容易出现各种心理问题。这已经被很多研究数据所证实，因此不容忽视，而且这种情况很难在短期得到改善，学生缺少家长的保护和疼爱，在寄宿期间容易感到孤独、无助，对父母的感情冷漠复杂。从对留守儿童心理状况的研究中发现，留守儿童存在自卑、焦虑、逆反心理，甚至会有对父母的怨恨心理等。这时候教师的理解和抚慰、及时的疏导就显得格外重要。当教师不仅作为一个知识的权威而存在，而且对于这些留守儿童而言，他们还是一个关心自己、理解自己并支持自己的长辈，这对幼小的孩子是一个非常有力的心灵支撑。当然，这也是对乡村教师提出的一个重要挑战。

（2）乡村教师要树立的教师观

新型教师形象与传统教师形象的最大差别，就是摆脱了教师高高在上的单一且不真实的角色形象。新型的师生关系，强调的是师生之间构建平等的关怀关系。教师不是地位高于学生的权威，教师是形象全面的、立体的有血有肉的人，他们是为学生的学习成长的最强有力的支持者，同时，他们也需要来自学生的支持和回应。师生之间是彼此之间互相需要的平等关系。因此，尤其是在乡村学校中，要强调教师并非站在关系中的强势地位，学生也不是关系中的弱势地位。学生对于教师的尊重、了解和认可对于教师来说是极大的激励，也是教师职业幸福感的源泉，更是牢固关怀型师生关系的重要标志。教师要坦然承认对于学生的需要，并且引导学生学会接受教师的关怀，以及学会如何反馈和关怀他人等。

（二）乡村学校学生的发展

现代乡村学校的主要特征之一，就是规模小、生源少。这是由于近些年我国在社会快速发展建设中，有大量的乡村居民离开家乡外出寻找工作。这些家庭的孩子有相当一部分都随父母在异地入学读书，这就导致了城市的生源超出实际容纳人口的比例，而乡村却生源逐年下降，乡村学校的规模越来越小，为进一步的发展带来困难。这些小规模的乡村学校在发展中既有一定的特色，也具有一定的优势，因此需要进行专门的研究。

乡村的小规模学校，对学生的培养路径和培养方式也与普通学校有所不同，具有一定的独特性。由于学校的规模小、教师少，各种教学资源也十分有限，这些现实的客观条件为乡村学校的教学带来明显的局限性，但是与此同时，他们也有其优势所在。比如，正是由于没有能力开发更多、更丰富的学科和课程，有限的教师可以专心钻研现有的科目；因为学生少，教师可以加强对每名学生的辅导，提高学生的学习热情和学习能力。

1. 立足自身优势，把握乡土人文资源

乡村小规模学校应该充分利用其地理位置、自然环境和乡土文化的天然优势。中国是一个有几千年农业文明的国家，但是在现代化的发展过程中，很多传统文化逐渐走向衰弱或落寞。乡村学校可以把握地方文化特色，把传统的民族特色文化融入日常的教学活动中。一方面是对优秀的传统文化的弘扬和继承，另一方面也是立足自身优势进行特色发展的一种战略选择。因此，在乡村小规模学校的教学中应该加强开展乡村文化的教育，对当地的民俗特色文化进行梳理和传承。在培植学生乡土情怀的同时，加强地域认同、文化认同和国家认同的教育，把民间歌舞、戏剧、体育等乡村人文资源引入课程，培育他们对乡土人文之美的识别、理解和热爱之情。

2. 促进自主发展，开展个性化教学

在人类现代化的过程中，人们过于追求教育的规模化和高效率，尤其是工业时代，社会生产需要大量的、具备一定技能的工人、技工等，强调人的功能性，而忽略了人的个性发展需要。然而个性化教学在我国具有悠久的历史，如先贤孔子就曾提出的"因材施教"的教育思想。随着教育改革的进行，越来越注重发展学生的个性，倡导以学生为教学主体，鼓励学生全面发展。但是，大班级的课堂教学模式与应试教育的存在，很难真正地、全面地实现个性化教育。

然而在乡村学校却具有这样的客观优势。班级人数少的乡村小规模学校在实施个性化教学方面，却走在了城市学校的前面，能够最大程度地实现因材施教。由于教室的空间大、学生少，在座位安排上可以完全不必拘泥于传统的摆放形式，可以灵活地根据教学内容的需要，如摆放成环形、马蹄形、圆形等，甚至可以让学生自己选择座位的位置，学生也可以自由选择自己最舒服的上课方式。在教学目标方面，教师可以根据学生的个体差异制定多层次的教学目标。让每个学生只管按照自己的能力水平尽力学习，而不需要和其他同学比较。在课堂教学中，由于学生人数少，教师有机会鼓励每个学生充分发言表达自己的理解和思考，可以集体对某一个问题进行探讨，可以引出多样化、个性化的见解，从而培养学生对他人的理解，对不同个性的接受。这些都是只有小规模班级才具有的优势。当然，这对教师的要求也极高，需要教师既要有因材施教的能力，还要有足够的热情和责任感，否则很可能由于教学目标松散且过程复杂，最后所谓的小班个性化教学只是形式有余，而实质不足。

3. 重视劳动教育，提高社会参与感

劳动教育是教育的重要组成部分，小规模乡村学校可以利用自身的劳动环境优势，开展形式多样的劳动教育和劳动实践活动，提高学生的社会参与度和生活实践能力。城市学生的劳动实践活动，基本上就是学校的学生大扫除，或者提倡回家帮助父母分担一些家务等，形式和内容都非常单调，而乡村学生的劳动实践其实可以组织得别具风格，如组织学生种蔬菜、种树、种花，学习识别虫害、防护知识等，还可以在农忙时带学生直接参与劳动。还可以组织学生帮助乡村里的孤寡老人，如可以结成两人或者多人小组，定期轮流探望孤寡老人，帮助学生从小形成友爱互助的意识，培养学生的社会责任感和使命感。总之，乡村学生的生活实践和劳动实践场景都更加丰富，学生的成长环境也更加多面和立体，有机会对自然的更迭有更直观的体察，对生活实践有更多、更深入的参与，这些都对乡村孩子将来形成完整的人生观和世界观打下良好的基础。

第四节　乡村教育振兴与发展的创新路径

振兴与发展乡村教育是落实乡村振兴战略的重要工作，解决乡村教育问题是推进城乡教育一体化的重要突破口。在乡村振兴战略下探索乡村教育振兴与发展的路径，必须从我国乡村教育的发展现状出发，深入认识我国乡村教育存在的问题及其与城市教育的差距，针对现实问题而制订发展方案，调动政府、学校、社会、家庭等多方力量使乡村教育走出现实困境，并依托现代信息技术进行现代化改革，以全面发展乡村教育，提高乡村教育质量。本章对乡村教育振兴与发展的路径与策略展开研究，重点提出建立完善的社会参与机制、注重乡村教育的信息化发展、加强"家校共育"式发展以及促进乡村成人教育发展四条路径。

一、建立完善的社会参与机制

教育治理是国家机关、社会组织、利益群体和公民个体，通过一定的制度安排进行合作互动，共同管理教育公共事务的过程。它强调多元共治，主张教育管理的社会参与和民主参与，是教育管理的高级形态。乡村教育治理是指立足时代背景，乡村教育的各利益主体通过多元共治的方式，协同管理乡村教育公共事务的动态过程，以期推进乡村教育与新型城镇化建设、乡村教育与城市教育以及乡村教育系统自身的动态平衡与协同共进。因此，在乡村教育治理中构建融政府、社会于一体的多元治理模式，就要明确不同治理主体的责任，提升各自的治理能力与协同合作能力，完善协同治理机制，采用现代化手段进行高效率治理，从而促进我国乡村教育的现代化发展与可持续发展。下面具体分析建立与完善社会参与乡村教育治理的机制的主要策略和方法。

（一）明确政府与社会力量各自的主要责任与义务

现阶段，地方政府应国家要求而不断"简政放权"，参与乡村教育治理的相关政府部门也应响应国家要求而"简政放权"，在教育治理中要解放思想，调动社会力量的积极性，将民间活力激发出来，发挥社会的凝聚力和创造力，提高乡村教育治理效率和成果。乡村留守儿童教育问题的解决，既需要政府发挥主要职能，也需要社会力量的参与，而且确实有些社会力量一直都在积极参与这方面的工作，但在留守儿童教育治理中，政府相关部门与社会参与力量之间的沟通和互动非常少，二者之间的沟通桥梁还处于缺失状态，沟通机制尚未形成，而且一些地方政府部门及社会力量对自己的主要职责缺乏清晰的认识，所以免不了有些重复性的工作，浪费了时间、精力与资源，而且因为治理工作不够系统，缺乏规划，工程分散，最终影响了治理效果。对此，建立多元化的乡村教育治理模式，就应该对政府与社会力量各自的权责予以明确，这是健全多元治理体系和有序开展治理工作的基础与前提。划分政府部门和社会力量在乡村教育治理中的职责，应该贯彻政府主导（政府兜底）、社会协调（社会促优）的原则。政府居于主体地位，承担主体责任，社会力量发挥协助与补充的作用。清楚政府与社会在乡村教育治理中各自的地位和职责后，就要具体情况具体分析，有针对性、有目的地发挥各自的职责。乡村教育治理涉及多方面的工作，如果是一些基础性的问题，如乡村教育经费管理、乡村学校布局、乡村宿舍建设与管理、教师评职称等，政府应充分发挥自身的领导作用，从设计、决策等方面把握解决问题的大方向，客观评估这些基本问题的实际情况，判断乡村教育发展趋势，从而立足现状、放眼未来而对解决乡村教育现实问题、促进乡村教育发展的政策进行制定。但要注意的是，制定政策时要召开论证会，论证会要邀请社会力量来参与，政府要向社会有关方面征求意见，这充分反映了乡村教育治理的民主性。

以上关于乡村教育的基础问题采取的治理方式是政府主导，社会参与和协调，对于其他工作，可能需要以社会力量为主导来进行治理，如"第三方"乡村教育质量评估、乡村智障儿童教育服务、乡村留守儿童素质拓展、乡村民间艺术进校园等，但要注意政府应加强过程监督与质量监控。

（二）建立健全政府购买社会服务参与乡村教育治理的机制

进行乡村教育治理是政府与社会协作振兴乡村教育的重要手段，其优势在于压缩乡村教育治理成本，巩固多元共治模式，促进乡村教育治理效率和发展质量的提升。政府在乡村教育治理中购买社会服务，是现代乡村教育治理的重要机制之一，如校车接送、校园安保、第三方教育治理测评等方面的工作，就是主要采取购买社会服务的方式。实践证明，这个治理机制具有良好的实效性，在实践运用中积累了丰富的经验，总结出科学且较为完善的规律。然而，不同地区的社会观念、经济水平等存在差异，因此各地政府通过购买社会服务而进行乡村教育治理的工作进程、工作结果都存在一定的差异。就目前来看，经济水平高的地区，这一机制较为完善，且在实践中得以落实，取得了良好的治理效果，而经济落后地区这一机制还未形成或尚不成熟，在实践中运用较少，经验不足，有待进一步推进这方面的工作。

政府向社会力量购买服务，必须严格审查和评估社会力量所提供的服务，从制度、政策等方面加强监管，以提升社会力量的服务质量。具体要做好以下几方面的工作：首先，依据社会服务能否提高乡村教育治理效率这一标准，明确划分社会服务的类别，清楚哪些是"必须买"的社会服务，哪些是"可以买"的社会服务，哪些是"绝不能买"的社会服务，对其中第一种社会服务要积极推进，对第二种社会服务要全方位甄别，对第三种社会服务要守住底线；其次，制定并健全社会服务招标制度与政策，完善招标方式，规范招标流程，综合采用多种招标方式来提高招标效率；再次，政府有偿购买社会服务，必然涉及财政支出的问题，为节约成本，避免资源浪费，有必要做好经费预算，加强专项经费管理；最后，对社会服务质量进行考核，健全考核机制，服务质量考核不仅是对最终服务结果的评价，还包括对服务过程的动态监管，考核方式有绩效考核、社会满意度调查等。

（三）促进社会组织参与乡村教育治理的能力的提升

社会组织在社会治理中发挥着举足轻重的作用，国家提出要加强对社会组织培育与发展的进一步规范，完善社会组织制度，明确各个社会组织的权利与责任，提高社会组织的自治能力，促进政府与社会组织的协同发展。社会力量要在社会治理中充分发挥自身的作用，首先要得到政府的承认，其次要承载政府赋予的权力，具有参与社会治理的高度意识与良好能力。社会治理包括教育治理，教育工作与其他社会工作相比具有自身特殊性，社会组织参与教育治理，必须合法、合理、合规，并要取得良好的治理成效，赢得政府与大众的认可。要充分发挥社会组织在乡村教育治理中的作用，就必须不断锻炼与提升社会相关组织的专业能力。

首先，鼓励乡村社会组织积极参与乡村教育治理工作，并根据乡村教育发展的需求培育新的社会组织。在社会组织的培育中，要清楚乡村教育机构乐意接受哪些社会组织，哪些社会组织能更快融入乡村教育治理工作中。一般来说，乡村教育机构比较容易接受那些与乡村社会、村民生活、乡村学校相贴近的乡村文娱组织和民间社会组织，所以要特别重视对这类社会组织的培育。

其次，有些社会组织在参与社会治理中积累了大量的实践经验，对于成功且成熟的治理模式与经验，可大力推广，并在乡村教育治理中予以借鉴，不同地区社会组织在乡村教育治理中总结的规律和累积的经验也可以相互借鉴，但要从实际出发而有针对性地采纳，对于普遍性的规律和经验，可以推广到全国乡村教育治理中。

最后，乡村地区有自己独特的乡村文化，也有优秀的"乡贤"人才，将这些文化资源、人力资源充分利用起来，提高资源利用率，为乡村教育治理提供资源保障。作为乡村的"象征"与"代表"，"乡贤"人才为乡村振兴与乡村社会各个方面的发展都做出了重要贡献，培育"乡贤文化"是乡村振兴战略强调的一个要点，可见，"乡贤"人才在乡村社会极其重要，因此我们要采取积极有效的措施来鼓励"乡贤"人才参与乡村教育治理，为促进乡村教育事业的发展而发挥自己的重要价值与能量。

（四）建设大数据平台，推动乡村教育现代化治理

当前，在我国乡村教育治理中，社会力量参与治理存在不够精准的问题，主要原因是社会组织是非官方机构，对数据的获取不是很便利，对于最新信息动态而无法及时掌握，也难以对未来趋势进行准确预测，从而影响了设计与实施策略的精准性。在全球化时代，不管是判断和预测事件走向、制订计划，还是采取策略，都要以对信息数据的准确、及时掌握为前提。落实行动要靠精准的数据信息来"指挥"。对此，因此，在乡村教育治理中，应努力构建集数据采集处理、监测管理、预测预警、应急指挥、可视化于一体的大数据平台，提高乡村教育治理的精准性，而这个大数据平台应该由多元主体共同参与，包括政府部门、社会组织、互联网机构、第三方评估机构等。

将现代科技资源充分利用起来，采取现代化技术手段进行乡村教育治理，将大力提高治理效率和优化治理效果。例如，挖掘与分析乡村教师资源数据，对师资资源地图进行建模设计，对师资资源共享平台进行创建，共享优秀资

源。再如，对乡村适龄儿童信息资源平台进行创建，对进城读书的适龄儿童、乡村留守儿童、辍学儿童的情况进行实时监控，及时了解乡村适龄儿童的动向，为采取相关对策而提供依据。

二、注重乡村教育的信息化发展

（一）完善信息化配套设施

信息化硬件覆盖农村地区，是推进乡村教育信息化的基础与前提，对此，地方政府要落实国家政策要求，对教育信息化给予必要的财政支持，为农村学校提供现代化教育设备，对老旧设备及时养护和定期检查，提高硬件设施的利用率。

（二）开发软件教育资源

教育部门统一组织开发智能教学软件，根据乡村教育水平、学校硬件设施水平、教师的教学能力、学生的知识储备进行有针对性的开发，解决地方性普遍教育问题。政府还可以统一购买数字资源服务，解决教育信息化中资源内容不匹配，无法覆盖所有课程等问题，利用教育机构强大的教育内容制作能力而为农村学生开发既有时代性，又匹配地区特点的教学内容，采用直播的方式让学生自主学习，老师在课堂组织过程中提升教学水平，真正实现翻转课堂[①]。

（三）提高乡村教师的待遇

乡村教育人才缺乏的一个主要原因，是乡村教育待遇水平不高，因此要从提升教师综合待遇这一点出发来改善现状。对乡村教师工资、住房等方面的安排要稍有倾斜，增强农村教师岗位的吸引力。同时，要根据学历、专业、职称来有效区分待遇标准，对信息技术素养较高的教师可适当提高工资水平，以吸引信息化技术人才和教育人才。

---

① 商旻. 农村教育信息化发展路径研究［J］. 科技经济市场，2020（8）：101-102.

（四）建立健全乡村教育信息化管理体制

信息化是系统工程，不是短时间就能够成功的。地方政府要贯彻落实国家教育信息化政策，做好推进规划，确定分管部门，做好责权明晰。有关部门应做好乡村教育信息化改革的预算，设立专项资金，专款专用，有效追踪，阶段性检查成果。

三、加强"家校共育"式发展

家校共育，顾名思义就是家庭教育和学校教育相结合，家庭和学校共同肩负起教育孩子的重任。家校共育以家庭和学校为主体，以学校为主体场域，以完善学校教育工作、促进学生的全面发展为目标，家庭和学校方面共同参与教育。

（一）完善家校共育的相关制度

当前，社会制度建设面临诸多问题，需要进一步加强改革，优化设计各项制度，解决制度缺失和制度不完善的问题，以一套系统、有效的制度体系来为社会发展提供保障。在乡村教育振兴与改革发展中推进家校共育，要特别重视建立与完善相关制度法规，弥补教育法律制度的不足，为家校共育的落实提供坚实的法律后盾和可靠保障。对家校共育制度的完善需要从下列两方面来落实。

1. 借鉴国外经验，完善国家法律、政策

教育发达国家不仅城市教育发展水平高，乡村教育也很受重视，发展良好，国外乡村教育发展较好的国家在推动乡村教育振兴的历史中非常重视家庭教育，注重乡村教育和家庭教育的合作与互动，将此作为振兴乡村教育的关键。为推动家庭教育的发展，以形成家庭与学校的强大教育合力，国外教育发达国家不断建立健全教育法律法规，为家庭教育、家校共育提供较高层面的保障，取得了良好的育人效果。例如，意大利制定法律，以法律的强制性和约束性规定家长的休息时间，使家长在休息时陪伴孩子，保障孩子能够受到时间充分且质量较高的家庭教育，这是意大利家庭教育发展良好的主要原因之一。瑞典也针对家庭教育制定了相关法律法规，要求家庭教育必须真

正落实在每个家庭，家庭教育开展不足或质量低下的家庭会受到相关惩罚，甚至会将家长的监护权取消。实践证明，国外以法律手段规范与约束家庭教育取得了良好的效果，制定法律政策是发展家庭教育的重要手段，鉴于我国乡村教育现状，必须加强乡村家庭教育，由国家层面制定相关法律制度，借鉴国外的成功经验，为乡村家庭教育的开展提供有力支撑，为乡村儿童教育提供更好的保障。

2. 制定和完善学校规章制度

乡村学校要认真学习相关法律法规文件，从实际情况出发面向地方行政部门主动争取协助与支持，争取优惠政策，争取更多的福利，从而进一步保证乡村学校教学活动的顺利开展。与此同时，地方政府在国家政策法规框架下对本地学校教育管理制度、家校合作制度进行制定与完善，使家校合作共育获得法律支持和政策保障，使合作共育的各项工作有章可循、有的放矢，从而提高合作共育的效果。

（二）探索家校共育的有效模式

1. 促进家校信任，打好共育基础

在家校共育中，家长与教师的交流和沟通应该是长期的、多方面的，在不断的交流中相互理解，建立信任，各尽其责，将各自作为教育主体的作用充分发挥出来。尤其是家长可以在教师的引导下转变教育思维，认识家庭教育的重要性，将教育重任主动承担起来，营造良好的家庭教育环境。家校合作共育是以信任为基础和前提的，不仅家长要信任学校、信任教师，学校也要信任家长，只有彼此信任，才能更好地沟通与交流，坦诚相待，共同为乡村教育事业的发展、为孩子的成长而努力。在家校沟通互动过程中，学校要打破封闭的管理模式，采取"请进来，走出去"的战略，与家长、社会进行更好的沟通与互动。"请进来"指的是学校在教育管理中邀请家长参加一些工作，如制定教育目标、设计教育计划、确立教育工作思路等。此外，可以邀请家长来班级听课，了解孩子在课堂上的表现，亲身感受教师的教育工作，与教师一起讨论，相互交流，为促进孩子的健康成长与全面发展而共同努力。"请进来"的方式能使家长更好地理解教师，充分信任学校和教师，同时也能将家长的主体意识激发出来，将其参与学校教育的积极主动性调动起来。

"走出去"指的是学校向外界进行自我宣传，自我展示，借助乡村广播、报纸、宣传板等媒介宣传学校的规章制度，以获得家长的认可，得到家长的配合与支持。此外，乡村学校还可以根据自身情况"走出去"举办一些活动，以充分展示本校的风采，获得家长的信任，如素质表演、制作展览、特长汇报等。

2. 促进家校合作，实现互助共赢

虽然家庭教育和学校教育的教育内容、教育形式、教学方法有所不同，但二者有统一的教育目标。要使学生健康成长、全面发展，单靠家庭教育或单靠学校教育都是难以实现的，只有家庭教育和学校教育互助互补，彼此信任，相互合作，积极配合，才能更快、更好地实现统一的育人目标。在家校共育的合作关系中，家庭与学校是平等的，任何一方都不能一味付出或一味被动附和，而应该既付出，又配合，各自发挥自身作为教育主体的作用，为乡村振兴培养优秀人才。

第一，政府积极采取措施，引导家长转变观念，破除家庭只是孩子的物质保障供给者的思想误区，重视家庭教育，明确家长教育职责，促进学校与家庭合作，引导家长进行良性的家庭教育。例如，开展以"家校合作"为主题的家长和教师培训活动，引导家庭学校间的沟通合作。

第二，学校充分发挥教育的主导作用，主动加强与家长的沟通，引导家庭认清自己在孩子教育上的责任分工，树立家校合作的观念，达成家校合作的共识。学校可以通过建立"家校合作委员会"等家校合作平台来引导和保障家校合作的进行。

第三，家长抛弃完全依赖学校教育的心理，消除传统的"唯学校教育"论的思想，主动担负应有的教育责任，积极与学校沟通，主动参与学校教育，与学校达成合作共识，形成科学的、有效的家校合作共育模式。

四、促进乡村成人教育的发展

乡村成人教育是乡村教育的重要组成部分，振兴乡村教育，既包括对乡村基础教育、乡村职业教育的振兴，也包括对乡村成人教育的振兴，只有全面发展与振兴，才能推动乡村教育的持续发展。下面着重对乡村成人教育的发展要点进行研究。

（一）树立教育新观念

1. 唤醒教育主体意识

受教育者在教育活动中居于主体地位，教育者必须充分认清受教育者的重要地位，加强与受教育者的互动，使受教育者真正学有所获。村民作为乡村成人教育的受教育者，只有认清自己的主体地位，充分发挥能动作用，才有可能通过接受教育掌握自己需要的知识和技能。在乡村成人教育中，村民作为被教育者总是处于被动地位，不管是接受教育还是寻求发展，都很被动，这种状态与村民的思想观念有很大的关系。很多村民由于学历低、学识少而自卑心理严重，以至于在教育中不敢发挥主动性，这严重影响了乡村成人教育的效果。所以，在乡村成人教育中树立教育新观念，首先要唤醒村民的教育主体意识，使其认识到自己与教育者之间是平等的，没有高低之分，鼓励他们与教育者平等交流，教育者也要主动与村民平等对话，对他们的真实感受和实际需求有真正的了解，在教育过程中积极启发村民的思维，引导他们思考，使村民切身参与到教育活动中来，提升其主体意识和参与感。

此外，乡村成人教育改革发展中还要不断改进教育方式，充实教育内容，激发村民的兴趣，使他们积极主动地学习，营造良好的乡村成人教育氛围，使村民在积极学习中发现自身的价值，发挥自己的主体性，通过自己的努力而真正学有所得。

2. 培养教育付费和教育投资意识

乡村成人教育活动很多都是由政府出资开展的，由于教育经费有限、受教育者群体数量庞大，导致不能达到有效的教育供给。对此，应培养村民的教育付费意识，解决成人教育发展中的资金问题，并帮助村民建立正确的消费观和平等观，让村民意识到为教育付费的必要性。另外，引导村民建立教育自我投资观念，使其通过自我投资而提高劳动技能，提升劳动者素质，获得持续发展的能力。

（二）精准教育内容

1. 农业生产教育

由于市场缺乏了解和物质条件的匮乏，一些地区乡村产业发展长期处于被动状态，农业经济利益较少，这也影响了村民的生产态度和积极性。对此，应加强成人教育中的农业生产教育，依据当地生产和生活条件进行定位发展，设置适合当地农业发展的课程，教育内容应教导村民查找市场信息，运用现代方式进行农业操作，帮助农民打造民族乡村振兴示范村，提高村民的积极性、主动性、配合性和创造性，促使村民生产技术升级，延长产业链，为乡村农业的可持续发展作出贡献。

2. 文化娱乐活动教育

村民的文化娱乐活动比较少，而村民的精神需求对乡村振兴也非常重要，因此在乡村成人教育中应加强文娱活动教育的开展，关心村民的精神需求，开展形式多样、内容丰富的乡村娱乐活动，宣传积极健康的乡村社会生活方式，培养良好的乡村文化氛围。

3. 医疗健康教育

在乡村成人教育中还有必要进行医疗健康教育，普及健康常识和医疗卫生常识，并教年长的村民使用农村医疗保险，使用现代化技术就医，如进行电子挂号、取电子化验单等。各地应从村民的实际需要出发加大对医疗健康教育内容的开发力度，讲解与宣传医疗保险政策及重要知识，开展必要的健康教育培训。

4. 其他教育

乡村成人教育内容类别相对比较有限，大多是农业生产技能方面的教育，而且这类教育内容也比较单一。根据乡村振兴战略的要求，应该在乡村地区开展多领域、多层次的教育，如开设电脑课程、电工课程、厨师课程、月嫂课程、垃圾分类课程等，为村民提供更多选择，激发和利用农村剩余劳动力，增加劳动力的活力，提高村民的劳动技能和人口素质，更好地实现乡村振兴的战略目标。

（三）建立与完善乡村成人教育教学负责制

在现在的乡村成人教育活动中，教和学处于一种分离状态，教师完成教学任务后没有相关的课业，也没有实操性训练，村民在生产劳动中遇到问题时没有专人答疑，造成了教育中断、效果低的结果。鉴于上述问题，应该建立乡村成人教育教学负责制，确保教和学的双向互动，改变传统教学模式，让教育者深入基层落实教育结果、解答疑问，使受教育者将所学知识和技能运用到实践中，学以致用，把教育内容转化为生产力，提高成人教育的效用。

（四）完善乡村成人教育体制

在乡村成人教育发展中，要重视对教育成果的审视，完善考试制度，依据教育成果颁发合格证，要求持证上岗。当前，我国乡村成人教育不能达到有效供给与缺乏考试制度有直接的关系。成人有关合格证的考取和审核比较松懈，致使乡村成人教育成果低下，参加过成人教育的受教育者也不能作为"教育产品"完成有效的教育供给。完善考试制度能够使成人教育更加规范，真正发挥教育的效用，提高村民劳动力，使村民达到社会劳动力用人标准，进而提高他们的经济收入水平。

此外，要严格审核合格证的颁发，落实持证上岗的社会要求，使乡村成人教育更好地与市场结合，建立行之有效的"教育生产线"，使市场经济和成人教育发展相互促进，这样才能在满足成人教育有效供给的同时，培养乡村社会振兴所需的人才，促进乡村振兴战略的落实。

第四章

乡村振兴战略下的乡村文化建设

文化是一个民族的灵魂。在推进社会主义乡村建设进程中，如何把乡村文化建设纳入整体规划，与乡村民主政治建设、发展村级经济、整治村容村貌等进行同步建设、整体推进，是当前我们面临的一个重要课题。因此，深入理解乡村文化的含义，辨别乡村文化的特征，是保证乡村文化建设深入开展的重要基础和基本前提。

第一节　乡村文化与乡村文化建设

一、乡村文化

乡村文化作为与城市文化相对应的一种文化形态，是构成人类文化的重要组成部分。我国自古以来就是一个农业大国，几千年的中国文化深深根植于农业文明之中，从某种意义上说，乡村文化是中国传统文化的活水源头，农民群众是乡村文化建设的主体。

乡村文化可从广义和狭义两方面去解读。从广义上讲，乡村文化是指乡村人口在乡村长期的社会实践活动中所创造出的物质财富和精神财富的总和，它由相互独立却又不可分割的四个层面构成，即物质文化、行为文化、制度文化和精神文化。从狭义上讲，乡村文化则仅指乡村的精神文明活动，是农民的文化水平、思想观念以及在漫长的农耕实践中形成并积淀下来的认知方式、思维模式、价值观念、情感状态、处世态度、人生追求、生活方式等深层心理结构的集中反映，表达的是农民群众的心灵世界、人格特征以及文明开化程度，是农民精神状态的内化，也是乡村社会进步的标志①。

二、乡村文化建设的内容

（一）保护和引导乡村民俗文化

我们今天经常所说的民俗文化就是指民众的生活文化，那么乡村民俗文化当然就是指乡村的生活文化了，民俗文化主要就是乡村的风土人情、习俗等，它与民众所处的特定的自然、人文环境紧密相关。农民的道德习俗、民族风俗和民间传统文化有着密不可分的天然联系，优秀的民间传统文化凝聚着中华民族悠久传统文化的精神，体现着中华民族勇敢、勤劳、生生不息、正义的民族精神。

例如，黔南州贵定县茶事文化就属于比较典型的民俗文化。下面对其进行简要介绍。

陆羽《茶经》："茶之为饮，发乎神农氏，闻于鲁周公"，经众多茶界前辈考证，茶树起源于中国西南地区，贵州作为西南一隅，有众多的没有用文字记述的茶文化，其中贵定茶文化亦是如此，是为贵州省内茶文化一瑰宝。在贵定，生活有汉族、苗族、布依族同胞，形成了独具特色的各类茶文化，形成"黔南奇葩，茶文之胜"的现象。贵定地处山区，周围山川林立，环境优美。清代贵州名士朱其中在贵定县云雾山游玩时，曾作诗："层峦叠嶂耸云端，形胜巍然壮大观。晓雾晴开红日近，暮烟轻霭碧潭寒。回岑对峙双栖鹤，珠岫环萦并舞鸾。林际晚光凝米色，砂痕隐隐映丹霞"。描述了云雾山区层峦叠嶂、晓雾晴开、碧溪流水、苍绿山川的独特风光。但因交通堵塞，致使当地文化传播不开，茶文化亦是如此，而且缺乏条理性的记载和整理，所知者少之又少。笔者有缘，经过几个月的学习、查阅资料和实地考察，管中窥豹地了解了贵定县内形式各异的茶文化②。

1. 关于贡茶与贡茶碑

据史料记载，贵州省黔南州贵定县云雾山所产云雾茶，自隋至晚清，都是作为进贡皇室的贡茶。在贵州贡茶史上，贵定云雾贡茶碑是贵州唯一的贡

---

① 顾阳，吕英胜. 如何搞好农村文化工作［M］. 太原：山西经济出版社，2009.
② 邓燔，肖正广. 黔南州贵定县茶事文化述略［J］. 中国茶叶，2018，40（10）：61-65.

茶碑，史料记载清乾隆五十五年（1790）由官府批复苗族首领雷阿虎请求，朝廷拨银购办该处贡茶之事。此处有贡茶碑两块，另一块则是嘉庆年间所立。

（1）云雾茶"进贡"史话

贵定置县已有 2 000 多年的历史。《贵州古代史》载："隋置宾化县于大平伐司……唐贞观间，移故宾化县。"宾化即今天的黔南州贵定县。进贡史话，在此书中载有："长官司土官来朝，贡马及方物"指隋朝开皇元年（581）贵定历史上最早建宾化县（"宾化"现称为"平伐"），据考证，当地土官向皇帝"贡方物"中的地方特产物品有云雾茶。云雾茶叶的历史。首先是陆羽《茶经》载："涪州出三般茶，宾化最上，制于早春。"《事物绀珠》载："茶类，宾化茶……"，宾化即平伐，今贵州贵定县云雾镇所产云雾，由此可说明唐时宾化即贵定平伐（云雾）已产茶。尔后明代时嘉靖《贵州通志》载："黔省各属皆产茶，贵定云雾山最有名，惜产量太少，得之极不易，苗家以茶为生业。"言云雾茶产量太少，得之不易。万历《贵阳府志·食货卷》亦载："黔省各属皆产茶，独贵定云雾山最有名。"清时康熙《贵州通志》、乾隆《贵州通志》均有关于贵定云雾茶的记载。

① "贡方物"文化。在史书记载中，以进献贡马贡茶的"贡方物"为最。明史记载较多，且比较详细，《太祖洪武实录》中载："（洪武）十五年六月辛卯，新添、大平伐、小平伐土酋俱来朝……诏赐文绮帛各五匹，钞二十锭，以示体恤。""土官卢朝奉来朝，贡马及方物。"另在明代 276 年历史中，各类《明实录》中的"贡马及方物"就有 27 处涉及茶的记载。除前文所述清康熙《贵州通志》所记"黔省各属皆产茶，贵定云雾山最有名"之外，乾隆《贵州通志》《续遵义府志》亦有记载："云雾茶为贵州茗品之冠，岁以充贡"即每年都充当贡茶。在方志中，每年给皇家的贡茶数量与折银数量都记得清楚，即"茶芽伍拾叁斤，壹拾壹两陆钱伍厘"。所说的是所产茶芽共 53 斤（1 斤约 590 克），折买的钱是银 11 两 6 钱 5 厘。

② 贡茶文化。清乾隆五十五年以官府批复文而刻的"云雾贡茶碑"，碑文中两处有"贡茶"二字是历史实物见证，后嘉庆年间的碑文亦可佐证。中央第一档案馆藏《清宫秘档》载有，清光绪三十年、三十一年，贵州巡抚林绍年向皇廷贡茶："贵定县茶芽，贡皇上一匣，贡老佛爷一匣。贵州巡抚林绍

年叩首，光绪三十年正月初一日"。

　　1952 年，贵定云雾山鸟王寨的苗族同胞金兴流、雷作轩等 10 人，为感恩伟大领袖毛主席，他们每人精采、精制 5 千克云雾贡茶献给毛主席，由省军区派到贵定第五区（后改名平伐区，今名云雾镇）的土改工作队的专人送往北京，毛主席品尝后大加赞赏，将其余 4.5 千克转赠给全国人大的代表们品尝"苗岭来的苗家茶"。接着由中央人民政府政务院写来《致贵州贵定鸟王寨苗族同胞的感谢信》。后于 1953 年，在《中国茶叶公司第二届土产交流会专集》中载："茶叶，以贵定五区云雾山鸟王茶最好"。

　　（2）"云雾贡茶碑"史话

　　云雾贡茶碑位于今云雾镇鸟王村，如前文所述，碑文有两块。现已风化，但其中关于"贡茶"的记载，仍旧清晰可见。现用简化字，罗列原文如下（碑文风化脱字以"□"代替，并试加标点）：署贵阳府贵定县事：州正堂为据禀给照事。案据旧县方文超等禀称：本年四月二十日接春钧札，因仰王苗民雷阿虎禀"年老茶枯"，仰约前往确查，据实禀复。奉此约，遵即前往临山踏勘：茶老焦枯，并无一株生发，实非苗民治枯捏禀倩□缘。奉札查□禀明，伏乞查核施行上禀等情。据此，查茶树既俱枯坏，并无出产，应干除批示外，合行给照。为此，照给该苗民等遵守：嗣后该处年年给□贡茶定数，茶触及其余所派之茶准行停止，以免采办之累。如有差人以办茶下乡滋扰者，许尔等指名禀究。须至照者。据呈缴茶拨银肆百贰拾两，收后发交殷实之户生息年，再年购办该处贡茶。乾隆五十五年立。这块碑文为繁体汉字直书，从右到左读。碑头横书有"万古流芳"四字，这是苗胞将官府批复文刻碑后加上的，既是对"乾隆盛世"官府拨银扶植贡茶生产恢复的"感恩"，又有"万古"保护贡茶保护苗家不受滋扰的寓意，尤其是允许大家指名举报官府敲诈勒索的差人。这在一定程度上缓和了当时的矛盾，维护了人民的利益，促进了贵定茶业的发展。"云雾贡茶碑"是中国境内发现的罕见的贡茶实物史料。1982 年被列为省级文物保护单位，成为贵州乃至全国贡茶文化的一朵奇葩。

　　2. 关于宗教与茶文化

　　"诸佛初兴，随缘设教于茶房酒肆。"于是茶房作为传教的途径被广泛利用。中国茶文化的发展离不开佛教寺院僧侣的努力，更离不开僧侣在制茶过程中的贡献。中国佛教在西南亦如此，贵州贵定阳宝山名气亦佳，佛教茶文化亦盛。此外，还有西方的天主教文化也得以在此传播。

（1）阳宝山佛教与茶文化

阳宝山位于贵定县城北面，海拔 1 566 m，山势崔巍，诸峰环向，在明朝时修建的莲花寺规模宏大，香火旺盛，与四川峨眉山、云南鸡足山并称为中国西南三大佛教圣地。阳宝山佛教在明清两代比较兴盛，有很多名人，如徐霞客、汪士慎、张澍、赵翼、林则徐等，曾到此地礼佛、品茗、观景，并留下了宝贵的文学遗产。康熙《贵州通志》载："屡著灵异，来朝者众，遂为名山，山产茶，制之如法，可供清啜。"民国《中国古今地名大辞典》载："阳宝山，在贵州贵定县北十里。（树）高千余尺，树木森密，殿阁崔嵬，诸峰环向此山，称黔东之胜，山上产茶"。近人所著《贵州古代史》载："贵定阳宝山、翁粟坡、五柯树、摆耳等地出产，特别是贵定阳宝山的云雾茶最著名，色清味香"。对茶誉赞的记载，清朝《黔南识略》有："山顶茶茁云雾中，为贵州冠。今犹充贡，岁出常不足。"《车道夜行纪事》载："系偕黔贡茶差"，《金鼎山云雾茶歌》载："黔中茶品阳宝绝，贡茶不盈常外传"。阳宝山所产之茶亦属"云雾贡茶"系列。前文已述，清末，贵州巡抚林绍年进献给慈禧和光绪帝的即是"贵定云雾贡茶"。民国《续遵义府志》引《莼斋随笔》载："阳宝山在贵定北十里，绝高耸，山顶产茶，茁云雾中，谓之云雾茶，为贵州之冠，岁以充贡。"以上所言之茶皆产于阳宝山，从这些文献中可知，阳宝山佛教之盛，所产茶叶名气之盛。

有"贵定北宝"之称的白云佛茶，传说产自莲花寺开山鼻祖白云大师亲植的茶园，因而被当地人称之为白云佛茶。据说此茶是由明代高僧白云长老"采自云雾之巅"，后与丘禾实共同炒制而成，技术一直由山僧管理，并不断发展，后期形成了云雾茶、白云茶、白鹤茶等系列佛茶。1997 年，赵老朴初品尝后，觉得此茶"其味清香味永"，便问其来历，当他得知传说有古代高僧灵药禅师沏泡该茶时，"揭盖时热气上升，幻化为佛像而拜之"的故事后，欣然提笔写下"佛茶"两大字。

（2）云雾茶与外来天主教

贵定亦有外来西方宗教之一的天主教，据《中国近代史》载，清咸丰八年（1858），钦差大臣桂良与花少纳，同法国外交代表葛罗签订《中法天津条约》，条约规定允许法国天主教士在中国境内传教，于是天主教就得以在中华大地传播。清朝同治初期，欧洲传教士叶琳到云雾山办理传教事宜时，得尝贡茶之事，现已为当地人代代相传。此外，1898 年，在法国西南教区的安排下，有位名叫沙神父的法国传教士来到贵定，在位于城南李家巷侧的天主教"福音寺"休息片刻后，到当地的平伐（今黔南州贵定县云雾镇）营上寨得到当地郑氏一族接待，郑氏一族因此也成为云雾最早的天主教徒，而后也便有了 1903 年筹资所建的在平伐镇上的天主教堂"圣心堂"。自然而然，随着传教的深入，当地颇有特色的云雾茶也就走入了西方传教人的生活，从而建立了云雾贡茶与西方的联系。

3. 独特的民族茶道、茶俗

在贵定生活着布依族、苗族同胞，且世代种茶。经过长期不断与外族融合以及文化交流，在吸收汉文化的基础上形成了与众不同的少数民族文化，造就了独具特色的布依族苗族的茶规茶趣和茶俗。

（1）茶规茶趣

贵州省内少数民族民风淳朴。贵定县苗族、布依族同胞更是如此，尤其是苗族同胞对中国茶文化作出了极大贡献，产生了前文所述贵定贡茶文化。此外，他们热情好客，喜欢喝酒和饮茶，形成了独特的茶规和酒规，酒规露在其外，茶规则显得"藏秀闺中"，贵定云雾茶礼则格外不同，亦是规矩，亦是趣味。

① 来客敬茶。苗胞向来热情好客，无论是朋友亲戚还是陌生人到家里走访，主人都会招呼你坐下，并泡上一杯热气腾腾的茶，同时还备上苗家自制的茶点心。这种客来敬茶，尤需注意的是，客人第一次到来一定得尝尝主人泡的茶，否则主人会认为你看不起他们，心里产生不悦之情。在茶规中，苗家每户都会备一个四方茶盘，用来端送茶水。在端茶水时，主人会恭恭敬敬将泡好的茶水按"先宾后主"的座次顺序端到客人面前，客人也应立即起身，双手礼貌地接茶。且喝茶时主人先喝，客人后喝，是为了表示对客人的尊重。

② 成双吃茶。苗家人吃茶喝酒都有成双的习惯，一般喜欢双数，喝酒吃茶皆以 4 杯为主，意蕴着"四季平安、四季发财、好事成双、福运对对来"。至于单杯茶，一杯茶，他们则称为"跛脚茶"，即他们口中所说的"单丝不成

线""不吉利"之意；三杯茶，也不行，在苗寨里有这种说法"不三不四，四季不到头"。成双吃茶喝酒，且双数越多越好，在苗家人眼里吃的双数越多，越说明人性格直爽、诚信。

③ 苗歌伴茶。苗族、布依族人都有唱山歌的习俗，苗寨里的老少都能哼来一两句山歌。当重要的朋友来访时，苗家妹子会端来茶，邀几个歌喉好的边唱歌，边喝茶，以助茶兴，借以表达对远方朋友的欢迎，以及苗家特有的待客之礼。

④ 茶后漱口。一般在喝完 4 杯茶之后，苗家人会再敬上 1 杯茶，这杯茶是"漱口茶"，亦称"礼貌茶"。且"漱口茶"极为独特，内容不一，有的是用醇香米酒或家中的私配秘方秘制的药酒，有的用当地清凉解暑的"老鹰茶"（野生茶），有的用白开水。尤为重要的是，这杯"漱口茶"不能吐，须漱口后一饮而尽，以示接受苗家人的深情厚谊。

（2）略带神秘色彩的茶俗

宋元以降，既有"每日人家不可缺者，柴米油盐酱醋茶"的记载，又有"早晨起来七件事，柴米油盐酱醋茶"的唱词，茶自然而然在人们的生活中扮演了极为重要的角色，融入人类生活中的喜怒哀乐。生冠婚丧都离不开茶，久而久之约定成俗，形成了"茶在其中，亦是凸显"的茶俗。

① 初生婴儿沐茶浴。婴儿刚刚出生之时，来祝贺的人（俗称"踩生人"）为了辟邪，也要喝茶。从而间接用茶给婴儿祈福，求茶祖庇佑孩子一生。另在婴儿出生后第三天的"三朝日"，要举行原始煮茶吃茶的仪式，庆祝新生命的来临，还要用煮过的茶水为新生儿洗身、净眼，为的是让婴儿健康成长，所以又称"三朝茶礼"。孩子满月那天亦要洗茶剃头，俗称"搽茶剃胎发"，先烧茶敬祖先，待茶凉后，家族长辈边给孩子搽茶水，边念词："茶叶清白，头发清白……"然后才可剃发，剃完之后用茶水清洗，头上包以红布，示意一生平安。

② 婚礼自有茶相随。婚礼茶俗，历来有之。明人许次纾《茶疏》记"茶不移本，植必生子"的记载，讲的是以茶比喻婚俗的关系。在贵定亦有关于茶的婚礼习俗，被当地人称为"三茶六礼"。"三茶"包括下茶、定茶、合茶等程序。"六礼"包括纳彩、问名、纳喜、纳征、请期、迎亲等程序。下茶之前为纳彩、问名等礼数，也就是通媒、过帖（即生辰八字、家庭状况之类）

等事项。此后若男方同意，便需占卜问凶吉，得吉签，称"纳吉"，凶签则不用之。尔后男方托媒求亲，媒人需携"茶礼"前去，这便是"下茶"。女方若允，就收下茶礼，称之为"受茶"，然后泡茶、煮鸡蛋、做腊肉招待媒人。反之，不允的话，只做一般的招待。"下茶礼"必须有茶，一般为茶、糕点、衣料、首饰、礼金等，此外，在婚礼上还有"交杯茶""敬茶""请茶"的习俗，与汉族相差不大。

③ 楼房新建必有茶。当地农村修房建屋也需要用到茶。建基脚时，所使用的祭品中就包括 7 堆茶叶。造房屋时，所建的梁木中央凿眼处，必须用红布包上茶叶同其他祭品一起，意为五谷丰登、平安吉祥。房屋建好后，客人来道贺，也要敬茶。不过茶有讲究，夏时凉茶，冬时热茶，既合理又合气候。

④ 葬礼也需茶相送。在贵定一带，每逢不幸，家里老人过世，一般都会砍桃木皮煮汤，替死者沐浴。在葬礼期间，会用茶来祭祀老人。新下葬的时候，有个烧纸钱、埋茶叶"谢坟"仪式。借以寄托生人对死人的尊敬，希望过世之人在下面有茶喝，有钱用。综上所述，在贵定县境内，茶俗形式各异，表现了贵定民间茶俗的神秘化、寄托化和生活化，是茶在民间生活的具体而又抽象的现实展现，包括茶与婚礼、婴儿、建房、葬礼之间的关系。贵定茶文化的发展源于它独特的气候环境和人文环境，以及特殊的宗教环境。自隋代贵定立县以来，茶成为进贡皇室的贡品，历经五朝，故有"五朝贡品"之称。其贡茶史话，有贡茶史和贡茶碑史两处，且是独一无二的；其宗教文化，有本地的阳宝山佛教文化，西方外来天主教文化，而宗教茶文化有南北佛茶文化，即白云佛茶和云雾茶，还有西方的宗教与本地文化相结合的包容性茶文化。

至于茶文化的内容和形式，则有独树一帜的苗族、布依族特色的茶规、茶俗，还有以茶沐婴、以茶作聘、以茶建房、以茶办丧供养的神秘茶俗。这便是形色各异的贵定茶文化。

总之，优秀的民间风俗文化是乡村文化建设的基础，优秀的民间风俗文化是社会主义新农村建设的重要组成部分，一个地方风俗的好坏直接关系到这个地方的人的精神面貌，乡村文化建设在民俗方面的工作主要是两点：一是保护，就是要保护独具特色的民俗文化，具有地方风情得好的传统的民俗，这些要好好保护，不能让这些民俗在大地上消失；二是要引导，什么是引导民俗文化呢？当前，我们国家的很多乡村还存在着很多不良的习俗、不良的生活习惯等，这些不良的习俗不是一两天就能形成的，而是在很长的时间里形成的，有些恶习我们有必要采取强制的规定废除，但是大部分的不良习惯还是不能够采取强制的手段来消除，而是应该正确引导，引导人们该怎么样做，怎么做是健康的，怎么做是文明的，时间长了，民众在自觉与不自觉中就会朝着好的方向发展，而不会有太大的反弹，相反如果一概都采取强制性的措施的话，那么很多农民会不服气，改正的效果也不会很好，因此要正确地引导乡村民俗文化。

（二）加强和深化乡村教育文化

教育是全社会最重要的事情之一，是关系到国家前途和民族未来的千秋大业，一个国家、一个民族能否发展好，人民能否安居乐业，能否在世界上获得别人的尊重，很大程度上都与教育有关，因此教育在国家中的地位是如何强调都不会过分的。我国现在正在一个改革开放的新起点上，国家正在迈向一个新的更高的台阶，现阶段更加需要高素质的人才来建设好我们的祖国。而现在发展的重心已经开始由原来的重视工业，以农业补工业的发展方向，转向重视乡村农业的发展了，在这样的一个历史的发展机遇期，中国广大的乡村能否在党的领导下，摆脱曾经的落后，走上一条快速发展的道路，很大程度上取决于有没有优秀的农业人才。

在新时期的社会主义乡村文化建设中，教育文化是很重要的一个内容，也是非常紧迫的任务。根据实际，通过地方政府拿出的有限资金来办乡村教育，是不能满足广大乡村青少年对教育的需求的，而且有的贫困地区由于财政吃紧还会挪用教育经费。为改变乡村教育现状，我们首先要加大乡村教育资源的投入，最大限度地改变乡村教育资源不足的状况。重点抓教育经费挪用行为，有很多地方的教育经费挪用情况非常严重，一定要严加监管，同时发现问题后一定要严肃处理，本来乡村的教育经费就少，要把有限的教育资源用到实处。要成立一个调查小组，查清乡村小学、中学的负债状况以及教师的工资问题。有的学校负有很多的债务，因为建校舍借了很多的钱，有这些情况的，要通过财政拨款支付，使学校能够减轻负担，轻松上路，一心一意地抓教学，不用想方设法赚钱。在教育领域，可以适当放宽私人投资办学，这样一是可以满足社会上有意教育的人的良好愿望，二是这样能够补充一下政府对教育投资的严重不足，但是对这些投资要专门建立一个机制进行监督，因为不能太多地私有化和商业化，那样的话就更加不利于教育的发展了，不能把教育资源大量地转到私人手中。还有就是教育主管部门要把一定的管理权限下放给学校，增加学校一定的决策权，并为学校创造良好的办学环境。

对乡村教育问题中的教师问题，要切实提高广大教师的各种素质，加大师资力量，提高师资水平，建立良好的教师队伍，对不合格的教师要坚决辞退，可以招收一些有高学历的人士回乡任教，像一些大学生等，提高教师的待遇，对教师的福利等问题要根据实际得到改善。当地政府应该把乡村教育作为一项重要的工作来做，在资源分配方面着重加大乡村教育的经费，为乡村教育提供土地资源和其他的设备。

（三）加快和夯实乡村法治文化

第一，要增加与乡村农民相关的立法，用法律来保护农民、保护农业的利益，从而达到农业和乡村经济的稳定发展。

第二，要规范执法，确保司法独立，确保司法不受行政权力的干扰。

第三，要让法治与德治相辅相成，当法和道德、风俗发生冲突时，不能公式化地强调以法律来同化道德、风俗，而应当寻求法律与道德、风俗的妥协与合作。

第四，要加强法律宣传的针对性和实用性。实施财政保障机制，充足的经费保障是加大乡村普法力度的重要条件。

（四）发展和落实乡村生态文化

乡村生态文化建设也是我国乡村文化建设的一个很重要的内容。我国经济近些年来高速发展，伴随而来的是很多的生态环境问题，这些应该引起我们的高度重视，因为这不仅关系到我们自身，还关系到我们的后代。他们能否有一个好的环境，要看我们现在所采取的各种措施。

现在我国广大的乡村所遇到的生态问题已经非常严重，生态环境退化严重，由于人类对自然资源过度的以及不合理的利用造成的生态系统结构破坏、功能衰退、生物多样性减少、生产力下降、水土资源丧失等一系列生态环境恶化现象非常严重。而一旦生态环境遭到破坏，生态平衡失调，恢复起来就非常困难，而且有些破坏甚至是不可逆转的。因此，可以从如下几点着眼。

第一，强化科学管理，加强法治观念。

第二，积极引进研究和推广高新农业技术。

第三，综合规划、全面发展，走生态农业之路。

第二节　乡村文化建设的价值

乡村文化是乡村社会发展的一种内在的精神动力，它在政策、资金、人才等各方面都得到了有力的支持。但是，随着城镇化进程的加快，乡村文化生存的空间即乡村社会逐渐萎缩，乡村的文化地位逐渐下降，乡村的文化主导作用逐渐削弱，乡村的精神和物质的需求就很难得到满足。因此，如何强化乡村文化，建构现代乡村的新形式，就是当前乡村转型和推进乡村现代化的重要内容。

一、强化乡村文化是实现乡村精神文明现代化的重要途径

乡村文化的发展，一方面是以发展"乡风文明"作为其重要内容，"乡风文明"是优良乡村文化的精髓，是乡村文化的一种新形式。"乡风文明"的繁荣和乡村是否具有优良的乡村文化都关系到国家发展的成败。而能否复兴乡村文化，更是检验乡村居民对美好生活需要能否达到的一个关键指标。增强乡村文明的功能，能够使农民获得更多的物质财富，从而增强他们的幸福感和安全感。因此，必须强化乡村的人文精神，以促进乡村的发展。而从马克思的历史唯物主义角度来看，经济、政治、文化三者的关系是一种辩证的关系。要想真正地实现乡村的复兴，除了要有坚实的物质条件，还要有积极的精神文化。乡村的文化价值观与伦理思想，就是对传统儒家所提倡的仁爱、诚信、和谐思想的延续，也是符合新时期乡村发展要求的一种先进的文明。

所以，新时期的乡村文化建设不仅可以提升乡村面貌，还可以促进乡村的发展。

二、要激活乡村的活力，必须强化乡村文化的构建

乡村社会整体发展的根本在于自身的可持续发展，而乡村自身发展潜力的发挥取决于最大的利益相关者——农户。而解决此类问题的关键在于提高乡村主体的素质，改变其被动状态。所以，能否培养起乡村的主导力量，并使其成为乡村自身发展的重要因素。这就要求大力发展乡村教育，提高乡村群众的文化素质和文化水平，改变其被动地位。因此，必须加强乡村的文化建设，加强乡村文化的投资，发展乡村教育，使乡村的整体素质得到全面提升，从而为乡村的发展注入源源不断的活力。同时，要从乡村中发掘出一些正面的元素，实现乡村的现代化转型，应充分挖掘先进乡村文化中所蕴藏的价值观、伦理道德，涵养乡风、文明，使广大乡村群众有更多的自觉性，从而为乡村的近代化发展注入新的活力。

三、强化乡村文化是构建乡村社会和谐发展的精神支柱

突破城乡发展障碍，推动城乡经济、政治、文化的深入整合，建立新型的乡村社会结构，是实现乡村振兴战略目标中的一个重大目标。乡村文化在乡村中的作用是实现乡村的和谐发展，而乡村的优良传统又是乡村文化的重要组成部分。现代都市文化是以农业为主体的一种文化，而乡村是以农业为主体的。乡村文化是一种具有历史特色和传统特色的文化，这种传统主要表现在乡村居民的衣食住行、道德风尚、思想观念、民俗礼仪等方面。因此，应进一步加大乡村文化建设力度，使之成为乡村振兴的重要内容。在现代化的过程中，城乡之间相互渗透与融合发展是时代的潮流，但是在现代化的都市中，注重营造美好的家园与安宁祥和的乡风是密不可分的，而乡村的文化则必须依靠先进的都市文明来进行。因此，应进一步加大乡村文化的建设，按照新时期的发展需要，创造性地继承和发展乡村的乡村文化，推动城市与乡村的全面、深层次的融合。

在新发展时期下，既要加快乡村经济发展，但同时也必须搞好乡村文

建设，只有乡村文化建设搞上去了，才能保障农民群众的物质与文化利益，走出一条文明的发展道路。在新形势下，引导农民群众正确处理各种矛盾和关系，如自主和监督、竞争和协作、先富和后富、个人利益和集体利益、效率和公平、眼前利益和长远利益、局部利益和全局利益等，保持乡村社会的协调稳定发展，逐步建设为社会主义新农村。

第三节　乡村文化振兴的实施路径

一、乡村文化建设中存在的问题

乡村文化是实现乡村整体发展的必由之路，乡村文化的构建是一个不断变化的过程。在今后一段时期，推进乡村社区文化的发展过程中，必须面对新的难题和新的问题。持续扩大的城镇化导致乡村文化的低落，受到发展观念的制约，重视经济发展、忽视文化的发展、文化建设的人才短缺，这些都阻碍了乡村文化的发展。

（一）注重经济发展，忽视文化发展

没有充分地意识到强化乡村文化的作用，就无法成功地塑造出一个好的乡村文明。首先，乡村基层组织缺乏对"五位一体"发展思想的理解。乡村基层党组织历来重视发展，将发展的速度当作工作评价的一项主要内容，对房地产和招商引资等具有显著效果的项目给予了高度重视。尽管这样做对乡村的建设、乡村的生产和居住问题都是有益的。然而在这一进程中，乡村的文化建构往往向乡村的发展退却，而作为乡村文化载体的地方资源则很可能遭到毁坏。其次，乡村群众的总体道德素质和文化教育水平还需要进一步提升，尤其是集体意识比较滞后。

（二）乡村文化教育的发展相对落后

首先，由于对乡村文化建构的主体认知上的偏差，造成了乡村居民的主体性丧失。乡村是一种特殊的社会现象，它不仅是一种享受，更是一种传承

与革新，对乡村居民进行文化建构的主体性觉醒具有十分重大的意义。但由于种种原因，许多乡村居民并没有把自己视为文化建设的主体，没有意识到乡村文化和他们自身生活的联系，以及乡村文明建设对于他们自身行为是否有重大的影响。

其次，乡村文化的人才没有得到充分利用。乡村文化的乡村文化人才对乡村文化、乡土环境有着清楚的认识，与乡土有着天生的亲近之情，对乡村文化有着浓厚的归属感，是乡村文化得天独厚的条件。但是，乡村文化教育在选拔乡村文化建设方面，却常常偏重于职业、教育等方面的问题，使得当地的文化教育资源无法充分利用。

最后，乡村文化人才的引入与激发还不健全。乡村的文明建设离不开专门的人才。而在贫困、欠发达的中西部，由于缺乏足够的资金投入与相应的文化服务设施，导致缺乏专业的人才。

（三）缺少有效的支撑力量

通过我国现在乡村文化的建设实践我们可以清楚地看到，要能够使得乡村文化有序进行，取得阶段性的成果，就必须要有大量的资金等物质和精神力量的大力支持，而我国现在的乡村文化建设中正是缺少这样的支撑力量。主要表现在以下几方面。

（1）在乡村文化建设中缺乏巩固的文化阵地。最近几年我国乡村大力实行村道的硬化等建设项目，各个地区的乡村在这些方面的投入在不断地增加，但是乡村集体在经济等领域投入却在不断地减少，为了解决相关的资金问题，很多乡村地区在变卖一些文化场所设施，如学校等。文化建设的场所在不断地减少，这是中国乡村文化建设中普遍存在的一个问题。

（2）乡村文化建设中经济的支持力度不够，要发展乡村的文化，经济的支持是不可或缺的，经济薄弱的乡村，其文化建设必然严重滞后。文化建设资金的不足是制约很多乡村地区进行文化建设的重要因素。有的地区经济发展水平严重落后，经济对文化等领域发展的支持力量也就相对薄弱，对文化建设领域的投入也就比较少。还有的地区对文化建设的认识不到位，其他社会力量的参与比较少，这些都是现在我国乡村文化建设中缺乏经济支撑的主要因素。

（3）想要在现有的基础上建设新的文化阵地是比较难的一件事情。有很多乡村地区很难在规定的时间内达到国家相关部门对乡村文化建设所提出的要求和制定的目标。

（四）基础薄弱问题严重

从某种程度上来讲基础薄弱也是严重影响我国乡村文化建设的重要因素。

（1）乡村文化建设中组织基础比较薄弱。在相当多的有关乡村文化建设的调查资料中我们可以看到，乡村文化建设的组织基础十分薄弱。很多乡村地区的干部水平有待提高，而且水平存在着很大的差别。我国近几年和谐社会主义建设的提出以及乡村建设中协调因素的发展，使乡村的干部水平已经有了很大的改善，但是整体上来看他们的水平仍然在阻碍着乡村文化建设的发展。尤其是在很多的乡村地区没有相关文化专员的指导，乡村文化建设很难有一个坚实的基础[①]。

（2）没有坚强的思想基础作保障。很多乡村干部还是用一种落后的观念来看待乡村文化建设，他们认为在乡村搞文化建设根本没有必要，农民的文化素质本来不高，经济建设才是重中之重，在文化建设上的投资完全没有必要。所以，没有一个坚实的思想基础来督促乡村文化建设的完成。

（3）乡村文化建设中的群众基础较为薄弱。乡村文化建设的主体是农民，最终的受益者也是农民，他们有着很重要的作用。但是，在乡村文化的实际建设中却由于种种原因，农民根本没有起到相应的主体作用，他们对乡村文化建设的参与比较少，对乡村文化建设的重要性也没有充分地认识。

由于农民的文化水平不高，对一些先进文化的接受速度还不是很迅速。这样的情况给了那些不良文化侵占乡村文化市场的时间，而且农民很容易受到那些低俗文化的影响。所以整体上来讲，我国乡村文化建设的群众基础十分薄弱，没有农民的强力支持，乡村文化建设的速度便不会有很大的提高。

---

① 吴惠青.农村学校服务新农村文化建设研究［M］.杭州：浙江大学出版社，2016.

二、乡村文化建设的实施路径

（一）乡村文化建设要坚持自觉创新

乡村文化创新不仅要避免在乡村一些问题上重蹈覆辙，努力寻求新的创新模式，在新思路新方法的指导下解决文化创新过程中所遇到的新问题，促进乡村文化中新气象的形成，而且还要将现有阻碍创新进程的障碍性因素去除，使文化创新的工作得以更加顺利地开展。具体来讲，可以参照以下的一些思路和方法。

（1）推动乡村文化建设体制和机制的创新，为乡村文化创新提供有力的机制保障。具体来讲，包括逐步推动经营性国有文化事业单位转企改制和加快公益性文化事业单位改革两个方面。

在坚持试点先行、稳步推进的原则之下，积极地推进新华书店、电影院、电影公司以及基层国有艺术团体等国有文化事业单位转企改制。对于这些需要进行转型的单位给予财政、税收、社会保障等方面的政策及资金支持，并推动改革后的单位进行产权制度改革，使其向着股份制经营方式转化，促进投资主体多元化氛围形成。对于各企业与艺术团体的合作要给予大力的支持，鼓励新华书店形成连锁经营的运营模式。使文化资源能够得到最大限度地优化组合，大力提高这些文化单位的整体运营能力。

对于县级图书馆以及县级文化馆来说，必须努力增加对这些单位的资金投入，为其不断注入新的活力，使其公共服务的水平得到不断提高。为了能够尽快使这些单位的竞争、约束及激励机制得以建立和健全，就要不断地深化其内部的劳动、人事及分配等方面的改革，全面实行劳动合同制度以及聘用制度，落实岗位目标责任制。但是乡村中的图书馆、文化馆以及乡镇综合文化站都属于公益性事业单位的范畴，所以绝对不允许这些部门中出现企业化的现象，对于一些租赁或者拍卖的行为要加以严厉制止，如果遇到这些相关的文化设施的用途已经被改变的情况，一定要限期收回。为了更加深入地推动文化创新，各级文化机构一定要面向乡村和基层，详细制订公益性文化项目实施计划，通过更加有效的服务方式推进乡村文化建设。

（2）加强乡村文化工作队伍的建设，为文化创新工作提供坚实、高效的人才队伍。包括落实乡村文化工作者的相关政策、推进乡村文化体制改革以及加大乡村业余队伍的建设等几个方面的内容。

在落实乡村文化工作者相关政策的过程中，要采取有效的政策和措施为相关工作人员的工资及福利待遇提供有力的保障。确保文化创新队伍中的工作人员能够在岗在编，最大限度地调动他们的积极性。对于那些进行乡村文化建设的专职人员来说，要不断地加强其知识水平及相关业务能力的培训，努力提高他们的综合素质，不断地增强他们的文化创新能力。

在推动农民业余文化队伍建设方面，要注意最大限度地使农民参与到文化建设的队伍当中来，使农民明白自己不仅是乡村文化建设和文化创新的受惠者，而且还是乡村文化建设的生力军和推动者。只有保证农民最大限度地参与到文化建设和文化创新的队伍当中来，才能够更好地了解到农民群众的具体文化需求，进一步保障乡村文化自觉创新的针对性和科学性。除此之外，加强乡村业余队伍的建设，还能够更加有效地发挥乡村文化建设和文化创新中的典范作用，最大限度地吸引农民投入到乡村文化建设的队伍当中来。

（3）努力推动乡村的特色文化建设，将保持和创建彰显特色的新式文化作为乡村文化自觉创新的最佳切入点。与现代化的城市相比，广大的乡村保留了很多丰富的文化传统、民间风俗等极其丰富的民间文化资源，有些文化资源仍然保留在广大农民的日常生活当中。乡村中特有的文化资源对于农民来讲具有非常浓厚的亲切感，从这个角度来讲，对乡村现有的历史文化遗产或民族文化资源进行深层次、全方位的挖掘，可以使生产出来的相关文化产品能够最大限度地符合广大农民的审美习惯和认知方式，使他们感受到文化的熏陶。开发彰显乡村特色文化的最好途径是在保持相关文化资源传统文化内涵的前提下，使其内容得到不断充实，并推动形式上的创新，在保持农民喜闻乐见风格的同时，更加具有时代性和教育性，有效地发挥传播先进文化的载体作用，因此，加强乡村非物质文化遗产的保护，使乡村文化的传承机制得以创新便成为乡村文化创新中一项十分重要的工作。对于那些带有浓厚地方特色的地方戏曲、民间书画、雕塑以及民族歌舞等民间文艺形式要给予政策上的保护和支持，这不仅能够在很大程度上使人们的精神生活得到丰富，而且还能够进一步增强农民的自信心和广大乡村的凝聚力。

总之，从当前的形势来讲，乡村文化事业发展的滞后与农民日益增长的文化需求之间的矛盾已经成为乡村文化发展中一个非常突出的问题，因此，充分调动乡村干部与广大农民的积极性，不断提高乡村干部的文化建设领导能力及农民的文化创新能力，是确保乡村可持续文化力长效机制建立的重要保障，是保障乡村文化日新月异的不竭动力。

（二）不断夯实乡村文化基础建设

（1）进一步加大对乡村文化基础建设的资金投入，为乡村文化事业发展及乡村文化创新提供重要的资金基础。由于各种历史因素的影响，当前我国广大乡村的文化基础建设还处于十分落后的状态，这就要求乡村各级政府及时制定保障和推动乡村文化事业发展的投入政策，并使政府投资的稳定增长机制进一步得到建立和健全，除此之外，在保证地方财政收入与乡村文化事业的资金获得稳步增长的同时，要确保文化事业资金投入的增长幅度不低于财政政策的增长幅度。

具体来讲，政府要加大对乡镇文化站以及村文化办公室的经费支持，使文化研究、文化创作、文化培训以及各文化基础设施建设能够获得足够的资金支持。除此之外，政府制定有效的补贴政策，加大政府对乡村放映、乡村演出的投入力度，并在相关文化团体中引入有效的竞争机制，对国有和民营等各类专业艺术院团的乡村演出活动进行政策上的引导和资金上的支持。

在加大对乡村文化基础设施建设财政投入的同时，要在乡镇设立专门的文化建设奖励基金，积极开展及时有效的表彰活动，调动社会各界力量，对农民以个人或合伙、股份投资等形式发展文化产业的行为进行鼓励，并鼓励企业进行招商引资创立文化产业，建立和健全多渠道的投资体系，使乡村文化基础设施建设得到逐步完善。

（2）建立和完善城市对乡村文化基础建设的援助机制。由于长期以来乡镇文化设施建设一直处于比较落后的状态，而各大城市无论是从经济发展水平还是从文化设施建设上来讲都大大高于乡村发展的整体水平，所以着力推进城乡文化统筹发展和城乡文化一体化，形成城乡文化优势互补、协同发展的格局，使城乡文化建设得到共同发展，就成为不断夯实乡村文化基础建设的必由之路。

① 大力鼓励专业文化工作者深入乡村，为广大农民提供丰富的文化服务活动，使农民欣赏到更多反映乡村变革、喜闻乐见的具有浓厚时代精神的文艺作品。与此同时，还要鼓励一些经济实体及社会团体积极参与到特色文化乡镇以及文化产业园区的开发和建设当中去，并使"三下乡"等活动形式得到不断创新，对农民的文化需求进行切实的调查，根据农民的实际需求制订详尽周密的计划，使"三下乡"活动真正起到密切党群关系、干群关系，促进城乡共同繁荣的作用，使乡村文化得到真正的繁荣，推动乡村文化基础建设的和谐进行。

② 要使乡村文化工作仅仅依靠宣传、文化部门开展的观念得到切实的转变，对乡村中的教育、科技、卫生、政法、旅游等部门进行积极的引导，使其广泛参与到乡村文化基础建设的活动中来，并对诸如民营企业家等一些社会力量进行鼓励，使其积极参与对乡村文化事业的捐助和支持，进一步推动图书室、文化站等乡村文化基础设施建设，促进乡村公益性文化实体和文化活动的大力开展。

③ 建立和健全乡村公共文化服务网络以及乡村公共文化设施支持体系。在推动乡村公共文化服务网络得以建立健全的进程中，要将文化工程项目的建设作为前进的基点，建立健全乡村文化信息、乡村广播电视和电影服务网络，使其能够充分满足乡村居民日益增长的公共文化需求。在确保三大乡村文化项目的建设得以完成的前提下，还要建立健全相关的长效机制，为其能够正常运行提供有力的保障。要大力推进"村村通"工程，积极开展乡村数字化文化信息服务，在探索乡村电影发行放映新机制的时候，要逐步建立以村为基点，以乡为重点，市场服务与公共服务相协调的乡村电影放映体系。努力探讨建立一种以国家文化信息资源共享工程为基础，"人""机"配套的激励约束机制。

具体到乡村公共文化设施建设，推动县、乡、村公共文化设施和阵地的配套建设，要与党和国家对社会主义乡村建设的总体规划相统一，在保证政府主导地位的前提下，发挥乡镇的依托作用，加强乡村中县、乡、村等文化活动场所和公共文化设施建设，积极引导社会各界力量广泛参与。通过政府与社会的紧密结合，建设出网络健全、服务优质、发展均衡、结构合理的完备优质的公共文化设施体系。

（3）吸引社会资金参与到乡村文化基础建设的实践当中来，使广大农民公共文化产品方面的需求得到极大的满足。

① 加强乡村体育设施建设，为广大农民提供休闲、娱乐、健身的场所。党的十六届三中全会以来，乡村基础设施建设在乡村经济发展中的重要意义已经日益引起乡村干部的重视，但是他们往往把乡村基础设施建设归纳为道路建设、信息化建设、引水工程建设等方面，而对文化设施建设尤其是体育健身设施的建设没有给予足够的重视。事实上，随着乡村经济的发展，广大农民的物质文化需求得到了满足之后，他们更需要满足一些精神上的享受，在这种情况下，体育与休闲已经逐渐成为他们日常生活中不可或缺的内容，将乡村体育设施建设纳入乡村建设的重要范畴，为农民健身、娱乐休闲提供功能健全的场地，是加强乡村文化基础建设的重要内容之一。

② 吸引社会资金支持乡村非物质文化建设，地方政府要提供政策上的大力支持。根据党中央推行的有关政策，加强历史文化名镇名村保护、加强乡村文物及非物质文化遗产的建设，是建设社会主义乡村、使乡村文化得以繁荣发展的重要方面。随着中国城乡一体化进程的加快，一些乡土建设等文化遗产已经在所谓的乡村建设的过程中遭到了破坏或拆迁，一些乡村的地域文化特色正在加速消失，这对于中国取得全面和谐的发展来说，无疑得不偿失，所以在发现问题以后，对一些非物质遗产进行及时保护是一件刻不容缓的事情。各县级以及乡镇政府应该切实履行好自己的职能，将保护文化遗产与发展经济相结合，使经济生产、社会生活、城乡物质基础建设以及文化建设协调发展，使非物质文化遗产的保护工作开展的过程同时成为使农民的基本文化权益得到保障的过程，使他们享受到文化遗产保护发展的成果。乡村非物质文化遗产的内容是非常丰富的，因为它从本质上来讲属于公益文化产品的范畴，所以要将其纳入公共财政扶持的范围。

保护乡村非物质文化遗产，是农民有效应对现代文明和都市文化冲击的重要途径，也是乡村文化创新的必由之路，在保护乡村非物质文化遗产的过程中，广大的农民不仅可以最大限度地发挥自己的主体作用，而且可以使在属于自己的特色文化体系中实现生活的意义。

③ 进一步开展"送戏下乡"和"送书下乡"等活动，同时满足中老年群体和青年群体的文化需求。有关调查资料显示，"送戏下乡"是受到基层政府部门和农民群众特别是中老年群体普遍欢迎的一种文化活动，由公共财政支持的"舞台流动车"已经成为乡村基层干部以及乡村中老年群体所讨论的热点话题，所以政府应该进一步加强对"送戏下乡"项目的支持力度。

对于乡村年轻群体来说，对有关庄稼种植以及科学养殖等一些农业技术知识的学习是非常必要的，但是就目前乡村的具体情况来看，乡村中与"三农"内容相关的图书和报刊的数量仍然非常少，一些村即使有一些相关的书籍，实用性也非常差并且价格昂贵。从当前的中国国情来看，我国乡村不仅具有地域广阔的特点，而且在发展水平等各方面的差异也非常大，国家统一配送图书的方式在操作过程中会存在一些难以解决的技术性问题，针对这种情况，在广大的乡村中有必要大力开展"送书下乡"活动，把该项任务分配给县乡一级的文化中心，将有关的图书送到村级文化室、文化中心和"农家书屋"，并且在可能的情况下，在该工程项目中引进有效的竞争机制，对社会中介组织放开准入限制，使"送书下乡"的效率和服务水平得到切实地提高。

（三）积极扶持乡村专业和业余文化队伍

基于建设乡村文化队伍对于乡村文化事业、乡村文化创新乃至全面建成小康社会、积极构建和谐社会的重大战略意义，对于扶持乡村专业和业余队伍相关措施的探讨成为一项十分必要的工作。从总体上来讲，以下几项措施对于扶持乡村文化队伍建设具有十分重要的意义。

1. 提高乡村文化干部队伍的整体素质

在全面建成小康社会，构建社会主义新型乡村的大背景之下，相关的部门应该不断强化乡村文化干部的学习意识，提高其对文化建设的领导能力和组织能力，使之成为会管理、会组织、会经营、会公关的名副其实的文化建设领导者。要进一步加强各级文化干部对于"种文化"活动的重视，使与其相关的各项工作得到很好的落实，充分发挥各级党委以及宣传部门的领导作用，形成政府领导、各有关部门共同参与、整个社会全力支持、广大农民群众充分体现主体作用的喜人局面。相关部门的干部队伍应该充分发挥各自的职能，认真制订与文化活动相关的各项工作计划，落实好各项文化工作的责任，使活动能够得到有序的开展。

作为社会主义乡村建设的带头人，乡村基层干部的素质状况，对于整个乡村经济的进步、文化的繁荣，乃至整个政治局势的稳定都发挥着极其重要的作用，因此乡村干部较高的文化素质对于整个乡村的物质文明、精神文明乃至政治文明都会产生十分重要的积极作用，所以说乡村文化队伍的建设和培养离不开乡村基层干部文化素质的全面提高，加强对乡村基层干部文化修养的培训是乡村文化建设和乡村文化创新中的重要课题之一。

具体来讲，首先，要加强乡村基层干部政策法律法规方面的培训，使乡村基层中广大干部人员的"政策教导员"的作用得到充分的发挥。其次，要在广大的基层干部中大力开展实用技能培训，在开展此项工作的时候，要把握好乡村当地的地域特点，结合基层干部不同的需求以及当地特色产业发展的情况进行包括大棚蔬菜种植和畜牧养殖方面的分类培训，使乡村的文化干部发挥好乡村科学技术服务员的作用，带领广大农民通过科学文化技术为农业发展作出贡献。最后，应该在广大的基层乡村干部中大力开展党的理论培训和文化教育培训工作，通过对典型人物事迹以及爱国教育电影等具有积极的感染和号召作用内容的播放，使乡村的党员干部受到党史以及社会主义荣辱观的教育，使乡村党员干部的爱国热情和创业激情得到进一步的激发；另外，在乡村设立党校和党员活动室等多种形式的教育培训形式，使乡村党员干部的文化水平得到切实地提高，担当起文化辅导员的责任。

2. 加强乡村本土文艺人才和文艺骨干的培养

对于乡村本土文艺人才和文艺骨干的培养可以从以下几个角度出发。

（1）各级政府要为民间业余文艺团体创造良好的发展平台，不仅要为民间业余文艺团体开展活动提供必要的场所，而且要为民间业余文艺团体提供交流、提高、展示、推介的载体。各级政府应该进一步加大对乡村文化设施及文化活动场所的重视，使乡村公共文化服务的网络得到有效的构建。对于文化、教育、科技以及其他相关活动场所要进行有效的规划和综合利用，最好使各种文化设施得到最大限度的共建和共享，使乡村中文化设施使用率低下的问题得到有效的解决，在条件允许的情况下，要使一些文化设施能够向民间业余文艺团体开放；各级政府领导应该积极履行自己的职能，积极举办一些民间业余文化艺术节，并通过相关的政策加大对专项或综合的业余文化艺术比赛和会演的支持力度，从各个角度加大对民间业余艺术形式的展示和推荐，使乡村中的各个民间艺术团体在充分交流的基础上得到不断提高和发展。

（2）增加对民间业余文艺团体的资金投入，建立健全民间业余文艺团体发展的长效投入机制。乡镇各级财政应该通过科学地统筹规划，不断地扩大公共财政在乡村的覆盖范围，通过设立专项的文艺基金，对乡村中业余的文艺团体的创作进行及时的奖励和补助，对于一些公益性的文艺演出进行重点的扶持。除此之外，还应该注意乡村文艺活动当中较强的自发性和民间性，对于一些民间项目的扶持工作要进行适当的监督。各级政府在乡村开展各类文化交流和比赛的过程中，要使民间艺人及民间团体内部的人员享有与公办事业单位及其内部的工作人员同等的权利，使民间艺术团体以及民间艺人的积极性得到充分地发挥。

（3）建立健全民间业余文艺团体发展的服务体系，使民间业余文艺团体的发展获得重要的支持和保障。要建立健全民间业余文艺团体的技术支持体制，对于广大农民自办的文艺形式，各级文化部门应该给予有针对性的业务指导和扶持，使相关的资源及人才优势得到充分地发挥，要在广大的人民群众当中大力开展艺术培训工作，通过多样的形式使乡村中专业或者非专业艺术人员的积极性得到充分地发挥，并且还要有计划地组织专业文化工作者深入乡村基层，对乡村群众进行专业性的艺术辅导，使乡村人民群众的演出水平和文艺技能得到不断的提高；要为民间业余文艺团体提供有效的信息支持和良好的发展环境，帮助民间艺术团体和民间艺人获得更加快捷和丰富的文化信息资源，要在广大的乡村中积极推进乡村文化信息资源共享工程建设，使乡村的文化信息网络服务体系得到建立和不断完善；为了使乡村业余队伍的建设和发展获得良好的环境，各级政府要切实贯彻繁荣和管理同时抓的方针，使乡村文化市场得到及时有效的管理，对于一些传播封建迷信和色情内容的违法活动要加大处置力度，确保乡村文化队伍的活动得以健康有序地开展。

总之，建设一支庞大的、素质较高的文化工作队伍，是乡村文化建设取得不断进步的重要人力资源保障，对于建设社会主义乡村、全面建成小康社会、构建社会主义和谐社会都具有十分深远的意义。

（四）突破城市与乡村之间的文化隔阂，开创城市与乡村之间的文化融合新格局

第一，将先进的都市文明要素融入乡村，使乡村的人文精神更加富有时代感。在乡村，要有一定的政策支持，要把优秀的城市文明元素融入乡村，从而促进乡村的文明发展。在城乡一体化、公共资源整合、城乡管理一体化进程中，必须把乡村作为重点。要积极地将城市的文化商品和优秀的文化人员有序地流向乡村。

第二，要充分利用乡村的文化价值观。按照国家和地区的实际国情，结合地方特色，发掘出优良的乡土元素，将优良元素传播到城市。将乡村特色和先进的都市文明相结合，形成具有鲜明个性的城乡文化联系。

（五）在乡村发展的基础上加强乡村思想品德建设

要充分利用乡村文化对乡村的启蒙功能，以提升乡村社区的文明水平。

第一，以社会主义核心价值为基础，推动乡村传统的德育教育。要充分利用乡村社会的优良伦理道德、人文精神和观念，强化社会公德、家庭美德和职业道德。

第二，要大力发展乡村贤人的精神。在广大的乡村，乡村人在生产、生活中，都有自己独特的"乡贤"文化，这种"乡贤"的传承与革新可以促进乡村凝聚力的形成，维护乡村的秩序。"乡贤"是一种集大成者的乡村文化，所包含的价值观是对儒家和谐思想的传承与发扬，是维护乡村社会的治安、教育人民的一种重要的精神动力。利用"五老"（党员、干部、退伍军人、教师、专家）的组织优势，有效解决乡村的社会问题，遏制乡村的不良风气。

要大力发展乡村教育，增强乡村居民的文化素养；乡村的主要成员是乡村的居民，是乡村文化的重要组成部分。乡村文化源于乡村居民的日常生产和生活，它是在人们对美好生活的向往中形成的，因此，乡村的文化素养

是影响乡村整体发展的重要条件，也是影响乡村整体发展的重要条件。

（六）加强乡村文化建设的人力资源支持，构建高素质的人力资源

（1）要构建健全乡村文化建设的优秀人才队伍。第一，要构建一种新的吸引机制。从引入"金钱福利"到"情感引进"，以情感导向、科学计划等方法，为乡村优秀的文化建设提供优质的人才。每个人都需要完成自己的生命价值，有的是为了继承乡村的文化而努力，他们既拥有深厚的职业素养，又乐于贡献自己的力量来复兴乡村的文明。必须在感情上进行指导，帮助他们为乡村的文明建设做出自己的贡献，从而实现他们的梦想。第二，要健全现有的人才引入与奖励制度。乡村的文化建设不仅需要引进，而且要留住。这就要求我们在乡村文化建设中不断地加强和健全人才的引入与奖励，充分发挥乡村文化建设的作用。

一个健全的人才奖励体系，除了要有业绩评价外，还要有价值、有奖有优。为了实现公平、公开和公正，必须通过各种方法来构建与之相适应的评估指标。对文化工作人员进行经常性的培训，乡村文化教育的重点是发展乡村的人文教育，把现代文明的思想结合到乡村的日常教育中。

（2）要激发农民参与乡村文化建设的自觉意识，激发起他们乡村文化的建设积极性。要把乡村的文化建设作为乡村的主体，建立在乡村发展的基础上。尽管乡村的文化建设离不开地方政府的扶持，但归根结底，它还是在乡村民众的生产和生活中孕育出来的，仍然是对其生存状态的一种体现。因此，乡村的文化建设要从乡村民众的生活和生产出发。只有把乡村民众的利益放在首位，才能得到人民群众的支持和拥护。

（七）为促进乡村文化发展，制订乡村文化奖励制度

乡村可以通过强化推广和示范，积极创建"乡村工业文化"示范点，促进乡村文化企业品牌的树立。改变传统的发展方式和文化的发展思路，推动现代乡村工业文化的发展。制定扶持乡村发展的扶持措施，推动乡村振兴。利用民俗文化，把传统文化的资源转化为工业的优势，以农业特色工业发展为旅游景区，组织乡村文化艺术节、文化旅游、农家乐等多种形式的文化旅

游项目，营造文化新的文化景观。

（八）改善乡村文化服务的使用情况，以适应乡村的需要

一是要转变以往只注重施工而忽视经营的传统。乡村的文化设施建设既要高品质，又要有高品质的经营。在完成各项工作后，要制定相应的管理、使用、维护和考核制度，并对乡村公共文化服务机构的运营状况进行不定时的考核，对运营状况较好的乡村，可以适当的予以支持和奖励。

二是要理解乡村的真实精神需要。这就需要各文化供给单位多深入乡村，多听取民意，多了解乡村的真实文化需要，才能因时制宜、按需供给，避免盲目供给。

（九）加强乡村村民的集体意识，充实乡村的精神文化

乡村文化设施利用率低，文化无人继承，以及乡村生活的焦虑，这些都与当前乡村集体活动的匮乏和村民集体意识的缺失有关。要抓住节日期间大批外出人员回乡这一关键的时间点，结合乡村的农业生产，及时组织具有乡村特色和乡村居民喜闻乐见的文艺节目。要搞好文化宣传，鼓励群众积极参加文体娱乐，要以各种形式组建乡村文化体育队伍。为了促进乡村文化的交流，各乡镇可以举办文化交流会，比如在乡村建设的文化广场、农家书屋等，举办文艺演出、广场舞比赛、读书交流会等文化娱乐项目。组织各种形式的文化活动，主要是为了让更多的人加入乡村的文化建设当中，让他们主动地参加，增强他们的集体感、责任感和荣誉感，最终的目标就是解除他们的焦虑和增强他们的归属感。

第五章

乡村振兴战略下的乡村环境营造

众所周知，乡村建设与发展过程中必须要保护好乡村的环境，不能以破坏环境来换取发展。中共中央、国务院发布的《关于做好 2022 年全面推进乡村振兴重点工作的意见》明确将乡村环境治理的目标体现出来，因此相关工作者必须认识到解决乡村环境问题的重要意义，可利用有效途径进行乡村环境设计与改造提升。本章重点研究乡村振兴战略下的乡村环境营造。

第一节　乡村环境与乡村生态振兴

一、乡村环境设计

当前，我国乡村环境设计人员虽然认识到了乡村环境治理的重要性，但在实际设计过程中却并未将环境设计的实际价值充分发挥出来，导致乡村振兴背景下的环境艺术设计创新仍然难以满足时代的发展需求，因此探讨乡村环境设计与改造的路径至关重要。

（一）乡村环境设计的目标与影响

1. 目标

新乡村建设的目的在于改善乡村居民的生产、生活和生态环境，持续提高农民的自我发展能力，最终将目前较为落后的乡村建设成为经济繁荣、设施完善、环境优美、生活幸福、文明和谐的新乡村。通过乡村环境设计与整改工作的落实，能使乡村地区道路环境、景观、经济等各项内容的发展得到优化。现阶段我国乡村地区环境仍存在一些问题，包括农户院内乱搭乱建、垃圾乱丢乱放等。这些行为对乡村环境造成了十分不利的影响，而通过乡村环境的整改，能使这些现象得到合理改善，使乡村环境得到优化，使乡村人民群众的生活质量得到提高，有助于推动乡村振兴，落实社会主义新乡村建设。

2. 影响

在乡村环境得到大幅度整治的前提下，环境艺术设计理念逐渐融入乡村环境设计，乡村建设开始面临着机遇与挑战共存的局面。

首先，环境艺术设计理念的贯彻能使乡村建设实现历史记忆与社会记忆的恢复与重建，将历史文明带入乡村建设，对于乡村文明的发展具有重要价值。

其次，基于环境艺术设计开展乡村环境设计与改造提升，能使乡村建设更加规范和标准化，使整治工作更具现实意义。

最后，将环境艺术设计理念融入乡村环境设计，也使一些乡村呈现出过度设计的现象，这种现象导致乡村环境设计的主体结构被忽视，过于重视设计与艺术性，导致环境设计不再"乡村"。

（二）乡村环境设计及改造的途径

1. 生活环境与生态环境共同整改

在进行乡村环境设计与改造提升过程中，相关部门需要对生活环境与生态环境实现共同整改，构建可持续发展乡村环境体系。乡村环境设计与改造提升应顺应可持续发展理念，在避免乡村生态环境受到破坏的同时对原有的乡村环境展开规划，在实际进行乡村环境设计与改造提升时，设计人员应充分考虑地方自然特征，找到乡村环境设计与改造提升以及生态保护的平衡点，尊重乡村自然环境，做到生活环境与生态环境共同发展。在实际进行乡村环境设计与改造提升时，设计人员应充分考察改造地点，不可一味追求设计目标，过度进行资源开发，应在原有的乡村治理主体结构的基础上进行优化与调整，保证乡村环境设计与改造的有效性能得到充分发挥，同时还要确保在进行乡村环境设计与改造的过程中不会对乡村原本的环境体系造成损害，从而推动乡村可持续发展。

2. 因地制宜，注重经济发展价值

在实际开展乡村环境设计与改造的过程中还需做到因地制宜，注重对经济发展价值的突出，全面构建生态、经济、文化协调发展的新格局。分类施策是当前我国乡村环境设计的必然选择，在进行乡村环境设计与改造提升过程中，设计人员应对改造地区的环境进行全面了解，发现其存在的潜力，并将其价值充分发挥出来，利用其原本的生命力与自然资源推动乡村的可持续健康发展。在进行乡村环境设计与改造提升时，设计人员应坚持人与自然和谐相处的基本原则，充分融入乡村文化与产业特色，将其贯彻到环境设计的各个环节，尊重自然资源的本来成分，在原有空间格局上进行层次感的延伸，凸显传统文化特色，遵循自然规律，在重视乡村生活气息的基础上实现传统与现代的融合，推动乡村振兴进程。

3. 积极对环境艺术设计展开创新

乡村环境设计与改造提升还应重视环境艺术设计的创新。在进行乡村环境设计与改造提升时应积极对环境艺术设计展开创新，以构建乡村特色环境推动乡村振兴。乡村振兴并不等于城镇化建设，因此在进行乡村环境设计与改造提升时也不可完全依据城市环境建设思路，设计人员应使环境艺术设计贴合乡村特色，以地方自然资源为中心。比如北方乡村地区可以冰雪资源为基础展开建设，北方地区的冰雪资源十分丰富，设计人员可以利用冰雪资源进行文旅产业开发，带动乡村地区经济发展。同时在进行乡村生态环境建设时，也应秉承绿色无污染的原则，设计人员不仅需要不断增强自身的设计能力，还需要向地方村民强调保护环境的重要性，保证乡村环境建设的有效性能得到充分发挥。

二、乡村生态振兴

（一）乡村生态的要素

乡村振兴突出了乡村和农民的主体，囊括了以农民为根本的土地、产业和生态的多维融合客观存在与发展趋势。乡村振兴需要加强顶层制度设计、健全体制机制、建立财政补贴机制、培育基层组织和现代化经营主体等。乡村振兴战略是一项庞大而复杂的系统工程，在党和国家政府的指导和监管下，要以乡村为主阵地、以农民为主体，融进社会各界力量，因地制宜地为乡村、为农民，更为农业的建设和发展，乡村振兴是乡村自然生态、乡村人口生态、乡村婚育生态、乡村产业生态、乡村管理生态多维一体的生态系统，乡村振兴要从乡村的自然环境、人口发展、婚育生产、产业发展、乡村管理等各方面出发，把协同发展与社会大环境相融合。

1. 乡村自然生态

自然生态最契合生态的本意，在以往的山林、土地或其环境遭到破坏时，强调生态环境建设和保护，更多的是趋于植保与防止水土流失。而现在随着社会发展、人类流动与气候的变化，很多地方都在快速改善。植被的恢复确实有利于生态环境的良好发展，但是无谓地放任而不加以科学管理，会造成新的生态问题，必须充分重视乡村生态环境治理工作。

其一，植物的顶端优势对本土气候的影响。植物特别是森林树木生长的顶端优势，是将水分拉向高处蒸发影响本地气候，结合根系的吸水保水作用共同维持了一方水土的平衡；湿润的气候有利于生态环境和生产的同时，地表难免在雨水的冲刷中受到损毁，地球的引力作用会将雨水汇集成流冲刷成渠、成沟、成溪而汇流成河，而人们在雨水特别是大暴雨中只能是避而难防，更难治理。

其二，自然洪涝的防治退化。在广大的山区乡村，以前以农业为主百业兼备，农民种地生活，祖祖辈辈会主动进行排沟理渠、造塘护坡，基本上能在雨季把足够的雨水留在本土用于农业生产生活，不能利用的雨水也有专门的排洪沟渠保护山体不被冲毁。现在乡村常住人口少了，以前的土路山道、排水沟渠也基本上没有利用了，洪涝季节出现洪流垮塌的地方不少，无法得到及时恢复和防固。

其三，植被生长过度的影响。一些生命力强或对生产生活有影响的植被，甚至有些外来物种、有些毒副作用的植被肆虐人们生产生活的空间，没有得到有效遏制。如田地路边的藤蔓刺类植物、柏树、构树等，生命力强，吸收水分、养分，严重影响庄稼生长和耕作。同时，一些植被和树木的枯枝干叶在特殊情况下引发火灾隐患的风险增大，高温自燃或电力电线引发森林火灾，特别是柏树之类的含油成分的高大树木，引发火灾后在空中迎风席卷难以控制。

其四，土地和水源的污染。虽然现在土地耕种少了，但很多乡村对于农药化肥的施用并没有停止。一方面，种地的农民为了增产大量使用农药化肥添加剂；另一方面，种地已经不能满足农民的收入，种地成了副业，简单便捷的方式促进了农药化肥的施用；一些常年不在家的农民或一些开发者，大面积、重药量地施用灭生性除草剂；农资生产厂家、商家的促销加速农药化肥的供给，加速了对土地和水源的污染。

大自然的演化是遵循自然的规律，但在人们活动空间逐步向乡村延伸时，应该进行科学恰当的规划治理，利用优势避其危害，更好地保护青山绿水和大好河山，真正让自然生态和人们和谐共处。

2. 乡村人口生态

农民是乡村的主体。乡村百业兼具，以农业为主，其他手工业、加工业、运输业、服务业等多种行业都与现代乡村紧密联系，农民也不再只是单纯的种地，甚至都不只是单纯的体力劳动生产者。农民在新时代应该与时俱进又不离本分，在乡村振兴乃至以后的发展中发挥作用。

其一，农民在进城也在进化。农民不仅在生活中不断提升，在文化素养、职业技能、生产与经营之力、为人与处世之道等方面都在不断提升。农民逐渐学会了机械化耕种和加工，学会了各种车辆的驾驶和操作，学会了手机上网查询信息、发消息聊天等通信手段，学会了一些城里人平常性的生活习惯和技能，掌握了设计、管理等各行各业资源。为了生活和为了生活得更好，农民们迫使自己学会了适应社会发展的能力；为了发展、为了孩子进了城安了家而难以再回乡村。

其二，乡村人成为都市人空间延伸的有力支撑。城市的发展空间是有限的，在城市发展的同时，乡村出现了留守、搬迁，出现了空心、撂荒。作为全球人类命运共同体，地域与地域、国家与国家、城市与乡村不应该完全分离，乡村不应该被忽略和丢弃。人在进化，都在提升自己和家庭的条件，更想做高层、做管理，只想动脑动口，不想动手劳作。城市的发展和维护离不开初级的劳动力，一部分乡村人在城市有了一席之地，而当条件达到一定程度，城里人有了向往乡村的空间。就像乡村人进城占据不了城市主体一样，城市人要在乡村展开活动，也离不开本土农民及本土乡村资源的支撑。乡村和城市应该统筹规划，同步并优化发展。

其三，乡村需要统筹发展的人才。随着社会发展，一些生产行业包括农业生产出现了产能过剩，消费过剩，对社会发展产生了一些影响，调整和优化发展方向及空间是有效的可持续发展方式。乡村在数年号召而较之城市发展缓慢的状态中，应该正式更重视进行整体规划和同步优化发展。发展乡村不只是口号宣传，不只是挂牌立项，不只是检查报表，不只是标新树典，更主要是实际过程和结果，是否达到广大乡村、农民和全社会共同认可的效果。乡村作为人们生产生活、学习休闲的延伸空间，其发展是需要科学规划、总体投入、有效监管、长期持续迭代并高效推进的。乡村建设不论是管理者、建设者、参与者、受益者都应该是主人的角色，不应该只是工作，不应该只是利益，更不应该只是走过场。

乡村发展、乡村振兴，农民是主体，社会各界包括干部都应该是主人，只有把职责、权益同发展统一于社会协同共进，把农业生产同百业俱兴融于社会总体发展，宁可控制虚空的速度，也要坚守生态的本源，农民和社会各界人士一样在工作、学习、研究、休闲与社会保障上是同等的，大家一起参与乡村发展，才能是绿色的、健康的、良性可持续的、真正的和长远的生态。

3. 乡村产业生态

农业生产不只是农民独有的工作形式，乡村百业皆具，更应该保留一些具有历史文化底蕴和对人们生产生活有益的传统技艺。在新时代发展的同时，应该因地制宜、扬长避短、有机结合到现实生产生活中，丰富和促进人们的物质、精神和文化生活的同时，确保食品安全和提高人们生活质量与品质享受。

其一，生态农业生产。生态农业生产是在遵循自然规律的前提下，根据人们的需要选取合适的品种，在克服不利气候环境同时利用自然的风雪雨露、日月精华中自然生长形成的品质农产品，充分利用自然生态的生长原理，在自然生态平衡中形成养分、品质、口感及有利于增强免疫的营养与药理特性，避免一些农药化肥的使用。生态农业生产不仅能提供高品质的农产品，同时也是有效地利用和保护乡村资源和乡村生态，是让农民在参与这些品质农业生产的同时获得合理的收入，让这些优质农产品和农民真挚的服务及传承文化直接对接城市居民生活需要，也是社会和谐健康的发展需要。

其二，特色加工和传统手工艺。人们在享用特色农产品时，如果能够同时看到或亲自参与其过程，不仅可以对农产品增加认识和认可度，而且能够增加对传统工艺的了解，对广大乡村劳动者改造自然的能力和智慧进行深入认识，在享受过程、懂得珍惜、学习技艺、增进交流的同时，对传统文化的学习、传承和促进产生明显的作用。在传统手工艺制作方面，比如传统手工现场加工粮食；在特色食药花果的小盆栽盆景制作方面，如很多药食兼备对人体有益、治病防病、强身健体的纯天然无污染的花、草、树、果、菜、叶、根、藤等，对增加城市家庭观赏、丰富生活食材、纯天然的强身健体、陶冶自然情操等，结合乡村旅游，给都市人提供丰富的乡村土特产，在实现价值转换的同时，丰富了饮食品质，促进了物种推广，传承了乡村文化，增加了乡村情怀，更有利于乡村振兴。

其三，旅游体验使乡村振兴更加生态。乡村广袤的大自然、丰富的物种植被、天然的生态环境、新鲜的富氧空气、味美质佳且新鲜营养的食材、悠久富有色彩的文化传承等，都是现代城市所不能直接摄取的宝贵资源。在烦躁了城市的喧闹、呼吸了汽车的尾气、压抑了城市的节奏、憋屈了城市的空间、汗蒸了城市的混凝土高温、孤独了城市的陌生甚至伤感了城市的排挤等尴尬后，供给都市人容身于奔放、清凉、新鲜、舒适的绿水青山，迎来了乡村的淳朴好客与热情善良，和风细雨，或炊烟袅绕，或鸡鸣犬吠，或鸟叫蛙鸣，山水石路、花草树房都是大自然的美妙旋律，是大自然的赐予，更是乡村振兴的宝贵精华。产业发展、产业带动是乡村振兴的具体和主要形式，乡村旅游特别是革命老区有着丰富的自然资源和独特的红色旅游资源，有助于革命老区经济发展、文化繁荣。

（二）乡村振兴战略下振兴乡村生态的重要性

1. 乡村振兴战略的重要内容

乡村振兴战略分为文化振兴、产业振兴、组织振兴、人才振兴、生态文明振兴五个方面，其中生态文明振兴为其他乡村振兴战略提供环境基础，是乡村振兴的重要一环。为实现共同富裕目标，完成美丽中国建设，乡村生态文明建设势在必行。在经济快速发展的大趋势下，由于乡村地区经济脚步较慢，很大一部分地区为了实现经济快速发展，拿绿水青山换金山银山。乡村生态环境严重破坏，出现了水资源污染、土地污染、植被毁坏等生态环境问题，严重影响着村民居住，威胁社会绿色发展。坚定乡村生态环境治理信念，助力乡村经济发展与生态文明建设和谐共处迫在眉睫。

2. 有利于改善乡村生活环境

乡村振兴战略背景下的乡村发展建设，一方面是大力发展经济产业，满足人们日益增长的物质生活需要，另一方面是坚持乡村生态文明建设，为乡村居民提供生态宜居的生活环境，满足人们精神生活需要。随着全面小康目标的达成，乡村居民物质生活水平有了质的提高，对居住环境也有了新要求，生态文明建设理念应运而生。加强乡村生态环境建设工作，有利于解决乡村环境污染问题，改善水资源浪费、土壤沙化、空气污染等问题，恢复蓝天白云、清澈河流、绿草茵茵的自然生态环境。对促进乡村经济发展与环境治理和谐统一有着重要作用，能够为乡村政治、经济、文化领域的发展积蓄力量，实现乡村全面发展，推动人与自然和谐共处的乡村文化建设，谱写新时代美丽乡村新篇章。

3. 有利于提升乡村居民幸福感

乡村振兴战略初衷是为了改善居民生活环境，为居民谋福利。乡村生态文明建设体现了党对乡村居民生活的高度关注，体现了党为实现乡村居民美好生活积极作为。乡村生态文明建设的最终检验者、使用者是乡村居民，乡村生态文明建设的一切工作都围绕着乡村居民生活需求出发。因此，乡村生态环境建设与居民生活幸福感息息相关。打造美丽乡村，一方面是国家农业现代化的必然要求，另一方面也是充分尊重乡村居民主体地位的体现。乡村振兴战略视角下的生态文明建设以居民需求、居民期盼、居民希望为出发点和落脚点，致力于更好地服务于乡村居民。以提高乡村居民生活质量，提升乡村居民生活幸福感为目的的乡村生态文明建设能够充分调动乡村居民参与生态文明建设的积极性和主动性，实现发展过程为人民谋福利、发展结果为人民谋福利，提升乡村居民总体幸福感，促进乡村自然生态环境实现良性发展。

第二节　乡村生态文明与美丽乡村建设

一、乡村生态文明

（一）乡村振兴战略下乡村生态文明建设现状

1. 农民的生态文明意识淡薄，生态文明宣传力度较弱

由于乡村地区的经济相对落后，很多农民把重心放在经济的发展和脱贫致富上，从而忽略了对环境的保护和生态文明的建设。例如，很多农民缺乏种植经验，为了提高农作物的产量就一味地施肥和喷洒农药，从而导致土地资源和水资源遭到破坏。长期不适宜的耕种方式会造成土壤坏死，这些都是农民缺乏文化和生态保护意识造成的。日常生活中，农民随处乱扔垃圾和随地吐痰；平时的生活垃圾不仅没有分类，而且随处乱扔或者露天焚烧垃圾；农户自建猪舍、鸡舍，随意排放其粪便以及污水，等等。这些都是由于农民缺乏生态文明保护意识，从而导致对环境的破坏。乡村教育条件和资源有限，农民文化水平普遍较低，再加上一直以来受封建思想以及祖辈不环保做法的影响，很多农民觉得祖祖辈辈都是这样过来的，并没有觉得有什么不对和不好的地方。长期以来养成的习惯很难短时间内改变，而且他们也意识不到环境恶化所带来的各种问题。由于乡村远离城市，地理位置僻远，导致生态文明宣传不及时，且形式单一，内容简单，导致宣传效果不理想。宣传标语悬挂得很少，且长时间没有人及时更换和更新，也很少有人去看更别说去实施了。在悬挂标语和更新标语的同时应组织村民进行集中的学习，带领村民一起参与到生态文明建设的实践中。把理论和实践相结合，真正意义上做到让生态文明思想深入人心，从而推动生态文明建设的进一步发展，实现乡村振兴。

2. 乡村生态文明建设的资金短缺

乡村经济发展相比城市落后很多，农民的收入主要依靠养殖和种植，养殖和种植的周期长而且前期需要资金的投入，产量和收益又不太稳定，受

天气、价格等各种因素的影响较大。农民的收入只能保障自己的日常生活开支，没有多余的资金用来进行生态文明建设，无法购买用于生态文明建设的基础设备，比如垃圾桶、喷灌和滴灌设备等；先进技术和优秀人才的引进也因为资金短缺的原因无法实现。这些都直接影响乡村生态文明建设的实施和推进。乡村生态文明建设的资金无法从乡村的经济发展中获得，只能争取外界的支持和帮助。由于企业和乡村经济发展不起来，导致政府的资金也出现不足，所以当地政府的资金援助也是非常有限的。以上种种原因导致乡村生态文明建设的资金短缺，使乡村生态文明建设无法有效推进。

3. 乡村生态文化建设缺乏科技创新，专业人才匮乏

广大农民种植农作物主要依靠自己长期以来的经验和祖祖辈辈传下来的方法。例如，有虫了就喷洒农药，叶子黄了生长缓慢了就施肥。然而，过度施肥和喷洒农药往往不能真正地解决问题，反而造成土壤被过度破坏。要想直接有效地解决种植过程中遇到的问题，提高产量，就要引进种植方面的先进科技和专业化人才。通过专业人才的指导和先进科技、设备的帮助，从根本上解决种植方面的各种问题，提高产量，促进经济的可持续发展和生态文明建设。

现在的年轻人普遍怕苦怕累，不想深入乡村开展工作，所以学习相关知识的人员较少。科技的创新和设备的引进需要大量的资金，部分农民不愿意花钱引进用于种植的喷灌、滴灌等先进科技。由于技术无法大规模地推广、引进和使用，导致大部分乡村地区仍然在使用传统且效率低下的生产方式。

4. 乡村生态文明建设基础服务设施不足

乡村基础服务设施不足导致生态文明建设无法有效推进。例如，由于没有投放相应数量的垃圾桶，导致广大居民随意乱扔垃圾，更别说垃圾分类了。一走进乡村随处可见到处都是生活垃圾，那些无法降解的垃圾无人清理，长期以来堆积在河道旁、田埂上，不仅影响环境的美观，对生态环境的破坏也是十分严重的。如果能加大投入基础服务设施，就能在很大程度上有效促进乡村生态文明建设。比如，在村头、村尾或者其他地方定点投放垃圾桶，集中收治和处理广大居民产生的生活、生产垃圾，将会大大减少各种垃圾对生

态环境的破坏。只有基础服务设施的投入和完善才能真正有效地改善居民的生活环境，促进乡村生态文明建设的发展。

（二）乡村振兴战略下乡村生态文明建设的对策

1. 加强思想引领

思想是一切行动的基础和前提，要把党中央对于生态文明建设的指导思想作为各级各部门学习、教育、培训的主要内容，将人与自然和谐共生、绿水青山就是金山银山等理念真正地在广大乡村干部和居民中树立。广大人民群众是一切行动的直接参与者，只有广大人民群众的思想提高了，才能把思想和行动有效结合。很多农民受传统文化和习俗的影响，思想比较落后和封建，环保意识差，文化水平和素质水平低下。例如，为了自己方便垃圾随手扔弃，生活垃圾随意倾倒和焚烧，随地吐痰，等等。只管自己方便，不管环境是否干净整洁，更不知道会破坏生态环境。所以，要通过学习和培训，增强广大人民群众的环境保护意识，增强生态文明建设的意识，坚定环保立场，促进生态文明的发展和经济的可持续发展，做到思想为先、行动在后，自觉提高、思行一致。

2. 加强财政资金投入，健全乡村物质基础

资金的投入对于乡村生态文明建设起到关键且直接的作用。资金的投入可以帮助乡村添置农业、生产、清洁化设备配置，如垃圾桶、垃圾箱的购买和投放，污水池的建造，土厕所的改造，喷灌、滴灌技术的投入，等等。这些设备的投入和使用能从最基础的方面使乡村环境变得整洁、干净，使土壤和空气不再继续遭受破坏，从而有效促进乡村生态文明的建设，提高人民的幸福感。健全生态文明发展的物质基础，不但能惠及周边更多的村民，也能惠及更多的企业。

3. 完善配套基础设施，倡导农业绿色发展

配套基础设施的完善对于乡村经济的发展也是至关重要的。如果只是单纯地提高农民种植的产量，而没办法成功地将商品销售出去，经济也是无法有效发展的。所以要想富先修路，交通网的建设有利于农产品的销售，促进乡村经济的可持续发展。只有完善了交通网，修好了路销售商才能进来收购农民种植的农副产品，而农民也可以将农副产品运出去自行销售；交通网的

完善同时也方便了村民的出行，给村民的生活、生产带来很多的便利。信息网的建设可以帮助村民在网上销售产品，比如拼多多的助农活动，线上直播和销售等方式，帮助农民多渠道地销售农副产品，促进经济的发展。借此还会真正实现"业兴，家富，人和，村美"的发展目标，真正改善乡村村民的生活，让他们及时感受到党的亲切关怀和国家的温暖。

4. 加强生态保护宣传，培养农民文化素质

广大农民是乡村生态文明建设的参与者和执行者，通过加强生态保护宣传和文化素质的培养让大家能通过生活中的每一件小事去努力改善自己生活的环境。例如，垃圾不落地，将垃圾分类扔进相应的垃圾桶，对不同的垃圾进行不同的处理。只有大家都积极地参与其中，自觉保护、爱护我们生活的环境，才能从中获取幸福感和成就感。通过多种渠道、多种方式向农民普及环保意识，改善农民的生活方式，提高农民的生态文化素养。

二、美丽乡村建设

（一）美丽乡村建设问题分析

当前，随着经济发展的进步，人们从过去"求生存"变成了现在的"求生态"。从生态文明思想视角看，建设美丽乡村还存在着很多问题。

1. 美丽乡村建设中自然生态方面的问题

（1）土地资源矛盾升级

随着乡村经济水平的提高，人们开始追求更高质量的生活。改善居住条件，重新建造住宅，但是大部分村民在建造住宅时没有科学地规划。同时，乡村经济的发展需要对土地资源进行开发与利用，但往往存在不合理开发的现象。不科学的住宅规划和不合理的开发导致土地资源矛盾再度升级。

（2）自然生态破坏严重，乡村风貌失色

自然生态是打造美丽乡村的关键因素。传统的乡村，没有高楼大厦，没有灯红酒绿，但是我们可以看到原生态的风景，可以感受到乡村夜晚的宁静与安详。为了实现经济的发展，不管不顾自然生态的保护，缺少对生态文明的建设，原本绿色的生态面貌现在变得五花八门，这些展现田园特色的载体

逐渐消失。

2. 美丽乡村建设中生态经济方面的问题

（1）绿色发展意识不足

乡村经济的发展要靠全体村民。但目前来看，乡村经济发展对资源的依赖性难以快速消除。一方面，村民没有意识到环境保护的重要性，在农业种植上采用化肥和农药，对土地资源造成严重污染。另一方面，农民没有厘清经济发展与生态保护的关系，认为保护生态就是对经济发展的限制。总而言之，乡村生态经济在发展上缺少绿色发展理念。

（2）传统的经济发展模式

传统经济发展的缺点是资源浪费与环境污染严重，产品质量得不到保障，农民的收入比较低。目前，农产品种植方法和技术落后，这与现代有机农业存在一定差距。在当前的网络时代，农产品的销路显得单一。农业经济结构单一，与打造"线上"的一体化生态经济存在很大差距。

3. 美丽乡村建设中生态社会治理方面的问题

（1）乡村治理主体缺失

首先是地方政府主体的错位，美丽乡村的建设不是靠哪一个村干部，而是靠全体村民。发扬全过程人民民主，在生态治理上需要听取村民的意见，与村民共建美丽乡村。其次是村民的生态主体意识不强，认为在生态保护问题上发挥不了太大的作用，也不懂得生态的治理，村民们没有从根本上认识到自己的价值和在美丽乡村建设中的地位。

（2）乡村治理体系不完善

乡村治理体系与现代化乡村治理的要求存在一定的差距。村民的整体素质普遍较低，自治型的乡村治理体系要求村民有一定的综合素质，目前，大部分乡村地区受传统治理模式的影响较深，现代的这种自治型乡村治理模式难以推进。乡村治理体系缺乏一定的科学性。由于大部分乡村地区地理位置偏远，交通不便，接受新的信息的速度相比于其他地区要慢。因此，在治理体系上缺乏一定的科学性。

（二）美丽乡村建设的路径分析

美丽乡村建设是我国实现乡村振兴战略的具体体现，坚持具体问题具体分析，对美丽乡村建设存在的问题进行分析，从而提出相应的建设路径。

1. 将生态共生观融入乡村生态自然

（1）树立生态保护意识

正确的意识是对客观事物的正确反映，对我们起着指导的作用。保护生态自然，应从根本上树立生态保护意识。首先，可以利用公共资源如广播站和宣传栏等，定期开展对生态保护的宣讲，让村民意识到保护生态环境的重要性。其次，通过举办丰富多彩的文化活动，如环保知识竞赛、"最美乡村"称号的评比活动，加强对村民的生态意识教育，帮助村民树立符合美丽乡村建设的生态道德观，包括新的资源观、伦理观、利益观、消费观等。

（2）加强生态文明建设

原生态的乡村风貌是美丽乡村建设的重要标志。生态文明建设与文化建设是密切相关的，因此，首先要加强乡村教育体系的建设，增设科学与环境保护等相关课程，从小抓起，从教育抓起，从行为上落实，提高乡村人文素质。其次地方政府要加大对生态文明建设的投资，做好垃圾分类管理建设，加大对水污染、环境污染等污染问题的治理。

2. 将生态财富观融入乡村生态经济

（1）坚持"绿水青山就是金山银山"的经济发展观

"绿水青山就是金山银山"，这是习近平总书记在浙江考察时提出的科学论断。通过树立绿色发展理念来引领乡村经济的建设，向着绿色发展方向不断前进。

首先，加强领导干部对"绿水青山就是金山银山"的理论学习，通过开展集体性教育，从而保证相关领导干部所做出的决策符合生态经济的发展。

其次，加强农民的生态经济发展观念意识，深刻理解"绿水青山就是金山银山"的经济发展观，确保在农业种植上减少农药等有害土地资源的农业化学品的使用。

（2）转变传统乡村经济发展模式

传统的乡村经济发展模式主要依靠对自然资源的开发和利用，不论是农业的发展还是工业的发展，往往呈现出高成本、高耗能的态势。现代化的农业经济必须摒弃高成本、高耗能的发展模式。首先，在农业的发展上，突破传统模式，发展新型的生态农业。政府要提供经济和政策的扶持，提高农民的经济效益。引进先进技术，邀请权威的专家作指导，组织农民代表学习先进技术，加强农业科技创新，提高产量和效率。其次，在生态工业上，摒弃环境污染严重、自然资源浪费严重的高耗能工业，发展绿色低碳的生态工业。最后，乡村地区具有特色地貌优势，深入挖掘本地的特色，结合本地发展特色生态旅游业，打造一体化的生态旅游产业，形成自己的品牌。在乡村经济发展上最终形成既有利于经济发展又具有良好生态效益的发展模式。

3. 将生态民生观融入乡村生态社会

（1）坚持以人为本的理念

中国共产党从建党伊始，就将为中国人民谋幸福、为中华民族谋复兴作为自己的初心和使命，坚持以人为本的执政理念。在美丽乡村建设中，村民要求更好的生活环境，更高的幸福感。因此，首先要加强乡村基层党组织的建设，纠正薄弱和松懈的村党组织，优化乡村领导班子。地方政府要不断提升治理能力，健全治理体系，尤其是基层领导干部，基层组织建设要更加注重与人民群众保持密切的联系，时刻将人民对美好生活的期望牢记在心。领导干部在治理上始终要将人民的利益放在第一位。其次是领导干部要积极接受人民群众的监督。领导干部在乡村生态治理上发挥着关键的作用，但是社会生态的治理是全体人民共同参与的行动，全体人民要对治理成果进行检验，以便取得更好的治理成果。

（2）加快社会生态治理体系现代化

不完善、不科学的社会生态治理体系制约着美丽乡村的建设，因此要打破传统的社会生态治理体系，加快生态社会治理体系现代化。首先，要加强乡村的文化教育建设。文化建设与生态文明建设密切相关，一个美丽的乡村必定是物质财富丰富，精神财富也十分丰富。通过文化教育，村民们知识得到丰富，综合素质和能力得到提升。对于出台的相关政策，能够形成自己的理解和思考，从而达到能够自治的高度，向着治理现代化的方向迈进。其次，要加强科学技术进乡村。由于大部分乡村地区比较偏远，交通不便利，而且在大部分乡村地区主要是以老年人、妇女和儿童为主，科学技术对他们的渗透少之甚少。因此，要加强科学技术融入乡村发展。

美丽乡村建设是生态文明建设的一个重要组成部分。在坚持生态文明思想的引领下，结合美丽乡村建设中存在的问题，具体问题具体分析，提出美丽乡村建设的有效路径。在建设美丽乡村的目标下，突破传统的乡村经济发展模式，发展生态农业、生态工业等打造一体化乡村生态经济发展模式。坚持人与自然和谐共生，通过加强对村民的自然保护意识教育，明确保护自然资源是大家的责任和义务，形成人与自然和谐共生的人类文明新形态。在生态社会治理上坚持以人为本的理念，同时充分调动村民的积极性和主动性，加强村民在生态建设上的主体性意识。制度是保障，通过健全生态法律制度和规范生态考核制度加强对乡村生态建设的监督，确保乡村生态文明建设取得有效的成果，对已取得的成果进行保护。

第三节　乡村生态振兴的创新思路

一、改善乡村人居环境

在当前社会快速发展的带动下，国家对于乡村振兴工作也给予了更多的关注，在乡村振兴工作的开展中，对乡村人居环境进行切实的改善是其中最为关键的一项工作，在提升乡村居民生活水平方面具有重要的作用，同时也是国家精准扶贫中的基础内容。乡村振兴是推动乡村经济建设的重要基础，鉴于此，下面主要针对在乡村振兴背景下对如何改善乡村人居环境的工作展开全面深入的研究分析，希望能够为我国乡村建设工作的实施有所帮助。

（一）乡村人居环境改善面临的主要问题

党的十九大报告中首次提出了"乡村振兴战略"，并且制定了 20 字方针"产业兴旺、生态宜居、乡风文明、治理有效、生活富裕"；随后中共中央、国务院发布了《关于实施乡村振兴战略意见》，其中，在明确实施乡村振兴战略的意义与总体要求的基础上有效推进乡村振兴战略的实施。可以看出，从国家层面已经将"乡村振兴战略"提到了新的高度。目前，大部分乡村生活垃圾随处堆放、污染物随意排放、冬季无法集中供暖等问题突出，直接影响且制约着村庄经济的发展，因此，要想更高效落实乡村振兴战略，提升村民生活质量，首要任务是改善乡村人居环境。

1. 房屋布局杂乱无序

当下，一些地区乡村房屋的建造缺少良好的规范性和统一性。从乡村地区房屋建设布局来看，往往会受到整个地区经济发展的影响。在很多经济发展速度相对较快的乡村地区都建造了小洋楼，使乡村地区的房屋布局十分的整齐。但并不是所有的经济发展较快的地区都重视乡村居民居住环境的改善，还有很多地区民众还都居住在砖瓦房之中。因为农民经济收入较差，无法承担更高质量房屋修建的费用，而村委会还是将乡村房屋的建设看作农民自己的事情，并没有从地区全局的角度上对地区民房进行统一的规划和指导，如此就会对乡村地区房屋布局的整体美感造成严重的损害。

2. 垃圾处理缺乏一定的环保性

在乡村建设中垃圾和污水的处理是非常重要的，其能够有效地缓解土层和地下水污染的问题，保证乡村居民生活环境的质量。当下，很多经济发展较快的乡村地区都针对垃圾处理编制了专门的规范制度，并且在大范围地推行垃圾分类政策，对于不同性质的垃圾采用不同的处理方法。但是当下一些农民自身并不具备垃圾分类的意识，导致很多乡村地区垃圾随意丢弃的问题十分严重。

3. 村容村貌有待整治提高

就经济发展和环境相对较差的乡村地区来说，家禽以及牲畜所采用的仍都是散养的方式，导致在乡村地区家畜粪便到处可见，对于整个乡村地区的形象造成严重的损害，对民众的身体健康形成诸多威胁。

（二）乡村人居环境整治路径

1. 优化改进整治工作理念

理念是实践的重要基础，为了更好地实现改善乡村人居环境的目的，还需要重视乡村居民思想意识的引导。首先，落实改善乡村人居环境的工作理念，应当切实地将绿色理念与乡村人居环境改善工作进行整合，编制出完善的实施工作方案，充分地结合各个地区的实际情况来落实乡村人居环境治理工作，这样才可以更好地对乡村人居环境加以改善。其次，农民需要扭转之前的老旧思想理念，积极地对乡村生产生活垃圾实施无公害的处理，避免出现环境污染的情况。不断地提升乡村人居环境治理工作水平是符合当下社会主义新乡村建设发展的需要的，在促进乡村经济发展方面也可以起到良好的助动作用。

2. 探索新型整治工作机制

以往老旧的乡村人居环境整治机制很显然已经无法满足当代乡村人居环境改善工作的需要了，所以我们还需要充分结合社会发展趋势来对乡村人居环境治理机制进行优化和创新。

首先，在实践中需要积极地将新能源加以合理地运用，这样就可以切实地缓解当前乡村环境污染的问题。诸如：某乡村地区建造了沼气生产系统，其实质就是将人畜的粪便当作原材料产生沼气，为人们生产生活提供燃料。沼气的运用可以有效地避免人畜粪便随意丢弃的情况，对于改善乡村人居环境可以起到良好的作用，也可以为民众的生活创造更多的便利。借助新能源创新工作机制是符合改善乡村人居环境的需要的，综合当下乡村地区各方面情况来说，切实合理地将新能源加以运用，编制针对性的能实施的乡村人居环境整治方案，以实现可持续发展的目标。

其次，合理地将新技术加以运用能够有效地辅助乡村人居环境改善工作的实施。诸如：某乡村地区将数字技术加以运用，对农作物的生长情况进行全面的监控，从而有针对性地对浇灌和施肥工作进行优化和完善，促进农产品产量的不断增加。

3. 统筹规划特色整治方案

在制定乡村人居环境整治方案的时候，应当对所涉及的各方面工作加以综合考虑，详细来讲，可以从下面几个方面着手：首先，结合整个地区的环境情况来完成对国土空间的合理布局，切实地落实乡村自然资源保护工作。其次，结合各方面实际情况全面地推进乡村基础设施建设工作，积极地将绿色环保理念加以运用，推进乡村交通、绿化、公共配套设施建设工作的全面落实。再有，加强乡村建筑整治工作，结合民众对居住的实际需要来对居住环境进行改善，对于经济发展较为迅速的地区，可以对居住的房屋进行统一的规划设计，这对于提升整个地区的形象是非常有帮助的。

总之，在乡村振兴的背景下加强乡村人居环境的改善符合现代新乡村建设的需要，是一项民生工程，对乡村的发展起到促进作用。乡村人居环境的改善涉及多个环节，必须根据乡村各地区实际情况，构建科学的乡村人居环境改善的实施计划，要有针对性地对乡村人居环境改善，并鼓励村民参与乡村人居环境改善的工作，这是改善人居环境的首要条件，也是实现乡村人居环境改善的意义。

4. 主要道路街巷整治提升

村庄道路街巷整治内容主要针对现有村庄道路进行梳理、沿街立面整治、宅间空间整治三大部分重点开展工作。

（1）现状道路梳理

完善道路系统增强村庄交通的可达性，但不可改变村庄现有道路格局，保护原有尺度、空间形态，同时更新村庄内部的健身设施、丰富街巷景观设备；在道路两侧布置菜园、花池、悬挂式花篮和移动花坛等，打造具有乡村特色的"幽然小径"；将村庄道路硬化，铺设当地特有石材，体现村庄传统风貌。

（2）沿街立面整治

针对村庄沿街立面设施进行改善，对沿街立面的墙体进行重新粉刷，并利用各种艺术构件美化形成极具特色的文化墙，还可以对街巷两侧的空间进行绿化改造，并配备相应文化特色的垃圾箱、景观灯和路灯进行装饰，形成极具特色且又整齐舒适的村庄环境。

（3）宅间空间整治

针对宅间空间的整治，主要包括清理房屋前堆积的杂物和对主要通道进行硬化处理，此外也要配备相应的植被景观，在选择植被时，主要选择本土树种和适合打造景观的矮灌木。

5. 市政基础设施改造升级

市政基础设施改造升级是乡村人居环境整治的基础，结合近年来村庄整治项目，以山西省黎城县源庄村整治为例，梳理总结具体改造措施。

（1）给排水系统

目前，该村庄的给水系统基本可以满足居民生活用水需求，只需要解决局部管道老化问题即可；排水管道未成系统，并且没有污水集中处理设施，除了已经设有的排水沟渠之外，其他道路并未铺设排水管道，导致村民日常生活污水排放不便，也对村庄内部环境和道路造成了不良影响。源庄村所排放的污水主要包括生产污水、生活污水和雨水，在排放雨水时可以利用地表径流的方式自然排放。将这一部分水用于灌溉或是流入生态区域，而污水排放则可以加设排水管网，解决日常生产生活的污水排放问题，在经过处理之后的污水可以再次收集用于农业灌溉或直接排入沟壑，使污水处理构成完整的排水系统，改善村庄环境。同时，提高乡村旱厕改造效率。首先，要根据村庄地形特点，做好污水排放工作。其次，要选择各种不同的农厕改造类型，真正做到考虑农民的实际需求。最后，要将污水管道与厕所管道有效结合，真正解决在厕所改造之后的粪污处理问题。

（2）电力电信系统

经过现场踏勘以及调研资料收集整理，村庄内有线电视、电话、无线网络等都已全面覆盖，目前主要存在的问题是部分网络线路布局杂乱，影响村庄整体风貌，未来考虑将这些电力线路按照地埋敷设的形式布置。

（3）环卫工程系统

通过对村庄未来接纳人口数量的估算，对设置公厕数量合理安排。未来源庄村增建 3 处公共厕所，并整治目前已有的一处公共厕所。对公厕的卫生环境状况重点整治，并且聘请专门环卫人员定期清理公厕，提升村庄整体环境水平。同时，应当建立齐全完备的垃圾分类、农厕改造和污水处理配套服务系统，综合考虑各个村庄的实际情况进行分配，如设置厕所改造用具、污水管网和分类垃圾桶等。

6. 重点公共空间整治优化

重要节点空间整治主要包括居民日常集中活动场所、村庄特色展示窗口空间和村庄公共活动中心等，可以从公共活动设施、环境景观等多个方面进行综合整治优化。较大规模的村庄，公共空间应当尽可能丰富多样，可以设置专门的健身场地、村史馆、活动广场和文体中心等，而规模较小的村庄则可以加入小广场、农家书屋、健身场地等小型公共活动设施。因村庄的特点，村庄公共空间整治还包括村民宅院围合而成的空间。在营造这部分空间时要延续传统、保持乡土。此类空间整治以"清、整、理、优"为手段，打造富有魅力的乡村特色。

"清"——对道路和街巷两侧的危旧房进行合理拆除；对造成影响村庄环境的杂物、临时搭建的建筑和构筑物进行清理。

"整"——对具有保护、保留价值，以及可以继续使用的建筑物，如果破损严重或对历史风貌有负面影响，应对这些建筑物采取修旧如旧的整治措施。

"理"——将沿道路和街巷两侧街道绿化和院落绿化进行补充和梳理，修建或整修围墙，以美化和弱化街巷两侧的不良景观，突出和引导优质景观资源的价值。以建筑和围墙界定的空间界面处建议使用多层次的绿植作为分隔，打造丰富视觉景观效果。

"优"——优化标识：统一设计乡村介绍标识、场地指示标志、户外警示牌、名称指示标识等。村庄标志要美观大方、统一造型和色彩，整齐、简洁、与环境协调，体现当地的历史文化。

7. 村庄入口引线空间整治美化

村口空间优化也是人居环境整治非常重要的部分，村口是村庄整体形象的对外展示窗口。主要针对入口通道、入村标志和景观环境进行整治美化。

（1）入村通道整治

对入村通道两侧环境进行彻底清理，包括道路两旁乱堆乱放的柴草杂物、废弃建筑材料等；在现状绿化基础上，加强两侧景观行道树补植。

（2）入村标志美化

入村景观标志建设风格应与村庄总体风貌相协调，并且对现有公交站进行改建，配套候车亭、休息座椅等设施。

（3）景观环境

可以通过植被景观墙对村口进行围合并设置休闲座椅，供行人停留。

8. 村庄外围生态空间修复

村庄生态环境修复工作主要包括建设自然保护地和整治水田林湖草等工作，在乡村生态保护工作当中，生态要素的修复主要包括恢复乡村整体风貌，并营造山、水、林、田、湖、草一体化生态体系，详细阐述如下。

（1）要关注乡村内部的生活垃圾、旱厕、粪水以及生活污水的处理，防止排放不当对乡村土壤以及空气环境造成的污染。

（2）要关注乡村内部的山、水、林、湖、田、草等各个生态要素，从单一方面来看，当前村庄面临着草场退化、森林资源锐减、水体富营养化、水土流失等生态环境问题，从整体角度来看生态修复工作首先就是要提高植被覆盖率、净化水质、改良土质。

（3）要保护乡村自然生态基地，不同行政单位之间由于经济发展不均衡会导致出现结构性矛盾。而经济发达地区则会挤占其他地区的生态用地，因此各个地区政府应当加强生态修复，使乡村生态系统在经过前期人工干预之后，能够逐步发展成为具有自我调节功能的生态系统。进而达到这一系统内部各个生态要素之间的良性循环，进一步强化乡村生态韧性，避免在乡村经济发展过程当中过分破坏生态环境。

9. 高效推进乡村人居环境整治工作

为落实人居环境整治工作，可从加强政策传导、充分调动村民参与积极性以及加大资金投入着手，高效推进整治工作的顺利进行。

（1）加强政策宣讲，充分调动村民参与积极性

针对我国乡村居民现状来看，关于政策的传导落实较为困难，不能充分调动村民的积极性，为解决上述问题，制定具体措施，详细阐述如下。

① 组织以"乡村环境保护政策宣讲"为主题的讲座，使村庄居民从内心对周围环境重视起来。由于单一讲座较为单调，为提高乡村居民的参与积极性，乡村相关部门可提前加强此方面的宣传，必要时可制定参加讲座领取奖品的形式吸引乡村居民收听讲座。在奖品设置方面，可选择与乡村居民生活密切相关的物品，如鸡蛋、洗衣粉等生活用品。在讲座中，讲解人员要着重对乡村环境内部实际情况进行讲解，向广大乡村居民说明情况的严重性，使其真正意识到此问题的严重性。

② 增设以"乡村政策宣讲"为主题培训会。在开展以"乡村环境保护政策宣讲"为主题的讲座后，乡村相关部门管理人员便可着手政策宣讲，及时向乡村居民宣导关于人居环境整治的政策，若在场居民存在问题，及时进行解决，并叮嘱居民加强对此政策的宣传，进而达到政策推广目的。

（2）提高资金利用率，保障整治工作顺利进行

为确保人居环境整治工作的顺利进行，加大资金投入是极为必要，相关

人员可从开源与节流两方面入手，增加资金投入，提高资金利用率。

① 开源方面。部分乡村财政资金较为紧迫，难以调用资金用于人居环境整治。针对此种情况，相关部门可严格查处乡村人居环境被破坏的源头，秉承着谁污染谁治理的原则，限期要求其恢复乡村生态环境，减少了整治资金的投入，如此一来便缓解了资金压力。此外，相关部门可向社会各界组织求助，进行资金募集，以此进一步缓解资金压力。

② 节流方面。节流便是提高资金利用率，确保资金可用到实处，杜绝浪费现象。相关部门可建立整治资金审计小组，严格监控资金流向，确保资金流入实处，若发现问题，及时采取措施解决，确保资金使用到位。乡村人居环境整治直接影响着广大农民的生活质量以及乡村社会文明和谐。因此应当保质保量地完成乡村人居环境整治工作，补齐当前全面小康"三农"领域出现的突出短板，加强乡村人居环境基础设施建设，提高整治资金利用率，并激励村民参与乡村人居环境整治工作中，从多方面完善乡村人居环境整治体系，为乡村振兴战略发展作出贡献。

二、促进生态农业发展

发展生态农业，需要顺应乡村振兴的时代潮流，大力发展生态农业经济，以此形成"绿水青山就是金山银山"的产业效益。

（一）乡村振兴战略与生态农业的发展相互促进

农业一直是我国经济的基础产业，现代农业的发展对国民经济起着不可磨灭的作用，也是实行乡村振兴战略的有力支撑。生态农业作为现代农业的一种可持续发展模式，能充分发挥出叠加效应。加快推进生态农业，将其作为内生发展动力，能为乡村振兴的发展赋予活力，为加快实现我国农业现代化建设提供有效的推动力。实施乡村振兴战略能为生态农业的发展提供良好的政策环境，作为乡村农业发展的战略支撑，需要生态环境与经济发展齐头并进，着力解决"三农"问题，促进农民增收效益，提升收入水平，不断吸引更多资金的投入，形成良性循环的产业链。

为了支持乡村振兴战略的实施，也会将更多资金用于设施建设和科技发展，进一步推动生态农业的有效发展。同时全面推进发展生态农业是实行乡村振兴战略的客观需要。将生态效益和经济效益融入现代化乡村发展中去，也是乡村振兴战略的一个核心点，只有具备可持续的农业模式才能有效地激发乡村活力。发展生态农业能整合产业结构，优化资源配置，利用现代科学技术来提高农业生产率，增加农民的收成，从而吸引更多的消费者，增加农产品市场占有率。因此，生态农业的发展为乡村振兴战略的实施提供了一个科学可行的发展模式，对实现我国乡村农业现代化的建设具有重要意义。

（二）乡村振兴视域下生态农业发展出现的问题

1. 生态农业与数字经济未能深度融合

我国农业生产当前以小农生产经营模式为主，大部分地区受限于人才、产业基础等，云计算、大数据等数字技术产业规模和行业应用相对滞后，农业的投入产出比相对较低，技术进步成果的推广采纳难度相对较大。我国农业数字化水平仍然较低。农业数字经济渗透率只有 10% 左右，远低于二、三产业。生态农业数字化水平还有待提高。

2. 农业的产业化仍处于一个较低的水平

发展生态农业，其主要目的是实现社会、经济与生态效益的和谐统一。但目前在我国的大部分乡村地区，农业经济的发展仍是当前的重点任务，人们的生活水平有待提高，生态农业的发展无法满足农民的需求，在部分地区，农民所依靠的种植业往往难以获得较高的经济收益。经济的全球化为中国的生态农业的发展提供新机遇，同时也伴随着新的挑战，再加上我国人口目前已达到了 16 亿，随着城镇化进程的加快，土地资源的稀缺使得耕地面积在不断减少，乡村剩余劳动力的转移也将成为乡村可持续发展的一个阻碍。因此需要延长生态农业中的产业链，进一步促进农业产业化水平的提升，从而更好地实现我国生态农业的发展。

3. 服务和设施建设水平无法适应生态农业的发展需求

目前，我国大部分乡村地区尚未开发出一套高效的服务体系，也无法向乡村提供一些优质品种、幼苗、肥料、机械化农具、加工设备等农业生产资料。服务和技术是互相支撑、紧密结合在一起的，是同等重要的。服务对于生态农业的发展都是有目共睹的，比如当代的信息服务对生态农业发展有着重要的影响，将有效的信息传递给农民有利于他们及时调整生产结构，满足市场需求，能为他们带来较高的经济效益。同时大多数乡村地区都缺少专业性服务人才，到目前为止，很多乡村地区并没有建立比较有效的人才服务机制，对于更为重要的基层农民来说，也很少得到高水平的培训与指导学习的机会。基础设施建设是乡村农业发展的必要手段，乡村的道路交通、电力、教育、卫生基础设施、清洁能源等对乡村农业发展有着极大的作用。尽管我国最近几年通过政府的资金投入，在加强乡村基础设施建设、缩小城乡差距，提高农民生活水平方面提出了一系列措施，然而一些乡村地区由于缺少农业种植业和畜牧业废弃物的循环与资源化处理，往往会出现大量浪费和污染的现象，这不但影响了生态农业的发展，又对当地的环境造成了严重的损害。

4. 环境污染问题较为严重

目前，我国乡村地区的生态环境普遍存在资源浪费、环境污染的现象。随着城镇工业化进程的加快，农用土地面积的开发与利用使得其土地利用率无法发挥出应有的价值，闲置土地的面积在不断上升，而过度的开采也造成了土地荒漠化、水土流失等问题。农户在采用传统的农业耕种方法时，大量的农药与化肥也将进一步导致环境的严重污染现象，这不利于生态农业的可持续发展，成为当前现代生态农业亟须解决的一个重要课题。

5. 推广力度不够

尽管目前我国对生态农业方面较为重视，但在全国范围内，生态农业并未得到有效推广。从总体上而言，在我国庞大的人口数量面前，在实现乡村现代化进程中，自然资源的不合理运用和浪费以及对土地的过度开发使得生态环境整体恶化的趋势并未得到有效改善，在乡村地区一些面源污染的情况十分严重。水源、大气污染、水土流失、生态功能退化等现象已经成为制约当前乡村地区实现生态农业可持续发展的主要障碍，从结果而言，我国目前所推行的生态农业试点仅仅只是一点星火，还未形成燎原之势。

（三）乡村振兴视域下促进生态农业发展的策略

1. 调整优化农业产业结构

要发展多元化的农业产业结构，需要以技术进步来促进当前服务业的发展，重点发展那些高科技服务业和生产率高效的现代服务业，使其成为促进经济增长和产业结构优化的重要推动力。在当前乡村振兴战略引导下，产业结构的优化需以发展农业作为主要目标，如在我国南方的一些平原和区域的交叠地带主要实行以种植业、养殖业为主的农业模式；在我国东北地区，以开发林业、牧业作为生产模式；在西北部的高原地带，可以着重发展粮食和畜牧业为主的农业生产模式，遵循因地制宜的方针，根据各区域的地形实行有效、有针对性地种植和开发，实现资源的合理配置，促进生态农业经济的发展。

2. 加强基础设施和信息化建设，培养高素质农民

良好的基础设施有利于乡村地区更好地开展农业生产活动，基础设施建设目前仍是乡村建设的重点，需要国家政策和财政的持续投入，不断补齐乡村基础设施的短板，促进基础设施建设的不断优化和升级。需要在原有的设施基础上，进一步地改善乡村交通物流的设施条件，同时通过水利基础设施，加快乡村网络信息化建设；优化乡村能源结构，构建现代乡村能源体系。在大数据时代，乡村地区在进行信息化建设的过程中需要进行同步规划，共同构建以及实施网络安全工作。另外，要加强乡村工作者生态农业的意识，开展专业化水平的培训。只有树立牢固的农业意识，才能通过媒体传播的形式有效地对农民的意识进行灌输与强化，扩大生态农业的传播知名度与广泛性。其次对乡村工作者展开培训，能提升他们的劳动知识，提升其技能水平，从根本上增强他们的劳动素养，更好地服务于乡村。

3. 采取多元化的治理模式

生态环境治理需要考虑多元化的治理，即不同的主体所采取的措施也各不同，关键在于各主体间的配合与协作。从宏观层面来看，相关部门需要完善生态环境领域的法律体系和制度保障，科学制定并实施相关治理政策，同时对乡村地区进行密切的监督，利用激励机制，对重点乡村地区实行考核与奖励制度。企业作为乡村生态环境治理的落脚点，是环境治理的重点环节，政府需要鼓励企业从技术研发的层面出发，利用国外先进的技术对环境污染现象进行有效整治，循环利用废弃资源，使其变废为宝，同时在环境的监控、能源的技术应用和投入方面也有着极为重要的效益。从乡村的基层民众角度来看，环境污染问题需要大众的积极参与，因此提高民众生

态文明理念和意识必不可少，只有营造一个良好的乡村生态环境治理氛围，提高民众的积极性和监督，乡村生态农业的环境问题才能从根本上得以改善。

4. 加大生态农业资金投入，实行多举措政策

从政府角度出发，需要加大对生态农业发展的扶持力度，根据未来的发展趋势，进行合理的发展规划，配套专门的财政资金，加大对生态农业的投资比例，激活农业生态产业链，为其注入活力，吸引更多的外界企业拓展生态农业的发展方向。全面推进生态农业的发展现已成为乡村振兴发展过程中不可或缺的一环，其所具备的生产高效率和资源的优化配置，对实现乡村农业的可持续发展，促进村民增收、提高生活水平方面具有重要的现实意义。我国乡村振兴战略的实施为发展生态农业提供了新的机遇，而生态农业运作模式的不断转变也成了农业发展的重要因素，为了能更好地保障生态乡村在乡村振兴视域背景下的可持续发展，解决好当前生态农业发展过程中的一些主要问题，需不断调整优化产业链，从多元化的角度对生态环境实行综合治理，实现资源的合理配置，加大生态农业研发过程中的资金投入，促进乡村生态农业的经济发展，为实现现代化农业建设提供助力。

5. 创新农产品的生态包装设计

随着社会的发展，人们的生活节奏越来越快，消费者对农产品的要求也逐渐提高，绿色、健康、环保、生态的农产品更受消费者的青睐。在这样的环境下，以生态理念为基础的包装设计研究随之出现。"生态"一词起源于古希腊，意为"家"或"环境"。而到了现代，生态通常指生物在一定的自然环境下的生存和发展状态，更强调人与自然的联系。生态包装既要有产品包装的基本功能，又要重视包装的生态性，并在使用后具有一定的回收利用价值。因此，健康绿色、无污染、低资源消耗、可再生或可回收的材料是生态包装主要提倡使用的，生态包装在保证农产品不受损、可清晰展示产品信息的同时，还要兼顾环保、绿色、文化等方面。从生态环保来看，农产品包装使用天然材料，做到"取之于自然又回归于自然"，符合对环境友好的生命周期观念。

（1）农产品生态包装的特点

① 生态性

自然生态下产生的所有物品都具有生态性，而生态产品则不经任何加工或人为干涉就可以自然而然地表现其天然属性。农产品本身也是一种天然产物，属于生态产品，因此，在设计生态产品包装的过程中，应注意突出生态性。将生态设计的理念运用于农产品的包装设计中，以大自然中的天然物质为基础包装材料，利用原材料上的肌理和质感等提取图案，结合视觉设计方法，展现产品的自然之美。市面上较为常见的生态包装材料有竹子、稻草、棉麻、树叶等，通过探索发现当地地理环境中的生态因素及人文审美情趣，将其与当地的传统手工织造结合起来，在宣传地域文化的同时，展现天然产物的亲和力。生态农产品包装的天然生态美通过产品将其背后的精神价值、情感体验、地域文化等内容传递给消费者，再结合生态理论和设计审美，让消费者通过购买产品，从产品包装中感受到自然的原生态气息，最终达到人、自然、包装设计三者和谐统一的目的。

② 功能性

容纳性是农产品生态包装的基础功能之一，产品的包装就像一个容器承载着产品本身。包装还具有保护产品的作用，它可以尽量避免产品在物流运输途中发生损坏，最大限度地保证农产品的安全。包装的便捷性不仅体现在方便消费者方面，还体现在方便工厂运输或商店摆放售卖等方面。生态农产品包装在满足这些基础功能后还要具有一定的审美和辨识度，即对包装的色彩、图案、文字等进行设计，使消费者能够更清晰地了解该生态农产品的相关信息，并挑选出自己中意的产品。宣传性也是生态农产品包装重要的功能之一，包装设计新颖的产品一经面市便能快速吸引消费者的注意力，这样的包装不仅加强了对生态农产品的宣传，还能在一定程度上传播地域文化，利用包装之美来促进产品销售。

③ 文化性

受到不同地区地理条件和种植环境的影响，各地产出的农产品各具特色，它所蕴含的地域文化拥有独特的艺术魅力和美学特征，而在塑造农产品品牌形象的过程中注重体现文化要素，有利于提升社会效益与经济效益。中华民族悠久的历史和复杂的地理环境造就了源远流长、独具特色的地域文化，还有许多物质、精神财富值得挖掘和开发。

（2）我国农产品包装现状

① 缺少设计元素

纵观国内市面上的生态农产品可以发现，我国的农产品包装大多形制类似，模式较为单一，包装之间互相模仿，导致消费者在选购产品时容易出现视觉疲劳。原创包装更是少之又少，并且目前大多数农产品包装往往采用实物图片，很难表现出农产品产地的地域文化特色，缺乏农产品自带的绿色、生态等属性，与其他产品的区别不大。一些包装上甚至没有产品标识，包装的设计细节也存在跟风模仿情况，缺少品牌个性，无法向消费者传达独特的品牌理念，最终难以激起消费者的购买欲。

② 包装结构单一

例如，果蔬类农产品较多使用传统的纸盒纸箱包装，不仅缺乏美感同时也不方便运输和携带，且无法根据果蔬的形状特点、保鲜程度来进行包装。又如对于一些尺寸较长、较大的农产品，一些商家为节约成本而使用与农产品外形不符的包装，从而造成产品损坏或变质。除此之外，结构过于简单的包装也很难起到保护产品的作用，如装水果的纸盒纸箱，或简单包裹农产品的纸张等，这些包装方式很容易造成产品磕碰损坏。

③ 缺乏环保意识

目前，包装污染问题较为严重，特别是在偏远的山区乡村，村民的农产品包装概念相对模糊，意识不到农产品包装的重要性。当前市场上的农产品很少使用生态材料包装，而是以纸、塑料、金属等为主要包装材料，常用的包装方式有压制合成材料、纸箱、塑料箱、塑料袋和泡沫箱等。这些包装大部分使用的是非降解材质，会造成环境污染。以纸类包装为例，尽管纸是最常规的包装材料，但其中的增白剂或其他添加剂很容易因为使用不当而渗入食品中，威胁人体健康，且纸类包装使用的工业油墨也会对环境造成一定的污染。塑料类包装更加不易降解回收，也会对环境造成污染。金属类材料虽然可被回收利用，但锌、铅、铝等元素会对人体产生一定的伤害。茶叶类农产品通常使用陶瓷材质的器皿进行包装，而一些陶瓷罐在生产过程中可能存在铅、镉等重金属超标的问题，对人体产生危害。此外，陶瓷生产过程中的生坯废料所造成的环境污染问题同样不容忽视。

（3）乡村振兴背景下农产品生态包装设计意义

① 促进农业经济可持续发展

生态包装设计能以绿色发展的观念来支持农业，并为乡村振兴提供持续动力。除此之外，农产品的生态包装可以将农特产品与创意设计、文化进行结合，通过设计赋能农产品包装，突出生态理念，设计出符合大众审美、受消费者欢迎的农产品包装，进而推动乡村产业持续发展。

② 提升农产品附加值

生态理念下的包装设计顺应了时代发展需求，能够引导消费者树立生态观念，满足消费者的购买需求及产品运输需求，对发展特色农业、优化农业产业结构具有重要意义。将生态理念、地域文化与农产品有机结合，不仅提高了农产品品牌及产地的知名度，还传播了地域文化，提升了农产品的核心竞争力与附加值，从而带动地方农产品经济发展，助力乡村振兴。

全面推进乡村振兴是实现中华民族伟大复兴的重大任务。在经济迅速发展的当下，人们对生态、环保概念的认识逐渐清晰，对绿色健康的农产品的需求日益增加，于是农产品包装成为影响消费者购买行为的重要因素。传统的农产品包装形式逐渐被市场淘汰，无法再吸引消费者的眼球，而优秀的农产品生态包装不仅能保证农产品的保质期，还能突出背后的文化内涵，传达农产品的生态理念，激发消费者的购买欲。因此，农产品包装在促进地方农业发展、助力乡村振兴方面发挥了重要作用。在乡村振兴战略背景下，农产品包装要与有机生态农业相结合，将绿色环保的生态理念与地域文化的传承融入农产品包装设计中，通过选择生态材料、采用合适的结构与新颖的造型等设计手段，从审美角度出发，从地域文化中提取设计元素，从而设计出具有文化内涵的农产品生态包装，促进生态与产品之间协调融合，提高农产品的市场竞争力，推进乡村振兴战略的实施。

（4）乡村振兴背景下农产品生态包装设计思考

① 选用生态材料

生态包装可根据农产品的产地，选用当地绿色、健康的天然原料，同时兼顾农产品自身的特点进行设计。例如，南方地区可以利用当地丰富的竹林资源，采用与竹相关的材质进行包装设计，这样既能突出原产地的特点，推广地方文化，又能节约成本。除竹叶、竹竿、竹筒外，还可以采用延展性较强的生态植物，如桔梗、稻草、柳木条或芭蕉叶等，这些材料不仅能快速降解，还能循环利用，真正实现了"取"之于自然、"降"之于自然。如图 5-1 所示，该鸡蛋包装以湘西特有的蒲草为原料，经编织制成母鸡的造型，既与产品主题契合，又极具乡村特色。同时，草类材质的特性可以起到缓冲保护作用，运用于包装上能够防止鸡蛋壳被挤压。消费者在使用产品后，也可将其包装循环利用作为装饰摆件，符合生态包装的理念。

图 5-1　蒲草鸡蛋包装

② 结构减量

包装的结构设计是基于产品的造型特点、风格款式，以及进行销售时周围环境等方面的需求，采用相关技术和设计手段对其内外部组织结构进行设计。目前，商品过度包装造成了大量的原料消耗，不仅增加了包装成本，到了消费者手中还变成了生活垃圾，给环境带来了巨大的压力，因此需要为包装结构减量。结构减量化设计是对传统包装设计的标准进行再定位，即在满足包装的基础功能需求上，尽可能选择成本较低、消耗资源少、对环境友好、易降解回收的材料，避免采用过于复杂的工艺和不必要的制造材料，以精巧的结构造型最大限度地提高包装的空间利用率，并尽可能减少对生态环境的负面影响。

③ 造型新颖

造型是包装的重要组成部分，也是影响消费者购买行为的重要因素。农产品包装的造型设计即通过设计产品包装的外观，结合审美并运用一定技术手段，基于产品需求创新其外部材料与内部结构，从而形成独特新颖的包装造型。它需要具备容纳保存、展示商品信息、保护产品等功能，并对其品牌和地域文化起到一定的宣传作用。早期的开发主要采用可降解、可回收利用的包装纸盒，使用常规的材质简化设计工序，生产出既安全又实用的产品包装。随着时代的发展，科技不断进步，仅使用通用材质的包装已经无法吸引消费者的眼球，因此设计师要注重设计包装造型，增加视觉装饰，突破传统包装造型的固有特征，如一些规则的矩形、圆形礼盒形态，充分利用新材料和新技术，设计能让消费者眼前一亮的包装造型，得到消费者的认可，提高销量，增加农民的收入，保障农民的利益，真正达到美学与经济的统一。

例如，上海 RONG Design 构思设计的 Lucky egg 鸡蛋包装（图 5-2），突破了传统的矩形纸盒或塑料盒的包装形式，整体采用了三角形的造型，同时创新了包装结构。设计灵感来源于鸡蛋与台球的相似之处，因此以排列台球的形式盛装鸡蛋，既便于储存，又增添了一丝趣味性，给消费者带来了不一样的体验。在材料选择上使用了复合纸浆，既经济又环保。这样的造型设计让普通的鸡蛋纸盒有了独特的特点，从千篇一律的鸡蛋包装中脱颖而出。

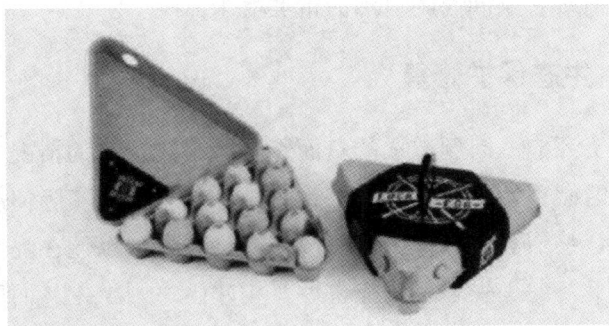

图 5-2　Lucky egg 鸡蛋包装

④ 凸显地域文化

农产品生态包装的视觉设计，不仅需要独特的造型结构或精美的图案，还要深入探索其地方文化，如当地的传统习俗、民间传说、历史建筑或宗教信仰等，将提取的文化因素转化为设计符号，和生态包装设计有机结合在一起。也可以在农产品自身形象的基础上进行拓展设计，如针对不同消费群体进行不同系列的插画设计，让产品包装具有故事性，从而吸引消费者，在确保消费者视觉体验的同时增强产品对消费者的情感影响，也让人们对该农产品的产地有更深入的了解，在传播文化的同时促进农产品销售。例如，神农架农产品品牌"山间神农"以神农架原生态山货为发展基础，品牌理念源自神农架的地域文化资源——聚集了殷商文化、秦汉文化、巴蜀文化和荆楚文化。在"山间神农"品牌的土特产包装设计中，处处彰显着神农架的历史与文化习俗。如"山间神农"野板栗包装，从神农架的野人文化中提取元素，突出野板栗"野"的特征。

从当地历史传说"杜鹃托梦刺球救子"的故事中提取设计元素，采用插画的手法，以连环画的形式进行绘制，用宫格的形式排列产生系列感，在呈现本土文化的同时为消费者提供延续的阅读感受。在包装形式上，考虑到神农架野板栗在当地大多数景点周边以散称的形式售卖，需要包装快捷且便于提携，因此采用了中国古代包袱的捆扎形式。以可降解牛皮报纸为基础外包装，再用天然麻绳作为捆扎材料以十字形将整个包裹捆牢，不仅方便随身提携同时也不会造成环境污染。通过注入当地传统文化精髓，创新包装形式，实现了传统与现代的结合，使整个包装具有质朴简约的美感，宣传本地文化的同时满足了消费者崇尚简约自然的审美需求。

三、推进生态保护修复

在环境与资源能源问题造成的负面影响越来越严重的情况下，促进国土整治优化革新的必要性与迫切性越来越突出，从目前的实际情况来看，很有必要将土地综合整治与生态保护修复放在战略位置，以便在提高国土空间治理水平的基础上，促进生态系统完整性，构建生态国土，从而助力我国可持续发展目标的实现。现阶段，我国已经踏上了大力推进绿色节能、生态环保工作的新征程，由于以往全力发展经济导致的一些环境问题，已经开始向人类进行反噬，因此，在国土空间治理工作中，应有效融入生态文明理念，以改善生态环境、切实提升国土空间资源利用率为首要任务，科学性地推进土地综合整治与生态保护修复，但是，由于我国生态文明建设起步较晚，目前人们的生态环保意识仍然有待进一步提升，因此，在土地综合整治与生态保护修复落实方面还存在一些亟待解决的问题。

（一）土地整修与生态恢复规划思路和策略

为了确保特定地区所开展的自然资源开发利用活动能够秉持可持续利用的原则，需要通过土地综合治理所涵盖的各种综合性措施来对开发活动进行规范。

首先，为了能够有效地展现土地空间的优化效果，需要利用空间结构发挥调整作用，要认清并解决土地空间利用过程中的问题和错误，避免或者降低其与生态空间之间出现的矛盾，最大限度地将土地空间的作用发挥出来。除了要解决土地空间结构布局的矛盾之外，还要科学地调配土地空间结构的各种要素，设定清晰的治理目标和规划，提升自然要素的占比，科学地划分治理区域内部的用途，结合城乡建设用地的规划调配原则，对于辖区内的各类低效用地进行重新分配再开发，使土地空间的功能得到不断拓展，恢复生态平衡，满足人们的各类生态需求。

其次，通过有效的资源使用来提高国土的空间品质。针对耕地、矿山等自然和非自然资源的不合理利用问题，在城镇化地区处理闲置建设用地，对农村危房进行整治，提高农业生产生态区域的空间利用水平。通过对零散田地的整合，对贫瘠、涝洼、脆弱，以及功能缺失的耕地进行改造和恢复。在矿产资源集聚区进行复垦，实现矿区退耕还林。调整陆海连接区用地布局，充分利用码头、港口等闲置用地。

再次，通过生态保护的方式恢复国土生态，特别是破坏程度较轻的自然生态系统，可以通过封山育林的方式，依靠生态环境的自我修复能力，实现自然生态系统的有效修复，针对滩涂及水体等自然资源的恢复过程包括地形地貌及土壤和表面植被的重建，在此基础上进一步重建景观，恢复整体环境的生物多样性。地形改造主要有地表沉降和塌陷的控制、冲刷沟的治理和水源涵养区的水系连接。针对土壤污染、沙化等生态脆弱地区的治理，采用生物技术造林，扩大绿化面积，建设防护林，防治沙化。恢复植被的生态环境，提升景观质量，实现乡村良好生态环境的重建。通过对自然生态系统地貌地质和景观植被的改造，使其适应于生物的生长环境。

最后，以整治保护与恢复机制的构建为基础，通过土地整治规划引导生态环境治理。利用多元融合资金纳入保障体系，要对涉农资金进行整合，要对组织管理体制进行统筹，健全多部门的领导和协调机制，建立好项目进度台账，创新监管机制。建立生态补偿体系，以补偿个体和单位在修复工程中所产生的积极外部效应。建立以治理效果评价指标体系为依据的整治修复效果评价体系。

（二）生态环境治理与恢复工作中存在的问题

1. 土地治理中的生态治理制度滞后

在开展国土综合整治的众多工作中，较为核心的工作主要涵盖水土流失，土壤改良以及荒漠化治理等重点工程，这些工程的深入开展对于改善耕地生态现状乃至提升粮食安全水平都有着非常重要的作用，除了进一步提高土地资源的利用水平，同时对于提高农民的经济效益也发挥了非常重要的作用。当前，不少地方政府在土地综合整治过程中仍然存在一些问题，这些问题主要集中在制定土地整治目标不清晰，规划不科学，整体的生态管理体系仍然存在一定的缺陷等。除此之外，在进行土地资源综合管理以及验收过程中的技术应用水平以及应用规范仍然有较大的提升空间，其核心问题在于土地整治工作不能够和区域性的环境保护政策，以及农业资源现状保持较好的统一，仍需进一步完善生态系统管控体系。

2. 发展与保护工作不统一，生态功能出现退化

当前，随着生态环境保护和经济发展的矛盾日益凸显，国家对生态恢复的需求也日益加大，在这一时期，自然保护区和野生动植物的生存空间得到了极大的拓展，生态系统的建设也逐步朝着良性的方向发展。但是，在现有的一些生态系统中，仍然存在着一些无法达到实际需要的生态功能，有些甚至会因盲目发展而造成干扰。除此之外，在具体的土地综合治理的工作流程中，因为牵涉的政府部门较多，这些不同的单位以及岗位之间的职能目标和定位存在较大的差异，使得管理过程中存在明显的多头管理问题。在整体的规划和开发过程中，相关政策和保护措施缺乏有效的统一规划，无法从整体发展的角度执行生态保护工作。

3. 重开发轻生态建设

社会经济快速发展，工业经济在其中扮演着重要的角色，这也使得社会

工业化以及城镇化水平得到了快速的提升，而在这个过程中人们忽略了对土地资源的科学利用，造成了一定程度的土地资源破坏问题，引发了生态环境的逐步恶化，主要表现为以下两点。

首先，因为工业建设需要大量的土地，这种强烈的需求挤占了部分农业土地，使生态用地的面积呈现出快速下降的趋势。

其次，因为工业生产过程中产生了大量有毒有害的污染物排放，引发了诸多的环境问题，严重地影响了原有生态系统的净化能力。如果放任这种情况发展下去，不仅会造成生态环境质量不断恶化，而且还会使我国的经济发展陷入困境。

（三）土地综合整治与生态保护修复策略

相比较传统的土地综合治理体系，当前的土地治理以及土地空间规划和生态修复的核心目标是针对自然资源的生命共同体的治理活动，这些生命共同体包含了山地、水体、农田、湖泊等众多不同类型的自然资源，如何有效地利用区域生态系统服务功能是开展土地综合整治工作的核心内容，要实现对自然资源以及生命共同体的有效统筹规划，就需要在生态治理和环境保护过程中加强水、气、土生物的全方位管理。

然而在具体的实施过程中仍然受到技术应用水平不高的影响，如何选择正确的方法开展针对山、水、湖、田的有效保护是当前的重要工作内容。因此，要针对工作内容进行科学有效的规划，使规划任务实现统筹管理，加强局部与整体之间的关系平衡问题显得尤为重要。

1. 增强环保意识

要避免在发展经济的过程中忽略生态环境的保护工作，不能以牺牲生态环境作为经济发展的代价，要将保护和恢复生态平衡作为社会经济发展的重要前提条件，使生态环境保护能够和经济发展保持一致。为此，在进行土地综合整治的过程中，应当依据区域性的经济发展状况以及生态环境的现实情况制定科学合理的土地综合整治规划，不断促进生态环境的修复平衡能力，使生态环境保护工作能够与经济发展工作受到同等的重视。要建立积极有效的环境质量改善制度，并同步建立生态环境保护监督机制，对社会经济发展中的各种生产活动制定对应的环境保护政策，加强生态环境保护工作的宣传力度，让民众和企业参与到生态治理和环境保护的工作中来，进一步促进自然资源的合理有效利用。

2. 健全整治与修复机制

从长期发展的角度对土地整治的需求进行深度剖析，建立与地区生态环境相适宜的土地综合整治规划，通过积极有效的复垦以及修复工作实现土地整治修复目标。要建立统一的、协调的管理体制，将土地整治和生态恢复工作结合起来，进一步加强监管体制的有效性，在具体的职责划分过程中做好相应的监督工作，不断地完善和创新监督机制和监督效果，建立和完善生态治理过程中的岗位职责考核机制，保证土地整治过程中涉及的企业以及个人的合法权益，通过优化土地整治流程实现工作效率的有效提升，使土地综合治理目标以及生态环境改善目标得以实现。

3. 实施保护与恢复生态环境

生态保护与恢复是土地综合整治中不可或缺的一项内容，必须根据当地的生态环境现状有针对性地采取相应的对策。目前，生态系统的恢复方法有两种：一是自然恢复，二是人为介入。生态保护修复的主要目标是缩短人与自然之间的联系，所以，在选择和使用方法时要充分利用生态技术，以自然环境的保护为先决条件，并采取相应的生态学技术。

针对生态环境受损程度不严重的地区，较为有效且经济性较好的方法是落实封山育林工作，并积极地推进补水保湿以及降沙育草工作，这对于生态环境的修复有着非常重要的作用，是恢复生态功能的必要途径。针对生态环境受损较为严重的地区，需要开展荒漠化整治以及针对受污染土地的治理工作，积极地引入先进的技术和设备，在工作中鼓励和引导创新精神，解决在治理土地过程中出现的困难，实现土地综合治理质量提升和生态环境的修复。

4. 提高资源使用效率

当前我国资源盲目开发和滥用，需要寻找更加有效的方法来提高资源利用效率。就城市而言，在土地综合整治中，最重要的是要注意对周围的限制地带的利用和开发，特别是对低效建筑用地进行开发，从而有效地提高城市的土地资源利用率。在乡村，"空心村""危旧房"等一批实际问题需要引起政府的重视，并有针对性地进行整治和改造，以改善农民的居住环境，提高村庄建筑的使用效率。不同层级的国土资源管理部门要积极利用自身的资源，在工作中发挥创造力和积极性，积极地执行土地综合治理的政策方针，坚持农业发展优先，为粮食安全提供积极的保护措施，提升土地等自然资源的有效利用。

第六章

乡村振兴战略下的乡村组织管理

实施乡村振兴战略，意义重大，影响深远。按照《乡村振兴战略规划（2018—2022年）》（以下简称《规划》）中第八篇"健全现代乡村治理体系"，把夯实基层基础作为固本之策，通过加强乡村基层党组织、推进"三治融合"和夯实基层政权三条道路来健全党委领导、政府协同、公众参与、法治保障的现代社会治理体制，推动乡村组织振兴，打造充满活力、和谐有序的善治乡村。在《规划》指导下，各地陆续提出各具特色的思路方案，推动乡村社会转型发展与组织振兴的进程。

第一节　乡村组织与乡村组织振兴

一、夯实组织基础，助推乡村振兴

要坚持大抓基层的鲜明导向，抓党建促乡村振兴，加强城市社区党建工作，推进以党建引领基层治理，持续整顿软弱涣散基层党组织，把基层党组织建设成为有效实现党的领导的坚强战斗堡垒。陕西省勉县曾是国家扶贫开发工作重点县，通过抓党建促脱贫，累计实现5.3万人脱贫、111个贫困村出列，摘掉了贫困县帽子。勉县立足自身资源禀赋、生态优势和产业基础，建立联合党委抱团发展聚合力，实施"头雁工程"，强队伍强根基，实施"双培双带"党员引领立标杆，汇聚人才力量多措并举助发展。

（一）实施"头雁工程"，打造过硬带头人队伍

培育提升夯实基础。实施村"两委"干部能力素质提升工程，通过"请进＋走出""线上＋线下""集中＋分散"等方式，系统开展村干部全员轮训、专题培训和针对性引领培训。举办村党组织书记"擂台赛"，推动村党组织书记登台竞技，以比促学、以赛促干。

（二）建强人才队伍，筑牢乡村振兴人才根基

完善制度建设助力乡村振兴。紧盯退出领导岗位干部、民主党派干部、退休干部等人才，开展以组建 10 个乡村振兴专家顾问团、选派 100 名乡村振兴指导员和 1 000 名乡村振兴助理员为内容的干部人才助力乡村振兴"十百千"活动，引导人才向基层流动，推动人才技术资源向乡村汇聚，激发农业乡村发展活力。

二、乡村组织振兴道路

总体来看，乡村组织振兴发展呈现良好态势。各地以加强党组织建设为核心，以集体经济发展为抓手，为乡村组织振兴奠定基础。目前，国内学者们围绕着这个命题主要提出两条乡村组织振兴道路：一是基层党组织振兴；二是激活乡村内生发展动力。但这两条道路都有其不可突破的局限性。因此，立足于前人的研究经验，与实践相结合，应探索第三条乡村组织振兴道路的可行性。

（一）基层党组织振兴

乡村组织振兴中基层党组织振兴是重中之重。习近平总书记提出："要打造千千万万个坚强的乡村基层党组织，培养千千万万名坚强的乡村基层党组织书记"。但目前基层党组织建设中，依旧存在党组织涣散、管理缺位、老龄化严重以及党员干部思想落后、执行力差等问题。尤为体现在发展水平较为落后、人才流失规模较大的乡村。之所以出现这些问题，王同昌认为主要是由于城市化进程导致乡村人口流失。吴静认为基层党组织振兴的困难在于其思想认识不深、班子能力不强、干部动力不足以及基层后继乏人。王向阳指

出，基层党组织建设的最大问题在于脱离群众。窦剑等学者认为，乡村基层党组织的发展依托于当地经济发展，经济越发展党组织凝聚力和执行力越强。因此，集体经济的建设尤为重要。但目前乡村人民并不具备自主开展集体经济建设的物质条件，发展、壮大集体经济需要村集体及上级政府进行统筹、协调。如果没有强大的组织力作为依靠，那么政府在组织集体经济建设过程中将会困难重重。基层干部能否发挥"领头雁"作用，是提高组织力和凝聚力的关键。

事实上，对于基层党员而言，开展工作的困难在于不知开展哪些工作，如何开展工作。他们大多数来自基层，对于基层实践具有深刻的理解。但他们在理论上有所欠缺，在新时代发展进程中不能牢牢把握时代内涵和领会自身的使命职责。具体体现在能力不足、思想认识不高上。因此，面对人民、资本和政府他们表现出一种无能为力的态度，只能机械地根据各项指标去完成工作。有学者大力推崇"大学生村官计划"。宋相义、殷殷认为，大学生村官相较于基层出来的"村官"而言，更具时代眼光。黄志辉在云南省H县调研中发现，大学生村官的社会地位随着现代化信息技术在基层的普及而提高。激活基层党员内生动力，实现基层党组织振兴的关键在于在实践中注重培养基层党员理论素养，提升理论水平。改造世界的前提在于认识世界，如果基层党员不能做到正确地认识乡村振兴战略，那么改造乡村也就无从谈起。

（二）激活乡村内生发展动力

乡村组织振兴，村民是主体。就目前乡村而言，面临的最大问题是人口流失。随着城乡间发展差距不断扩大，乡村人口大规模流向城市。由于人口流失，乡村村庄空心化、人口老龄化和人才匮乏等问题将愈发严重。如果乡村都没有人了，那么乡村组织振兴的意义何在？因此，为了解决"人"的问题，有学者提出通过村庄合并的方式来保证人口数量，有其可行性，但治标不治本。张平提出，撤并村庄是乡村组织振兴的有效途径。通过撤并村庄，将优势资源进行整合，取长补短，提升村庄组织力和战斗力。村庄合并在短时期内必然可以增加战斗力，但当集体经济发展再度面临瓶颈时，分开的力量会比以前更加强大。王德福认为，要拓展乡村组织振兴的想象力。既然城镇化进程不可逆，就通过维护好全国数十万个普通农业型村庄构成的"战略后院"。一方面为进城务工的农民保留底线，另一方面实现代际接替的稳妥的高质量的城镇化。村庄人口流失的实质在于缺乏集体产业，不论是撤并村庄还是构建"战略后院"，集体产业是基石。在全国统一大市场建设背景下，村民以往存在的小农户意识和单打独斗的生产将不适应市场竞争，集体经济的发展需破解集体行动悖论。上层建筑反作用于经济基础，以先进的生产关系改造落后的社会关系，解放和发展生产力是破解集体行动悖论的重要手段。

集体经济的发展需要有带头人，一方面以基层党组织为引领，另一方面则需要村民内部提供人才支撑，才能实现集体产业可持续发展。无论是基层党组织还是村民内部，最迫切需要解决的问题还是人才。在乡村人口流失的背景下，一方面需注重本土人才的培养，包括基层党员的发展和培养以及对村民的职业技术教育。着重在实践中挖掘和培育"能人"，积极发挥"能人"的作用，带头致富。在一些村庄中，仍存在着"派性"现象。在一个村委会中，大多数基层干部都同属一个家族。贺雪峰在调研浙江缙云县城关镇时发现，全镇 18 个村中有 5 个村的派性十分严重。陈柏峰在河南南阳调研时也发现了同样的问题。"派性"现象导致在基层党员培养和"能人"发掘上失去客观立场，出现任人唯亲、"派性"斗争激烈等问题。

综上所述，村庄内生动力的激活主要在于壮大集体经济，而集体经济的发展又依托于本土人才的培养和外来人才和资本的引进。在这个过程中面临着"小农户，大生产""派性"、外来资本和产权等系列问题。如果能合理解决这些问题，将进一步发挥集体经济优势，推动组织振兴。

（三）解决人民内部矛盾

乡村组织振兴，出发点和落脚点在于解决集体经济发展过程中出现的人民内部矛盾。尽管我国已实施市场经济四十余年，但"市场""资本"等概念对于大多数农民而言依然是一个陌生的概念。自实施家庭年产承包责任制后，以个人、家庭经营为核心的小农户式生产成为我国主要农业生产方式。小型机械在农业上的推广，将大多数农民从繁重的农业生产中解放出来。同时，城市工业化进程为乡村带来了大量的就业岗位，吸引大批农民进城务工。农民的生活出现了翻天覆地的变化，从"没钱没闲"转化为"有钱有闲"。但相较于城市而言，农民的收入依然处于较低水平。随着城乡融合一体化进程不断加快，农民想要享受城市的教育、医疗、房屋等资源，目前的收入在乡村而言绰绰有余，但离城市标准相距甚远。然而，市场竞争强调有计划、有规模，目前乡村生产方式并不适应于参与到市场竞争中，这就导致市场越发展，农民相对收入越低，乡村越落后。

面临"三农"问题，在我国政府宏观调控之下，实施乡村振兴战略。一方面，政府积极协调与市场的关系。另一方面，为乡村发展提供政策、资金和人才等多方面支持。在资本下乡的进程中，政府一方面要处理与企业，即资本的关系，另一方面则要处理与农民的关系。这些关系由于主体不同，也具有多方面特点。农民面临着既要与熟悉但又陌生的政府打交道，又要接触更为陌生的资本。"陌生"的原因在于政府通过招商引资为乡村经济发展注入活力，但同时由于基层政府无法处理好资本与农民的关系，以及资本与自身的关系，出现分配失衡、土地侵占和国有资产流失等问题，造成农民对政府不信任，政府公信力降低。集体经济的发展是一个长期的过程，但大多数农民更加注重短期效益。在短期内看不到回报，农民也会对集体经济丧失信心。因此，这就需要基层党组织发挥"领头雁"作用，在村民中培育"能人"，同时引进"精英人才"，在集体经济建设中起到带头作用。在这个过程中，以收入的普遍提高来帮助农民理解资本与市场竞争，吸引更多农民加入。通过先进的生产关系来改造落后的生产方式势在必行。

以上两条道路，即基层党组织振兴和激活乡村内生发展动力之所以面临着各种无法突破问题，其关键在于对集体经济发展的主要矛盾研究不够深入。经济发展从根本上来说是人的发展，而集体经济发展则体现为有组织、有计划的人的发展，集体经济发展的主要矛盾是将人组织起来。在组织的过程中，有"合力"，同时也存在着"分力"。政府、资本、人才和群众在其中发挥着不同的作用。尽管有学者谈到了社会关系这一层面，但对人民内部矛盾缺乏足够的认识和阐述。乡村组织振兴依靠上述两条道路，但重心应当放在解决人民内部矛盾上，即协调好、处理好集体经济发展进程中出现的政府、资本、人才和群众四者间关系。直面这个问题，基层党组织振兴才有方向，乡村内生发展动力才能得到释放，实现组织振兴。通过先进的组织关系来推动集体经济发展，最终实现共同富裕。

自乡村组织振兴提出以来，就如何实现乡村组织振兴，国内专家学者们从不同角度出发提出各自方案。首先，乡村组织振兴离不开基层党组织振兴。"党政军民学，东西南北中，党是领导一切的"，党是一切中国特色社会主义事业的领导核心，同时，党员在各项事业中起到先锋模范作用。其次，激活乡村内生动力是推进乡村组织振兴的关键。乡村是乡村振兴战略的主体，要实现组织振兴，就不能忽视乡村的主体性作用。最后，解决人民内部矛盾是组织振兴的总抓手。马克思说过："人是一切社会关系的总和"，乡村的问题归根结底在生活在乡村的人及其社会关系上。随着我国现代化发展进程不断加快，实践和理论证明，有组织、有计划地开展集体经济建设是农民实现共同富裕的必经之路。但目前许多村民仍存在着单打独斗和"小农户"意识，因此，面临资本这个庞然大物显得手足无措。上层建筑反作用于经济基础，组织振兴的出发点和落脚点就在把握乡村发展的主要矛盾，即解决产业振兴中出现的人民内部矛盾，为集体经济发展扫平道路。

第二节　乡村组织体制与主体分析

一、党委"抓"支部强组织

严密的组织体系是党的优势所在、力量所在。泗洪县积极发挥乡镇党委在乡村基层组织建设的"龙头"作用，筑牢党在乡村基层组织中的战斗堡垒。

组织体系建起来。建立完善"乡镇党委—村（社区）党总支—网格（村民小组）党支部—党员中心户"四级组织架构，推动村书记、主任"一肩挑"，村"两委"成员交叉任职，全面领导隶属本村（社区）的各类组织和各项工作，形成横向到边、纵向到底的组织体系。积极创新党组织设置方式，成立产业振兴攻坚支部、村企联合富民支部等功能型党支部，做到乡村振兴重点工作推进到哪里，党的组织就跟进到哪里。

支部建设实起来。纵深推进党支部"标准＋示范"建设，制定《党支部标准化二十条操作指南》《党支部工作规范化流程图》《11个领域党支部"标准＋示范"建设手册》等操作规程，让每个领域学有标杆、干有示范、评有依据。将基本组织、基本队伍、基本活动、基本制度、基本保障"五个基本"细化为20项具体指标，设置百分制达标自检表、问题清单、整改清单、销号清单"一表三单"，建立县级党员领导干部挂钩联系基层党支部制度，每年推动20%左右的党支部进位提升、达标创优。

上塘镇垫湖村党委荣获"全国先进基层党组织"称号，建成市级示范党支部20个，评选县级示范党支部218个。连续11年对村党组织进行"评星定级"，按照五星村15%、四星村20%、三星村55%、后进村10%的比例，排定全县村居"星级"档次，结果与村干部经济待遇、政治待遇挂钩，五星村、四星村予以奖励，后进村直接列入软弱涣散村党组织整顿。近三年来，整顿转化软弱涣散村党组织54个。

集体经济强起来。针对村集体经济增收渠道不多、致富方式不优、发展成效不好等问题，在支书领头调结构、支部领办合作社"双领"富民工程基础上，连续2年实施"支部擂台赛项目"强村行动，将全县村（社区）分为传统村、新型乡村社区、集镇居三类，县乡联动分类开展村书记"擂台比武"。总结推广抱团发展、村企联建、物业经济、合作服务、入股分红、产业带动、资源盘活7类发展模式，形成金锁镇"共享厂房"、魏营镇"村村联合"、临淮镇"农旅融合"等示范案例。2022年，全县村居累计发展各类村集体经济增收项目256个，村集体经济平均收入同比增长18.7%，上塘镇垫湖村、龙集镇姚兴居获评"全省集体经济发展典型案例"。

二、支部"管"党员强队伍

推动乡村全面振兴，关键靠人。要强化乡村党员教育管理，让广大党员在乡村振兴中担当作为、建功立业。

育强雁阵主心骨。选优配强村（社区）党组织书记，出台村书记专业化管理"1＋6"文件，构建"五级九档"体系，建立分级准入、梯次晋升、精准培育、差异激励、动态管理"五大机制"。充分保障村居工作力量，平均每村"两委"干部7.4人，村干部平均年龄39.9岁，大专及以上学历占比71.9%，创办致富项目的占 90.6%。分层分类开展干部全覆盖培训，连续 3 年举办县级专题培训班，持续提升村书记抓乡村振兴的能力水平。实施"返乡兴村计划"，为泗洪县全县 295 个村居选聘 35 岁以下、大专以上学历新村干，每个村居后备力量动态保持不少于 2 人。

强化人才硬支撑。深入实施"大湖英才"集聚计划，建立民间技艺、能工巧匠、农业生产、水产养殖、市场经营、技能名工六类乡土人才库，入库 1 200 余人。推行"双培养"机制，把致富人才培养成党员，把党员培养成致富能手，建成乡土人才"三带"基地 19 个，新增乡土人才创业项目 140 余个，举办"捆蟹达人""上甑摘酒"等乡土人才特色赛事 16 场次，带动就业 4 500 余人。推动大学毕业生到乡、能人回乡、农民工返乡、企业家入乡，选聘新村干 851 名，驻村"第一书记"70 名。

锻造党员先锋队。深化"党员就在身边"工程，广泛开展亮党员身份、亮服务承诺、认领微行动、认领微心愿、群众评效、支部评先"双亮双领双评"活动，推广党员积分管理、设岗定责等做法，因村因地制宜设置党员生态宜居岗、乡风文明岗、强村富民岗等，组建"洪"领聚力党员志愿服务队、党员先锋队 420 支。实施党员典型选树"十百千"计划，县级层面每年选树 10 名标杆党员、基层党委选树 100 名示范党员、支部层面选树 1 000 名优秀党员，先后涌现出全国人大代表殷勇、全国脱贫攻坚先进个人程智、省十大河湖卫士等一大批党员先进典型。开展"党内关怀铭初心"活动，2022 年拨付党费 314 万元，走访慰问建国前老党员、乡村生活困难党员、疫情防控一线优秀党员 5 128 人次。

三、党员"带"群众强基础

党员带好头，群众有劲头。通过党员带头示范，充分调动群众参与乡村振兴的积极性、主动性、创造性。带领群众干，拓宽富民新路径。开展党员带头富、带领富"双带"行动，党支部书记领办创办 1 个效益好、示范带动性强的富民项目，有致富能力的党员至少结对帮带 1 名群众。扎实开展"创赢泗洪"全民创业活动，实施全员普查登记、全员分类建档、全员培训发证、全员转化就业"四全工程"，设立 1 亿元全民创业富民基金，推广富民创业担保贷款贴息、税收优惠、创业补贴政策，发放担保贷款 11.37 亿元，新增各类经营主体 1.85 万户、带动家门口就业 3.18 万人。

做给群众看，打造治理新样板。扎实开展乡村"三生"公共空间融合治理，主动顺应农民集中居住新趋势，实施组织提力、治理提效、服务提质、发展提速、保障提标"五提"工程，推动成立新型乡村社区 34 个。全面推行"一委两站五岗"组织架构，细化职责清单，实行"一门受理、一站服务、全科窗口"服务模式，创设社区说事日、党群面对面、广场问政等载体，不断提升社区治理水平。探索"党群互动双积分"模式，建立"支部＋党员＋群众"运行机制，支委联系党员、党员联系群众，带动群众参与基层社会治理。

解决群众盼，提升服务新质效。连续 3 年在村（社区）开展"晾晒承诺请您监督"活动，现场征集群众诉求和民生实事"两个清单"，纳入办理和整改范围，鼓励党员群众为村居发展建言献策。集中开展"村村到、户户进、人人访"暖心大走访活动，实施暖心走访、筑牢堡垒、实事惠民、效能提升"四项行动"，完成全县 108 万群众入户走访，收集解决群众急难愁盼问题 9 400 余个。紧盯民生短板，实施县、乡、村三级民生实事项目"8310"工程，县级兴办民生实事 80 件、乡镇（街道）兴办民生实事 30 件、村（社区）兴办民生实事 10 件，累计兴办民生实事项目 3 500 余件，用干部的"辛苦指数"换取群众的"满意指数"，让乡村振兴的底色更亮、成色更足。

第三节　乡村组织振兴的路径与方法

一、创新乡村集体经济组织财务管理

乡村集体经济组织是乡村社会经济发展的重要组成部分，在我国改革开放过程中发挥着不可替代的作用。在改革开放初期，新的经济体制尚未完全建立起来，对集体经济组织实行财务管理是改革开放后乡村发展的必然选择。随着国家经济体制的不断完善，新时期新阶段的乡村集体产权制度改革成为我国当前一项重要且紧迫的工作任务。作为乡村集体经济组织管理者，必须树立正确的财务管理理念，准确把握财政管理模式和管理方式，通过改变带来新机遇。

（一）乡村集体经济组织财务管理创新的重要性

乡村振兴战略背景下乡村集体经济组织财务管理创新发展，要确保实现对乡村集体经济财务管理培训的专业性指导工作正常开展。根据实际的调查了解，原有的乡村金融管理制度已经不能够满足现阶段社会经济的发展需求，为确保乡村振兴战略目标的实现，对各项法律法规的完善以及规章制度的规范迫在眉睫。善于利用集体资产，实现乡村集体经济组织财务管理朝着规范化、制度化、法治化的方向发展，随着各项新型管理制度的引进，掌握各项专业管理技能，确保乡村集体财务管理人员对于乡村地区财务管理情况有全新的认识，并实现其财务专业技能的提升。

乡村集体经济组织财务管理创新工作的开展，还直接对传统的财务管理理念产生了一定的影响，进一步明确了集体经济组织与村委会的职能关系，实现了财务管理主体的改变，确保乡村集体经济组织的经济管理职能的分离，在根本上实现了财务管理理念顺应现阶段发展，对乡村地区的经济发展起到重要的推动作用。

（二）乡村集体经济组织财务管理存在的问题

1. 财务管理方式单一

目前，越来越多的乡村集体经济组织对于财务管理的方式进行了创新，如建立财务管理系统、健全财务管理制度、完善财务管理机制等。但是随着现代化信息技术的发展和完善，许多乡村集体经济组织在建立财务管理系统时仍存在着很多问题，如财务工作人员操作电脑不够熟练，从而使财务管理工作变得较为复杂和难以把握。如果没有相应的管理信息平台来帮助指导和监督财务管理工作，那么财务管理工作就会出现漏洞。此外，由于缺乏必要的财务管理信息系统作为支撑，导致财务工作人员对于财务管理工作缺乏必要和全面的了解，在实际工作中还存在着许多不规范因素。

2. 财务管理信息不对称

目前，我国的乡村集体经济组织大多是一些村集体经营的组织，这种组织虽然在生产经营方面具有一定的规模，但是在发展过程中需要村民们提供必要的物质和精神支持，而从财务管理角度来说，大部分的村民对于财务信息并不了解。针对此种情况，需要对农民们提供相应的帮助措施。目前我国村民们对此仍然缺乏了解，如果村民们不能够提供相关的财务信息或相关资料，就无法及时对村集体内部人员进行有效管理。因此，就需要通过多种方式来获取财务管理工作需要的村居内部、外部人员的数据信息。此外，乡村集体经济组织内部人员大多是本村村民以及相关技术人员，需要保证数据信息的真实性和有效性，并对相关信息进行及时更新，从而使村居内部人员以及村居外部人员的信息准确、全面，为整体规划布局提供更好的决策依据。

3. 财务管理质量不高

在进行财务管理创新过程中，许多乡村集体经济组织并没有注重对财务工作质量进行提高。许多时候农民对于给乡村集体经济组织提供财务信息了解不充分，导致乡村集体经济组织的财务资料存在漏报、错报等情况。另外，还会产生一些问题，比如说财务管理人员对于业务知识不熟悉，不能正确地分析财务管理工作，致使存在弄虚作假，同时还会产生大量账务资料流失的问题。而且，一些乡村集体经济组织为了对自己的财务工作质量进行优化完善，会对一些财务管理制度进行改变，但由于这种改变需要花费一定的成本以及时间，最终可能导致很多经济问题的出现。另外，也会因为资金使用情况不合理等原因，导致很多资金不能得到有效使用或者无法及时收回。所以，要想保证乡村集体经济组织发展战略更加具有前瞻性和可行性，应该在现有管理制度基础上进行创新。

4. 保障信息沟通、共享

我国目前存在不统一、不规范的核算单位，如乡村集体经济组织与政府相关部门之间缺乏沟通渠道和共享平台，乡村集体经济组织不能有效发挥自身作用，没有真正实现资源效益最大化。同时还存在部分乡镇政府的相关职能部门不愿或者没有能力为集体成员提供服务和信息，导致集体经济组织信息缺乏共享渠道和共享平台，使其所掌握的村内重要信息很难得到及时传递。另外，财务人员对新经济政策不了解或对政策掌握不够，导致其操作流程、办法以及财务核算产生偏差，不能很好地利用集体资产维护其权益。

财务管理工作需要各相关部门和人员密切配合才能更好完成，然而我国现阶段还存在很多困难、问题，制约着乡村集体经济组织的发展繁荣。我国乡村地区缺乏相应的激励机制，许多乡村集体经济组织的领导干部对于乡村集体组织在经济管理中的问题仍然存在一定的偏见。在这种情况下，就会影响到乡村集体组织与员工之间的关系，使经济利益矛盾不断增加。因此，为避免我国乡村集体组织出现不合理现象，就需要在制度和措施方面给予员工更多的关怀以及鼓励。国家也需要为乡村集体经济组织建立完善、科学、合理、实用的激励机制，促进其发展。

（三）乡村集体经济组织财务管理优化措施

1. 充分发挥村干部在经济建设中的作用

为实现乡村振兴背景下乡村集体经济组织财务管理的优化，首先需要充分发挥村干部在经济建设中的作用，乡村集体经济组织财务管理工作的开展，是实现乡村地区经济发展的基础，通过发挥村干部的作用，让乡村群众充分了解到乡村集体经济组织财务管理的重要作用，维护每个乡村居民的合法权益。国家层面需要根据乡村地区的实际发展情况，出台一系列的财务管理制度，充分尊重地区之间的差异，根据不同地区之间存在的差异进行管理制度的调整，重视对村干部综合能力的培养，确保村干部在今后的乡村地区经济建设中能够发挥自身的作用。为实现对乡村集体经济组织财务管理的优化，还应进一步构建完善的乡村干部培训体系。培训工作的开展需要协调、统一，做好明确的分工规划，并将原来培训工作中不合理的地方进行改进，真正意义上满足现阶段社会经济发展的需求。

注重乡村集体经济组织财务管理专业知识的培训，在实现对村干部财务专业知识培训的同时，还需要进一步加强思想道德教育，确保村干部在今后的各项管理工作中具有较强的责任心，能够以集体经济发展为重，实现各项专业技能的掌握，很好地处理发展中遇到的各项风险问题，实现对各项财务知识的灵活运用，不断加强与乡村群众的沟通交流，传达各项方针政策，方便今后各项管理工作的开展，在今后的管理工作中进一步实现对各项信息的及时获取，为今后财务管理工作的开展奠定坚实的基础。

2. 加大对乡村财务管理知识的宣传力度

乡村财务管理工作中遇到的困难，很大程度上是因为现阶段的发展中乡村居民受教育程度相对较低，对于国家各项方针政策没有全面的了解，导致无法对政府各项政策及时响应，故而影响了乡村集体经济财务管理工作的开展。在今后的乡村地区财务管理工作开展中，需要持续加大对乡村财务管理知识的宣传力度，确保更多的群众能够深刻认识到财务管理工作的重要性，同样也能够真正意义上了解到国家各项方针政策的好处，能在后续各项工作的开展过程中更加积极配合相关政府部门的工作，实现财政和经济管理效率的提升，为乡村地区经济建设作出贡献，并能够在今后发展中为实现乡村振兴战略目标打下基础。

加大对乡村财务管理知识的宣传力度，需要充分认识到宣传工作的重要性，强化组织领导的作用，加强各部门之间的工作协调，确保宣传工作的顺利开展，构建长效的发展机制，财务管理人员需要加强与基层群众之间的沟通交流，在不断交流的过程中了解基层群众的所需所想，确保在今后的乡村财务管理工作开展过程中实现财务管理工作科学化，实现乡村财务管理影响力扩大化。

3. 构建完善的财务管理制度，强化监督管理

针对乡村财务管理存在的突出问题，我们必须采取有效措施，加快乡村财务改革和完善，推动乡村财务管理工作的健康发展。一是要完善乡村财务制度，明确乡村集体资金使用范围与原则，加强对乡村集体资产、资源、资金的管理，规范村集体资金的使用和管理，确保村集体资产保值增值；二是要加强对会计人员的教育和培训，建立健全财务监督制度和财务审批制度；三是要建立健全集体资产及资源资产档案管理制度，完善资产资源档案，规范资产资源使用过程；四是要进一步完善乡村财务公开制度及内容，规范乡村财务收支管理和使用行为；五是要严格执行村"两委"成员议事规则和财务收支报告制度；六是要加强审计监督；七是要完善民主理财机制；八是要加强乡村民主法治建设；九是要加强党风廉政建设；十是要严格落实专项资金管理制度；十一是做好乡村财务账务公开工作；十二是积极探索新时期乡

村基层财务管理体制改革的新途径；十三是建立健全党风廉政建设责任制；十四是要进一步规范村账会计核算管理；十五是要强化纪检监察部门监督作用。在完善乡村集体财务监督管理工作中可以尝试采用多种方式和方法，如建立完善的村民小组财务监督制度、财政拨款审计制度、规范村级支出等。但由于当前乡村集体经济发展不平衡、村务不公开等问题还未得到根本解决，因此在实施中还存在一定的难度。只有通过改革完善与村级财务监督检查相关的法律法规，积极构建新型财会监督机制，并严格规范运行、强化村民的民主选举意识及群众的民主监督意识，才能有效防止村干部在财务管理上出现漏洞，确保各项政策落到实处、取得实效。

4. 提升财务管理人员素质，实现公开管理

当前，许多村会计不愿或不会使用乡村财务公开软件，这主要是受工作人员的素质限制。因此，要加强这方面工作的领导，建立健全各项规章制度，定期组织相关人员进行学习，认真落实村干部参加业务培训工作，使财务工作人员能熟练运用计算机操作软件，更好地开展财务工作并管理好集体资金。要采取有力措施，逐步提高村干部业务素质，进一步加强会计人员学习教育，提高其工作能力和水平，加强财务管理工作基础知识的培训，健全财务管理制度，规范财务活动管理，规范财务支出管理，全面提高会计人员业务水平，并加强财务知识和法规的学习教育，提高村民对财务管理的认知水平，使乡村集体经济组织的财务活动逐步规范化、科学化。完善乡村集体财务管理制度是搞好乡村财务管理工作的重要基础，规范、有效的财务管理制度有利于促进乡村经济的健康发展。

当前，部分村在财务管理方面还存在着制度不够健全、选举不够民主等问题。因此，加强对财务管理工作的指导和监督也是一项十分重要的任务。切实把党和政府关于推进乡村"三务"公开工作的方针政策落到实处，不断提高服务基层的水平，加强财务管理，提高经济效益。通过这些措施可以有效促进"三务"公开工作有序、健康开展，为促进乡村经济发展创造良好的氛围和条件。

在市场经济条件下，经济结构、经济体制的不断调整对农民群众的生活水平、消费方式、思维方式都产生了深刻影响，这对乡村集体经济组织财务

管理提出了更高要求。因此，加强乡村集体经济组织财务管理工作迫在眉睫，需要不断完善会计核算体系，加强对乡村集体财产、集体资金的管理，提升乡村集体经济组织成员整体素质。只有不断提升乡村集体经济组织成员整体素质，才能更好地适应市场经济环境下新时期乡村发展带来的新机遇，促进乡村经济与社会的全面发展。作为乡村集体经济组织的管理者，要积极应对新时期经济与社会环境带来的挑战，将集体经济发展与集体资产产权管理相结合，发挥组织核心作用，保障乡村集体产权改革顺利实施。同时要增强风险意识及法治意识，提高乡村集体经济组织的管理水平与经营效益，推动乡村集体经济发展步入健康、有序、可持续的轨道上来。

二、提升乡村基层党组织宣传动员能力

当前，伴随乡村振兴战略的全面推进，乡村意识形态工作的重要地位日益凸显。乡村基层党组织承担着宣传党的主张、贯彻党的决定、领导基层治理、团结动员群众的重要职责，是抓牢乡村意识形态工作的重要主体。探索提升乡村基层党组织宣传动员能力的策略，有助于将乡村振兴与基层治理有机结合，推进乡村振兴，建设新时代农业强国。

（一）提升乡村基层党组织宣传动员能力的重要性

新时代提升乡村基层党组织的宣传动员能力，不仅继承和发扬了党的优良传统和政治优势，也是贯彻党的路线方针政策、提高基层党组织的凝聚力、夯实党的执政基础、推动乡村振兴战略实施的需要。

1. 有助于贯彻落实党的路线方针政策

乡村基层党组织是党的主张和决定在乡村落地的坚强后盾，是确保党的路线方针政策贯彻落实的重要基础。人民群众的拥护与参与是衡量党的基本路线、重大方针是否正确的最高标准，也是其得以顺利进行的重要保证。作为最贴近乡村群众的组织，通过提升基层党组织宣传和动员能力，要运用生动活泼、通俗易懂的方式，把党的正确主张变为乡村群众的自觉行动。因此，不断提升乡村基层党组织的宣传动员能力，对于推动乡村基层党组织正确理解和执行乡村振兴战略，顺利推进党的各项工作具有重要意义。

2. 有助于提升基层党组织的凝聚力

乡村基层党组织是党联系乡村群众的"最后一公里"，是党的执政根基和力量源泉。习近平总书记在党的二十大报告中明确指出："严密的组织体系是党的优势所在、力量所在。各级党组织要把各领域广大群众组织凝聚好。"通过宣传党的政治和组织功能，有助于增强广大乡村群众对乡村基层党组织的认同感；通过向群众宣传党的相关规定和政策，将乡村群众组织和凝聚起来，有助于让乡村群众感受党员的服务意识和公仆意识；通过走近群众、走进群众，了解乡村群众的利益与需求，有助于把党员、乡村群众紧紧团结和凝聚在党组织周围，从而不断提升基层党组织的凝聚力。

3. 有助于夯实党在乡村基层的执政基础

基层是党执政的基础，党的宏观规划离不开基层的微观落实。只有稳固执政基础，才能充分发挥党的作用。乡村基层党组织作为领导基层工作、贯彻党的方针政策的核心组织，在执行决策时有着举足轻重的作用。如果乡村基层党组织能够提升自身的宣传动员能力，将党的政策传达到位，群众的实际需求得到满足，就会增强乡村群众对党执政的认同和支持，党在乡村的执政基础就会牢不可破；反之，如果乡村基层党组织功能虚化、弱化、边缘化，党员干部脱离群众，不能带领乡村群众谋幸福、谋复兴，党群关系就会遭到削弱甚至破坏，党在乡村的执政基础就会分崩离析。

4. 有助于推动乡村振兴战略的实施

党的二十大报告提出要全面推进乡村振兴。在全面实施乡村振兴战略的过程中，乡村基层党组织建设是其中的重要内容和主要任务。乡村基层党组织与乡村群众关系密切，对村情、民情的了解最为详细。在乡村振兴战略实施过程中，提升乡村基层党组织的宣传动员能力，不仅有助于将惠农、利农政策传达到各家各户，动员更多乡村群众投入乡村振兴战略中，而且有助于将乡村的新情况、新问题及时向上级组织报告，最大限度消除信息差，避免错误决策。例如，各地乡村基层党组织因地制宜，将宣传动员工作融入脱贫攻坚的全过程，通过宣传动员使基层党员干部与乡村群众同心同力，促进乡村振兴战略稳定落实。因此，当前我们要不断提升乡村基层党组织的宣传动员能力，持续推进乡村各项事业有序发展，为实现乡村振兴提供坚强保障。

（二）提升乡村基层党组织宣传动员能力的依据

1. 理论依据

新时代，乡村基层党组织宣传动员工作，追根溯源是以马克思主义理论为基本依据的。马克思、恩格斯总结的"宣传必须以科学社会主义理论为指导，宣传内容必须更严格地遵循正确事实"等思想对无产阶级政党开展群众宣传工作具有极为重要的现实指导意义。列宁的灌输理论同样是新时代乡村基层党组织提高宣传动员能力的重要理论来源。在列宁的灌输理论中，被灌输了科学社会主义学说的工人阶级可以能动地为促进无产阶级的发展而贡献自己的力量，这为乡村基层党组织明确宣传动员的方向和对策、提高宣传动员能力提供了指导。此外，毛泽东思想也是乡村基层党组织宣传动员工作的重要理论依据。毛泽东不仅丰富了党宣传动员工作的理论知识及工作方法，而且多次直接参与并领导了具体工作，提出了宣传动员工作应当把握正确舆论导向、加强党内宣传教育、坚持群众路线等，对乡村基层党组织做好宣传动员工作极具启迪意义。随着中国特色社会主义进入新时代，要做好组织群众、宣传群众、教育群众、服务群众工作。新时代开启新征程，在这一背景下需要将宣传动员工作与时代特征相结合，推动乡村基层党组织宣传动员能力不断提升。

2. 历史依据

中国共产党人在革命、建设和改革过程中的社会动员工作是乡村基层党组织进行宣传动员工作的实践依据。乡村基层党组织宣传动员工作的策略大多以中国共产党在革命、建设和改革过程中形成的社会动员思想为依据，并结合乡村实际情况以及建设需要来制定和实施。新民主主义革命时期，毛泽东十分重视农民阶级的思想改造工作，强调要以无产阶级思想将农民群众武装起来，开展整风运动，极大提高了农民阶级占大多数的中国共产党的思想水平。中华人民共和国成立后，中国共产党主要围绕国家政权的巩固和社会主义改造，采用口号和运动相结合的方式进行宣传动员，通过出版适合工农阶级的通俗读物等方式动员各阶层为过渡时期总路线服务。改革开放和社会主义现代化建设新时期，党的宣传动员工作以改革开放和社会主义现代化建设为导向，真理标准大讨论极大解放了思想，为重新确立实事求是的思想路线奠定了基础。此外，在全国范围内开展的创建文明城市、乡镇等系列活动，也使社会风气得到极大改善。

3. 现实依据

党的十八大以来，遵循全面从严治党的原则，党内政治生态明显好转，我国乡村地区也发生了巨大变化，但仍存在较多问题：

一是部分基层党组织软弱涣散，缺乏战斗力。随着城市化进程的推进，乡村青壮年外出打工或定居城市，乡村基层党组织队伍老龄化趋势越来越严重。同时，部分宣传干部队伍服务意识差，不能发挥党员的先锋模范作用，缺乏宣传国家政策和带领乡村群众管理村务的热情和能力。一些乡村基层党组织班子缺乏凝聚力，没有形成合力，因而工作缺乏战斗力。

二是基层宣传渠道单一，村民对国家政策知之甚少。在部分乡村地区，宣传动员工作依然停留在拉横幅、贴标语、宣传画等传统方式上，新颖别致、群众喜闻乐见的创新尝试较少，宣传渠道比较单一。此外，由于宣传力度不大，一些乡村群众对国家惠农政策等的了解仅停留在农业补贴方面，对政策的认知较浅，政策信息利用率低。

三是宣传干部队伍素质不高，缺乏能力。许多乡村基层党组织的宣传队伍在宣传国家政策和文件时只是照本宣科，自己本身了解甚少，缺乏将政策方针转化为乡村群众能理解的语言的能力，乡村群众的信任度日渐降低，宣传动员工作的开展不断受挫。

（三）提升乡村基层党组织宣传动员能力的举措

在全面实施乡村振兴战略的背景下，作为前沿力量和重要保障的乡村基层党组织，要始终坚持问题导向，把握乡村社会的特点和规律，从党的任务、乡村主体、干部队伍、基础设施、方式方法等方面入手，提升宣传动员能力，为乡村振兴战略实施提供重要保障，为全面建设社会主义现代化打下坚实基础。

1. 围绕中心，服务党在不同阶段的突出任务

乡村基层党组织必须坚持党的基本路线不动摇，紧紧围绕经济建设这一中心。乡村基层党组织必须把基层经济建设好，只有发展好了基层经济，乡村振兴之路才会畅通。但对于党在不同阶段提出的其他突出任务，如精准扶

贫阶段的脱贫攻坚任务，污染防治阶段的蓝天、碧水、净土保卫战任务，社会主义现代化建设等任务，乡村基层党组织也要积极展开工作，宣传政府政策、动员村民行动，突出其引领作用，解除乡村群众对发展政策、发展方向、发展道路的疑惑，将群众的心思凝聚到"产业发展、法治建设、美丽乡村、文明道德、良好习惯"上来。乡村基层党组织在围绕经济建设中心任务开展宣传动员工作的过程中，对于党提出的不同阶段的突出任务也要深入推进，提升自身宣传动员工作的高效性和长效性。

2. 扎根群众，以群众需要为依托开展组织工作

乡村基层党组织是党联系乡村群众的桥梁和纽带，乡村基层党组织的宣传动员工作要致力于访民情、察民意，反映人民群众的心声。宣传动员工作的对象是广大人民，目的也是广大人民。因此，乡村基层党组织必须以群众路线为根本，贴近乡村经济发展的新需要和乡村群众的新需求，做好乡村宣传动员思想工作。走近群众、融入群众、了解群众，从而明白群众的利益诉求，采纳群众的真知灼见。对于乡村的正面宣传有的放矢，及时主动地引导乡村舆论，回应村民诉求，谨防脱离群众、高高在上的不良作风。

乡村基层党组织不能忽视"人民群众是历史的创造者"这一真理。乡村基层党组织的一切宣传动员工作，只有牢牢扎根于人民群众之中，时刻牢记要以群众需要为依托，始终坚持群众观点，认真践行群众路线，才能真正实现好、维护好、发展好广大人民的根本利益，才能从根本上提高自身的宣传效力。

3. 创新方式，鼓励文艺宣传走进乡村

宣传方式的应用是做好宣传动员工作的重要一环。社会发展进入了新的时期，面临的形势也更加复杂，宣传方式也应与时俱进。

首先，创新宣传方式。传统的宣传方式司空见惯，对群众的吸引力不强。所以，应当进行改良和优化。以村级党组织的宣传委员、少数村民代表为主要成员，借助广播、新时代文明实践中心等工具，面向乡村群众进行理论宣传和动员。

其次，现如今，互联网的发展使得网络成为重要载体，做好网络宣传动员工作是提高乡村基层党组织宣传动员能力的重要途径。新时代的基层党建

工作应紧跟"互联网＋"的发展趋势，提高效率，按照基层工作的特殊规律，以线下与线上相连接、"面对面"与"键对键"相结合的方式，提高宣传动员能力。另外，开设宣传专栏、利用广播电视台等进行宣传也不失为好的办法。

此外，乡村基层党组织要充分了解本地区的文化、风俗、习惯、生产等状况，大力创新乡村群众喜闻乐见的宣传方式。例如，文艺下乡活动，以戏剧、歌曲、电影等方式将优秀的文艺作品送到基层，让党的政策理论春风化雨、润物"有声"。

三、乡村组织振兴的具体实践

（一）社会组织助力乡村振兴，这样"赣"

2022 年，江西省民政厅统一思想，提升站位，动员引导社会组织投身乡村振兴，助力全省乡村事业发展。

在全省各级民政部门的指导下，全省成立了具有乡村振兴服务宗旨的社会组织 316 家，共有 3 109 家社会组织参与乡村振兴，占总数的 11.10%；实施项目 2 783 个，直接投入资金（含物资折款）8.45 亿多元，受益村 7 665 个，受益者超过 266 万人。其中，93 家省本级社会组织参与乡村振兴工作，投入资金 2.4 亿元。

1. 强化落实责任，党建引领参与

推动省本级新成立的 51 家社会组织全部建立党组织，对社会组织枢纽型党组织建设加强指导。通过强化党建责任，各地普遍下发《关于引导社会组织参与乡村振兴的倡议书》，开展"党建引领·助力乡村振兴"专题主题党日活动，动员社会组织参与乡村振兴。

赣州市在开展社会组织党建工作时，紧紧围绕推动革命老区高质量发展示范区建设，凝聚乡村振兴发展合力，通过社会组织党组织、党员与相关县（市、区）、村（社区）"结对子"等方式，引导激励全市社会组织为助力乡村振兴贡献力量。

九江市创新"主题党日＋"模式，围绕建立"四项清单"、开展"五送活动"，引导社会组织发挥各自特长认领服务项目，为服务乡村振兴注入红色动能。新余市以"党建＋多元化服务"为特色，大力倡导乡镇商会参与当地产业振兴、扶贫济困、移风易俗，活动遍及全市 39 个乡镇。

2. 省级统筹安排，抢抓部署推进

2022 年 5 月 16 日，江西省民政厅联合省乡村振兴局下发《关于推动全省社会组织参与乡村振兴促进乡村事业发展的通知》，指导社会组织把工作重心从帮助解决"两不愁三保障"向助力乡村产业兴旺、生态宜居、乡风文明、治理有效、生活富裕转变，引导社会组织进入全面推进乡村振兴阶段。

2022 年 6 月 8 日，民政部、国家乡村振兴局召开社会组织助力乡村振兴工作推进会，省民政厅及时召开党组会议研究，提出 8 条贯彻举措，抢抓部署落实。

2022 年 7 月 29 日，省民政厅会同省乡村振兴局下发《社会组织助力乡村振兴专项行动方案》，一级抓一级，层层抓落实。遵照省一级统一安排，全省 11 个设区市加强谋划研究，均出台了本地工作方案，统筹推进各项任务。

3. 畅通信息渠道，搭建对接平台

各级民政部门与乡村振兴部门不断加强协作，依托 5 823 个驻村帮扶工作队（其中省派 251 个）、93 个社会组织培育发展基地，建立上下贯通、连接到村的乡村振兴信息通道。发挥江西省乡村电子商务协会的专业技术优势和会员辐射优势，设立"832 平台"省级服务中心。该协会依托会长单位组建了 23 人的专业运营服务团队，设立 500 平方米的"832 平台"省级服务中心，优选全省 24 个脱贫县农产品进行展示，为全省供应商提供线上线下运营服务。省民政厅与省供销合作社、省财政厅、省农业乡村厅、省乡村振兴局对接沟通，印发通知，要求各级预算单位按照不低于年度食堂采购预算份额30%的预留比例，在"832 平台"填报预留份额，相较 2020 年提升了 3 倍。依托全省供销系统网点资源及会员单位，建设"832 平台"线下展馆，为当地预算单位提供采购对接服务。

4. 坚持项目引导，帮扶落地见效

省一级开展了"'百社解千难'江西社会组织助力乡村振兴"公益项目征集活动，评选 25 个乡村振兴项目设计方案；协助中国乡村发展基金会实施 2022 年"活水计划"项目，6 个社会组织乡村振兴专场筹款 518 万元，获项目配捐 93 万元，另获基金会支持 180 万元。据不完全统计，全省社会组织实施乡村振兴项目超过 2 000 个，遍及产业、就业、文化、助医、助学、助老、扶幼等多领域。

九江市民政局投入 300 万元，资助社会组织在 13 个县（市、区）实施"浔暖益童"未成年人关爱保护服务项目。九江市慈善总会投入 35 万元，支持 7 家社会组织助力乡村振兴，举办助力乡村振兴"99 公益日"筹款活动，筹款 300 余万元。

鹰潭市民政局投入近 100 万元福彩公益金，引领 30 余家社会组织助力乡村振兴行动。

上饶市广丰区慈善总会募集"一老一幼"阳光慈善基金 836 万元，用于实施乡村留守困境老人和困境儿童关爱服务项目，前往 20 个乡村振兴重点帮扶村开展"慈善助力乡村发展专项行动"，突出重点支持产业振兴专项行动。

据不完全统计，省本级社会组织投入 1.63 亿元，实施乡村产业振兴项目 29 个，2.79 万人（次）受益；市、县两级社会组织直接投入资金 242 亿元，实施产业振兴项目 786 个，1 796 个村 48.30 万人受益。江西省企业联合会联手 8 家会员企业，在 5 个乡镇实施 6 个产业帮扶项目，投入 2 000 多万元。江西绍兴商会援建上饶市横峰县葛源镇枫林村民宿项目 389 万元，帮助当地发展乡村旅游产业。江西省浙江总商会将抚州市广昌县水南坪乡张杨村确定为乡村振兴帮扶对象，双方签订战略合作协议，首批投入 170 万元，帮助张杨村打造水稻制种、白莲、茶树菇三个产业，建设水稻制种烘干厂，建立线上农产品商城，提供为期三年的运营服务指导。

文化振兴专项行动。支持具备条件的社会组织积极参与文保、非遗等活动，支持乡村民间文化、手工技艺、民俗活动等传承发展，举办文化公益活动，展现新时代乡村文化的魅力和风采。据统计，全省 989 家社会组织参与乡村文化振兴，举办或承办、协办文化公益活动 3 642 场（次）。江西省文艺志愿者协会、江西省舞蹈家协会、江西省曲艺家协会等省文联主管的社会组织，组成数十支队伍，采用小型文艺演出、文艺辅导、讲座培训、采风创作、文艺支教、展览展示等志愿服务方式，深入乡村新时代文明实践中心（所、站），开展了上百场文艺志愿服务活动，推动乡村文化振兴。江西省残疾人事业发展促进会举办非遗购物节暨江西非遗集市巡展活动 11 场。赣州、吉安、景德镇等地鼓励以社会组织为载体，培育地方特色文化，举办民间陶瓷产业高研班，开展文艺演出、出书等文化活动，受益群众达 22 万多人。

人才振兴专项行动。引导和鼓励社区党员、乡村党员担任社区社会组织负责人，把符合条件的社区社会组织骨干培养发展为党员，畅通双向培养机制，为组织振兴提供乡村人才。全省培育发展社区社会组织 11.02 万家，这些社区社会组织成为扎根城乡社区，开展乡村振兴、基层社会治理的重要力量。其中建有党组织的有 5 129 家，共有党员 7 万多人。数量众多的社区社会组织联系会员、发起人、乡贤力量等超过 100 万人，凝聚了村（居）民心，推动着社会组织协商等民主协商发展，为乡村振兴汇集了组织力量。赣州市积极与广州市对接，9 家广州优秀社会工作机构采取"6＋1"措施，为赣州市 9 个县（市、区）实施"牵手计划"帮扶，指导建设乡镇（街道）社工站 31 个，培育社工机构 7 个，培养社工 116 人，助力乡村社工人才振兴。

就业扶持专项行动。全省社会组织投入资金 1.03 亿元，另提供乡村人员就业岗位 3.08 万个，通过培训、补助、购买服务等方式，使 23 万多名农民从中受益。江西青原弘济慈善基金会开展义卖活动，募集善款 53.10 万元，为吉安市黄牛洞村民提供 30 个就业岗位。江西簌能乡村帮扶基金会帮扶九江市修水县六都村，为 12 名脱贫户提供公益岗位，支持 20 名村民自主创业。江西省水产学会通过"新青年讲习所"公益直播活动，培训农民逾 1 500 人，在吉安市新干县、万安县开展水生生物科学放流和渔业资源生态保护工作。江西省物流与采购联合会举办乡村冷链物流培训会等活动 10 余次，对设区市、县级农业乡村部门、县级以上示范合作社和家庭农场及冷链生产加工企业进行授课培训，受益农民超过 200 人。

"邻里守望"关爱行动。各级民政部门聚焦"一社连一村（居），邻里乐融融"主题，推动社会组织特别是社区社会组织开展关爱行动，通过"邻里亲"关爱特殊群体、"邻里扶"回应群众关切、"邻里和"推进平安建设、"邻里美"助力"五美"乡村等四项具体活动，引导社会组织参与乡村振兴。全省共有 1.36 万家社区社会组织、1 965 家市县登记社会组织参与"邻里守望"关爱活动，投入资金（含物资折款）5 734 万元，帮助社区和居民解决了许多具体问题。

（二）党建引领乡村振兴跑出"加速度"——以雅安市为例

全省组织部部长会议强调，要深入推进抓党建促乡村振兴。雅安市 95% 的面积都是中高山区，实现乡村振兴基础差、底子薄，任务十分艰巨。为此，我们把党建引领作为破题之举，围绕乡村"五大振兴"找准着力重点，突出抓牢产业引领、强化人才支撑、实组织保障，助推乡村全面振兴、加快振兴。紧牵集体经济"牛鼻子"，引领产业振兴。

自上而下发动。把发展壮大村级集体经济作为"一把手工程"、列为基层党建"书记项目"，市、县委组织部部长带头走遍所有乡镇和行政村，逐一谈话传导压力，同步建立集体经济发展"红黑榜"，定期通报、分区拉练，把责任层层压紧压实。出台政策撬动。制定党建引领推动村级集体经济高质量发展六条措施，针对性破解集体经济发展缺资金、缺土地等瓶颈性问题。强化示范带动。每年选取 15 个基础较好村、确定 10% 相对薄弱村给予重点扶持，建立集体经济发展"先进奖励""后进结对"两项机制，通过"抓两头带中间"让"强村"更强、"弱村"不弱。

用好项目拉动。全面梳理乡村闲置资产和山水林田河湖沙等优势资源，包装 323 个集体经济项目分县（区）专场推介，采取"村村抱团""多村合一"

方式因地制宜做好整体开发，重点发展农旅、文旅等绿色低碳产业，推动"绿水青山"加快转化为"金山银山"。

统筹"聚人才"与"增人气"，推动人才振兴。突出建强村党组织带头人。大力实施"乡村头雁"培养计划，制定"一肩挑"村干部管理办法，出台"八条措施"激励村干部担当作为，开展从优秀村干部中定向招录乡镇公务员工作，在管好激活中让带头人真正带好头。

大力引导人才向一线流动。选聘 173 名民营企业家到村担任乡村振兴"名誉村书记""发展顾问"，定向招录 79 名涉农专业毕业生到村就业，整合四川农业大学专家教授、涉农部门专业技术人才等组建 30 个乡村振兴"发展顾问团"，包镇联村助力发展。

搭建平台培育致富生力军。试点建设 26 个乡村学堂，面向乡村党员、广大群众常态开展实用技术培训，帮助提高致富能力；开设电商直播助农增收培训班，采取"培训学校+村集体经济组织+直播团队"方式，培育一批"网红支书"和带货主播，为乡村发展注入新动能。

突出政治功能和组织功能，抓实组织振兴。优化组织设置。坚持党建沿着产业走、组织顺着产业建，结合产业布局和片区发展，印发"八条措施"率先做强中心镇、中心村，打破地域限制成立 28 个乡镇级片区大党委，延伸设置联村党委 113 个，由县（区）党政班子成员、乡镇领导班子成员分别兼任两级书记，健全组织联建、工作联动、产业联育、治理联抓"四联机制"，推动片区资源集约配置、发展抱团成势。推动组织争先。深入开展软弱涣散村党组织整顿提升行动，一村一策"开方子""压担子"，分级选树一批 5A、4A 级村党组织，充分发挥示范引领作用，以先进带后进，推动全市村级党组织整体提升、全面过硬。强化组织引领。加强对各类组织的引领和群众的引导，修订村规民约、完善议事机制，健全村级自管委、道德评议会、红白理事会等自治组织，在 33 个村试点建设村史馆，常态化举办"传家风、立家规、树新风""知家乡、爱家乡""村史馆里讲党史"等活动，党员带头、群众参与，以新风引领民风涵养乡风。

（三）乡村基层党组织发挥领导核心作用——以湖南省湘潭县云湖桥镇为例

乡村基层党组织是党在乡村开展全部工作和提高战斗力的基础，是带领人民群众勤劳致富的坚强战斗堡垒。在乡村振兴背景下，如何充分发挥乡村基层党组织的领导核心作用，是新时代基层党建工作亟须攻克的难题。云湖桥镇地处湘潭县西北部，距湘潭市区 18 千米，距韶山市区 20 千米，距湘潭县城 25 千米，距湘乡市区 25 千米。交通便利，环境优美，是多元发展的农业大镇。全镇各类合作社共有 40 余家，产业发展态势良好。镇党委辖下党组织 104 个，党支部 81 个，其中，乡村党支部 68 个。村级基层党组织共 21 个，基层党支部星级评定均在"四星"及以上。

1. 乡村基层党组织发挥领导核心作用的成效

（1）乡村服务迈上新台阶

一是密切党群联系。建立健全"双联共建、五个到户"的工作机制，按照支部联村、党员干部联系脱贫户、乡村党员联系普通户的要求，密切联系和服务人民群众。二是规范村级民主。通过"四议两公开"，提高群众的参与感和支委工作的透明度。云湖桥镇的清风、向红等村制定了土地流转制度，为村级经济发展铺平道路；飞栏、石井铺等村将乡村人居环境整治纳入村规民约，完成村道和农家房屋的绿化、硬化工作，使人居环境焕然一新。三是提高服务水平。按要求配备年龄 35 岁左右、学历大专以上的年轻同志担任村级"一门式"服务操作人员，真正打通服务党员群众的"最后一百米"，使群众办事更加便捷、舒心。

（2）乡村经济得到新发展

近年来，全镇 21 个村的集体经济收入年均增长 10%以上。2021 年，7 个村集体经济收入达 10 万元以上，5 个村获得 50 万元国省项目村的支持，11 个村获得共计 56 万元集体经济奖励资金，完成了 5 个集体经济薄弱村的"消薄"任务。集中优势，打造繁荣商业街；集中资源，投入光伏发电项目和入股农产品公司分红等，让乡村造血能力得到明显提升。

（3）乡村治理构建新格局积极探索

新时代"党建＋基层治理"模式，细化"支部＋片区＋群众"的网格体系，组建"微网格"，引导党组织承担起主体责任，及时化解信访纠纷。新联村创新治理模式，借鉴枫桥经验，打好"四张牌"——感情牌、分离牌、政策牌、法律牌，真正做到了小事不出村、大事不出镇。2021 年，全镇成立党员先锋队、志愿服务队共 23 支，全力以赴攻坚疫苗接种工作。人大代表、商会、企业支部等在党员的带动下积极捐款捐物，广大干部群众积极投身疫情防控一线，形成了联防联控、群防群治的良好局面。

（4）乡村文化引领新风尚

云湖桥镇文化底蕴深厚，不仅是"中华诗词之乡""全国诗教先进单位"，还成立了湖南省首家乡镇文联及湘绮楼诗社，创办了以"宣传方针政策、指导乡村工作、弘扬社会美德、传播科技文化"为目标的专刊——《云湖》，目前，总发行 115 期，得到了人民群众的一致好评。全镇成立了 38 个乡村文化信息共享站点、110 支群众文艺队伍，并结合当地特色，定期举办杨梅采摘节、脐橙文化节等，每年吸引了万余人参加，不仅营造了乡风文明的浓厚氛围，也有力推动了乡村文化与经济发展的互促共进。

2. 乡村基层党组织发挥领导核心作用面临的现实困境

（1）任务繁杂、难见实效

"上面千条线，下面一根针"，党建、社保、国土、计生、民政、环境、调解、统计等工作最后的落脚点都在村级。在调研座谈中，多数乡镇干部表示，村级组织的工作任务过于繁杂，难以干出实效。近年来，疫情防控、居民自建房安全隐患的排查、整治等工作异常紧迫，同时增加专业知识储备的工作也落在了乡村基层党组织的肩膀上。基层工作千头万绪、纷繁复杂，任务太多、覆盖面太广，一方面，使基层工作者长期处于高压紧绷状态，工作效率低下；另一方面，基层组织疲于应付，更容易助长形式主义不良作风。

（2）经济发展存在瓶颈

第一，发展集体经济的主观意识不强。支村"两委"干部守旧的思想明显，缺乏创新意识，对新鲜事物保持怀疑和抵触的态度，没有发展乡村集体经济的闯劲、冲劲和干劲。虽然政策支持、资金扶持和统筹推进力度在不断增大，但是镇域绝大部分集体经济组织仍停留在"保本"阶段，"生蛋"效益不明显，树立典型和示范引领不突出。

第二，发展经济的基础条件相对薄弱。云湖桥各村水、电、路、通信等基础条件薄弱，基础设施建设和公共服务资金缺口普遍较大。村干部纷纷反映，在实际工作中，组织经费难以得到有效保障，支村"两委"经常需要垫付经费，如房屋普查经费、环境整治经费等，基本没有多余的资本和精力用于发展集体经济。

第三，发展经济的人才和技术支撑不够。村干部反映，为推进产业振兴，村民尝试种植辣椒、饲养锦鲤等，但均以失败告终。事实证明，在乡村发展种植业和养殖业必须要有专业技术人员的指导，否则难以收到效益，甚至亏损。

（3）干部结构有待优化

云湖桥镇 21 个村级基层党组织，支委班子人数 112 名，大专以上学历人数占比 48%，35 岁以下人数占比 31%，党组织书记平均年龄 50 岁。其干部队伍存在明显的结构老化、学历偏低的特点，村干部岗位引不进人、留不住人，究其原因有三个方面：一是工资待遇低下。村干部基础工资不高，绩效工资受当地财政情况的影响，得不到保障，仅依靠工资支撑不了整个家庭。二是退休没有保障。村干部不属于职工范畴，享受的社保服务有限，退休后领取的退休补贴对比普通职工退休后领取的职工基本养老保险金差距较大。三是进取机会少。对于年轻干部来说，更广阔的发展空间是他们一致的向往。但是，从支村"两委"干部中选拔公务员和事业编制干部的政策没有得到有效落实，上升渠道不畅通，导致年轻人逐渐丧失了在乡村工作的想法。

（4）群众公信力有待增强

在调研座谈中，有村干部反映，即使平时恪尽职守、任劳任怨，也难以得到广大村民的理解和支持。村务自治确实存在滋生违纪、违法行为的潜在威胁，加之有些基层党组织在深化改革中缺乏系统谋划，抓经济建设时缺乏有效措施，对重点项目建设推进缓慢，对现有村集体资产管理不善等因素，造成乡村集体经济收入微薄，群众收入不高，削弱了乡村基层党组织的号召力和凝聚力，农民群众更多成为乡村振兴的"旁观者"而非"主力军"。

3. 乡村基层党组织发挥领导核心作用的路径

（1）完善工作机制，夯实组织基础

一是科学设定职能职责。要理顺和明晰职责职权，根据县（市、区）和乡（镇）、村的特点，科学制定支村"两委"职责清单。特别是要理顺县（市、区）职能部门和镇、村之间的关系，减少形式主义的工作摊派，避免重复督查和材料报送，减轻基层工作压力。

二是有效保障村级财政。要对村级财政实行专户管理，凡是涉及村级组织的工资绩效、专项行动工作经费等，要做到优先拨付，严禁挪用。各县（市、区）相关部门要对农业、水利、林业、交通等项目经费申报进行科学的资源整合，杜绝越是经济条件落后的村越争取不到项目经费的现象。

三是健全乡村基层党组织监督体系。要在增强村务、党务公开的真实性和时效性的基础上，从内部和外部对乡村基层党组织进行广泛且有效的监督，强化乡村基层党组织的先进性和纯洁性建设。

（2）提高服务能力，夯实群众基础

一是畅通群众利益的表达渠道。坚持以定期走访、谈心谈话、记民情日记等方式，到群众中去，急群众之所急，想群众之所想，切实解决好人民群众关心的热点、难点问题。

二是健全村级管理服务体系。继续探索"党建＋基层治理＋大数据"服务模式，充分运用大数据时代的数字化、智能化管理技术，对村域内的综合治理、服务资讯、疫情防控等管理和服务进行全方位覆盖，要紧紧围绕人民群众在生产、生活等方面的实际需要，将党组织的精神面貌通过具体的服务工作展示出来，从而加强乡村基层多元主体对党组织的拥护。

三是进一步深化乡村民主政治建设。激发当地人民群众作为主人翁改造家园的积极性、主动性和创造性，进一步完善与乡村振兴战略部署相适应的村民自治章程和村规民约，动员乡村的广大人民群众参与自治。

（3）强化经济引领，夯实物质基础

一是着力绘制科学发展蓝图。可聘请具有宏观视野和前瞻意识的经济方面的专家，根据村镇的资源禀赋、人口布局、交通条件等具体情况，因地制宜、因村施策，指导各村制定镇域系统化的村级集体经济发展规划。

二是着力转变经济发展思维。着重从经济职能部门和业务科室中选派人才开展第一书记或驻村工作队活动，指导村级集体经济发展，并大力实施新型职业农民培训工程，加快推进传统农民向知识型、技术型、职业型农民转变。

三是着力为村级集体经济发展松绑。鼓励乡（镇）、村大胆尝试，探索发展集体经济的新思路、新办法。健全、落实容错、纠错和澄清保护机制，对在探索发展集体经济过程中犯错误的干部，只要没有为个人谋私利，就启动容错机制，免予追究责任或者从轻、减轻追究责任。

（4）带好干部队伍，夯实人才基础

第一，创新选人用人机制。多渠道选贤任能，既可以是内选、下派、挂职方式，也可以是退伍军人转业、城乡农民企业主回归，要优先选配作风正派的经济能人进入班子带头担当作为，带动地方发展。

第二，强化教育培训工作。要抓好党员干部的政治理论、政策法规、党性教育的常态化学习，要通过上党课、专题培训、座谈讨论等形式广泛开展普法宣传、社会主义核心价值观教育、农业技能指导等活动，培养造就政治站位高、业务能力强，懂农业、爱乡村、爱农民的高素质工作队伍。

第三，注重培养后备干部。优化人才结构的关键就是后备干部的培养。要定期对接农业乡村局、妇联、团委等相关部门，动态管理村级后备干部人才库。可配套建立村级储备年轻干部激励机制，采取传帮带培养模式，让村级储备年轻干部提前列席村务会议，参与村级事务。要注重把素质好、能力强的先进分子，尤其是有为的创业青年农民发展到党员队伍中来，引导他们成就"大我"，带领乡村人民共同致富。在继续加大大学生村官的选拔、下派力度的同时，强化支村"两委"干部工资待遇和养老保障，落实好从支村"两委"干部中选拔公务员和事业编制的用人机制，提高支村"两委"干部岗位的吸引力。

（5）发展乡村文明，夯实舆论基础

一是注重实际需求，建设符合群众需要的基础设施、场所，并始终做好维护工作。二是丰富乡村文化内涵，创新活动载体。要结合马克思主义中国化最新成果，对乡村红色文化、优秀传统文化的内涵进行深入挖掘。中国共产党党员卢冬生的故居就在云湖桥镇域内，但对其人物和精神的挖掘远远不够。三是加大力度建立文化产业基地，树立乡村文化品牌。云湖桥镇文化旅游资源、线路、元素已基本完整，必须强化村与村之间的带动辐射，凝聚合力打造文化品牌，才能实现传统文化的创造性发展，甚至带来规模的经济效益。

乡村振兴战略实施以来，我们始终坚持党管乡村工作，通过采取一系列战略性举措，实现了乡村产业振兴、人才振兴、文化振兴、生态振兴、组织振兴的一系列突破性进展，取得了全面建成小康社会的标志性成果。

第七章

乡村振兴战略下的乡村旅游规划

乡村振兴战略下，乡村发展需要借助旅游产业的力量，积极发展与完善乡村旅游事业。因为乡村旅游是乡村文化繁荣的新舞台，利用乡村旅游吸引游客来乡村旅游和消费，从而带动乡村经济的发展。本章重点研究乡村振兴战略下的乡村旅游规划。

第一节　乡村旅游及其技术支撑

一、乡村旅游

（一）乡村性

乡村性是游客所关注的、与都市风格不同的旅游资源特质，是吸引游客到来的决定性因素，是乡村旅游市场的卖点。关于乡村性的讨论，主要包括三个讨论点：① 聚落形态：人口密度和住区规模；② 经济状况：土地利用状况，以及农业和林业的地位；③ 社会文化：传统社会结构、社区身份和遗产。

乡村性突出的地区，人口密度很低，居民点规模很小，而且相距很远。这些乡村地区存在着大片自然或半自然状态的荒野以及未开垦的土地，耕地和森林主宰着聚落环境，经济活动以农业和林业为主导。弗林（Flinn，1982）指出了美国三种体现乡村性的传统社会结构：① 小城镇社会：紧密团结，坚信民主，但往往不与自然密切接触；② 农业社会：以家庭农业、农场生活和季节活动为基础；③ 乡村主义者：生活在城镇之外，重视开放空间，尊重自然和自然规律[①]。

鲁滨孙（Robinson，1990）认为乡村性可以在一个滑动的尺度上进行评估，人口稀少的偏远地区是尺度的一个极端，而相反的极端为城市化地区。在这两个极端之间乡村性是渐变的，中间地带为城市最外边缘的郊区[②]。

乡村旅游发生于乡村地区，可以将其归纳为如下几点：① 乡村空间辽阔，拥有自然资源和文化遗产的底蕴，具有传统社会特征；② 乡村建筑和住区通常是小规模的；③ 乡村发展缓慢，因为地理环境、历史文化和经济结构的不同而呈现出多样化的风格。乡村旅游不一定会体现出完全的乡村性特征，因为城乡一体化使有些乡村地区显示出一些城市特征，故有些乡村旅游目的地将会向大型城市度假村转变和发展。

在辽阔的乡村地域，由于远离工业化的浸染和大规模的来客造访，其自然资源和文化遗产的底蕴深厚且保存相对完整。乡村地区人口密度较低，表现出环境宽松、风景宜人、祥和宁静的氛围。由于长期的区位经济弱势，现代科技渗透不充分，都市化的影响较弱，乡村地域往往具有传统社会的特征。由于自然禀赋存在差异、历史发展进程不同、文化积淀形式多样化，乡村社会客观存在差异性和多样性。

"没有城市的城市文明"在美国日益发展，这源于受过教育的、独立工作的或退休的城市居民寻求乡村性而在乡村环境生活。这些新到农村的人们直言不讳地表达了对乡村性保护的意愿，特别关注以农业、林业、公园和小规模定居点为主的景观乡村性。很多农村地区妇女缺少工作机会，而旅游业历来能够为女性劳动力提供较多的就业岗位。因此，对于寻求就业的农村妇女来说，乡村旅游具有特殊的重要性。

乡村是人类早期聚居地，在人类发展史上具有"家"的属性。乡村自然风貌和长期的农业社会活动形成了内涵丰富的旅游资源，即乡村自然资源和乡村人文资源，其所蕴含的乡村性特质，在历史的描述中和人们的脑海中形成概念意象，即乡村意象，它由乡村认知意象和乡村情感意象两部

① 王云才，郭焕成，徐辉林. 乡村旅游规划原理与方法 [M]. 北京：科学出版社，2006.
② 陈慧，马丽卿. 基于游客感知的海岛乡村旅游产品开发研究：以舟山群岛为例 [J]. 农村经济与科技，2017，（5）.

分组成。乡村意象是乡村旅游资源的文化印记和心理共识,是乡村性特质抽象化集成的印象。而乡村意象进一步促成了乡村依恋情怀,即乡村依赖和乡村认同。这种乡村依恋情怀在乡村旅游者的心理活动中形成了旅游需求,进而体现为城市人溯源农耕文化地域、亲缘、血缘关系的旅游动机。

通过上述分析可知,乡村性的保持和提炼对于提升乡村游客原真性体验,促进乡村旅游健康发展具有重要意义。

我国已经完成了脱贫攻坚目标任务,在具有良好的交通条件和旅游资源条件的乡村地区,村民更加关注如何通过乡村旅游阻止返贫,并获得持续的旅游产业收益。都市居民在逆城市化思潮的影响下,更加关注和向往乡村地域良好的自然生态环境,并对其丰厚的历史文化和民俗风情怀有强烈的探究欲望。随着人们可自由支配收入的提高,在感知社会主义新农村崭新面貌的同时,乡村游客对乡村旅游管理水平和服务质量提出了更高的要求。乡村旅游发展将由规模扩张进入质量提升时期,乡村旅游产品能否在质量上满足乡村游客的需要,成为乡村旅游市场竞争的关键点。

(二)乡村旅游资源

旅游业在许多方面都是游客逃避现实的一种手段,大多数游客来自人口稠密的大型聚居地,他们在度假时寻求环境的改变。19 世纪和 20 世纪的快速城市化产生了不同于农村"传统"社会的新社会结构,怀旧和逃避城市压力的动机使城市居民成为乡村旅游的重要客源。乡村"性格"保留了旧的生活方式和思维方式,正是这种残存的特征,加上乡村的风景价值和娱乐机会,吸引了来自城市地区的游客。乡村地区在很大程度上是自然界和野生动物的宝库,对于游客来说,这会给人一种空间的印象,一种传统的非城市、非工业经济的自然环境。世界遗产约 70%分布在乡村地域,在广袤的乡村,动植物种类繁多,自然风光、农业景观和聚落形态各具特色,农耕文化、传统文化、民俗文化和历史文化交相辉映,形成了丰富的乡村旅游资源。乡村旅游资源是发展乡村旅游业的吸引物,是吸引旅游者前来乡村地域进行旅游活动的因素,是乡村旅游供给的核心组成部分,它包括自然资源和人文资源两大类。乡村旅游凭借旅游资源和旅游设施提供旅游服务，具有乡村性的旅游资源、旅游设施和旅游服务是乡村旅游供给的三个重要组成部分。

（三）乡村旅游活动

在城市化问题日益突出的背景下，乡村旅游通常被认为能够满足日益增长的个性化旅游、原真性体验和传统文化认知的需求。教育水平不断提高、健康意识逐渐增强、交通运输的现代化以及乡村旅游设施相对完善等因素也促进了乡村旅游活动广泛开展，而乡村旅游的发展又对乡村地区社会、经济和文化的发展产生了积极影响。

尼尔森（Nilsson，2002）认为：乡村旅游包含多方面活动，农庄旅游是典型的乡村旅游[①]。莱恩（Lane，1994）指出：农业旅游（Agritourism）和农庄旅游（Farm Tourism）是乡村旅游（Rural Tourism）的重要组成部分，在欧洲德语区很多地方发展得很成功，受到农业部门和学术界的极大重视。在已面世的乡村旅游文献中，农业旅游和农庄旅游成为最大的、独特的分支[②]。

乡村旅游活动形式多样，除农业旅游和农庄旅游外，还包括生态旅游、康养旅游、体育旅游、研学旅游、艺术和遗产旅游。在民族地区，民族风情旅游成为游客关注的重点。和平、宁静和放松的乡村环境对乡村游客具有重要的意义。莱恩（Lane，1994）将假日活动分为三种，即典型的城市活动和度假活动、混合型假日活动、典型的乡村假日活动。

典型的城市活动和度假活动包括：城市观光；购物；高强度海滩度假；高强度下坡滑雪；城市遗产和文化假日活动；动物园游乐；健康度假；工业旅游；大型会展旅游；娱乐和赌博（部分西方国家）；度假胜地活动；基于人工设施的大型体育赛事旅游。

混合型假日活动包括：游泳；低等或中等强度海滩度假；中等强度下坡滑雪；需要半自然环境下人工设施的运动，如打高尔夫球；烹饪和美食旅游；公众假期活动；环境保护假日活动；教育假期活动；文化节日活动；

---

① 王云才，郭焕成，徐辉林. 乡村旅游规划原理与方法 [M]. 北京：科学出版社，2006.
② 同上.

行业假期活动；露营；观光和旅游；中小型会展活动；航行和巡航；海上垂钓。

典型的乡村假日活动可细分为：步行；攀登；探险；划船；漂流；越野滑雪；雪地旅游；低强度下坡滑雪；户外环境中的自然研究，包括观鸟和摄影等；狩猎；自行车旅游；骑马；景观欣赏；农村遗产研究；小城镇和村庄旅游；需要乡村环境的假日休闲；小型会议；农村节庆；垂钓；需要自然环境的体育活动。

佩拉莱斯（Perales，2002）认为，乡村旅游活动可划分为传统乡村旅游和现代乡村旅游两大类。工业革命以后的传统乡村旅游，主要表现为有乡村居所或亲缘关系的城市居民回家度假，也包括其他城市居民的乡村休假和康养。传统乡村旅游季节性强，开展的时间多集中在假日，没能给乡村地区带来市场规模效益和更多的就业机会[1]。20 世纪 80 年代在西方社会兴起的现代乡村旅游，表现出与传统乡村旅游较大的差异，乡村游客的造访时间不仅分布在假期和夏季，而且近郊短途乡村旅游快速发展。现代乡村游客具有崭新的形象，他们追求环境质量和原真性，更深入地利用景观、环境、自然和建筑资源；不仅给乡村地域增加了财政收入，还创造了就业机会，给当地疲软的传统经济注入了新的活力。

乡村旅游活动还可以划分为景观游和乡村文化旅游两类。乡村景观游的游客以欣赏乡村的自然风貌、聚落形态、农业景观和田园风光为旅游目的，乡村文化旅游的游客以探索乡村农耕文化、民俗文化和历史文化为旅游目的。

二、乡村旅游发展的技术支撑

网络技术的发展与营销手段的更新，使智慧旅游到来。基于这一时代背景，要想使乡村旅游可以长足发展，需要建构网络信息平台，以便收集相关信息，对乡村旅游的发展进行评价与反馈。乡村旅游的提档升级迫切需要智慧旅游的支撑，智慧旅游应用于乡村旅游是一种必然趋势。

---

① 李丽娜. 生态观光茶园对产茶区乡村旅游发展的推动作用 [J]. 农业考古，2013，（5）.

（一）乡村智慧旅游职能划分

乡村智慧旅游的职能可划分为乡村智慧旅游政务、乡村智慧旅游管理、乡村智慧旅游营销和乡村智慧旅游服务四大职能，并可根据其概念内涵进行更为细致的职能划分，以建立完善、高效与便捷的乡村智慧旅游体系。乡村智慧旅游政务关注行政管理单位与乡村旅游企业之间的信息交流，以有效提升乡村旅游主管部门的宏观管控能力。乡村智慧旅游管理关注如何提高旅游企业管理信息化水平，乡村智慧旅游营销建设则关注如何有效促进旅游宣传与市场开拓，而乡村智慧旅游服务建设关注如何提升服务质量。

乡村智慧旅游政务以信息通信技术为支撑，将区域内乡村旅游企业发展纳入信息化管理范畴，将办公、教育、监督、分析、评价及指挥功能集于一体，打破了各自为政和条块分割的局面，从宏观管理层面对乡村旅游产业发展进行监控与指导，能够实现跨部门协调并促进全域乡村旅游的发展。

乡村智慧旅游平台将电子政务专网与各级行政单位和经营单位进行连接，应用主体可通过网络访问业务应用系统。应用主体不需要单独的服务器系统，可根据分级权限来访问与使用乡村智慧旅游平台。乡村智慧旅游平台建立覆盖全时段全方位的精确、便捷、高效、可视的管理体系，全面掌握乡村旅游企业的经营状况，主动获取乡村游客信息，形成游客数据积累和分析体系，全面了解乡村旅游市场需求的变化，为乡村旅游发展的科学决策和科学管理提供依据。

（二）乡村智慧旅游技术应用

1. 乡村智慧旅游体系构建

从以往旅游信息化建设过程来看，我们走过许多弯路。比如，县级市构建的智慧旅游平台，由于体量过小，聚合度较低，加之费用有限、入不敷出，无法维持正常的运营，在硬件投资与软件开发方面造成了巨大的浪费。目前来看，智慧旅游平台建设限于省级以上区域是恰当的，具有较好的资源整合能力，能够充分发挥智慧旅游的职能功效。乡村智慧旅游建设是否有必要投资建立独立体系？笔者认为，乡村智慧旅游职能是基于智慧旅游平台人为划分的，乡村智慧旅游建设没有必要建立独立体系。我们只需在省级智慧旅游平台的框架中将数据库的内容设置相应的乡村旅游标签，将乡村智慧旅游体系从省级智慧旅游平台中抽取出来，即可让其单独发挥作用，实现乡村智慧旅游的职能功效，而省级智慧旅游平台建设最适用的信息技术就是SaaS[①]。

SaaS 是 Software as a Service（软件即服务）的简称。以基于 SaaS 的省级智慧旅游平台为基础，在数据库中添加乡村旅游的标签，在操作界面设计一个省级乡村智慧旅游的智能应用体系，就可以开发出一个能够满足省域内绝大多数乡村旅游业务需求的通用信息系统，可达到以最少的资金投入形成乡村智慧旅游体系的目的。省级乡村智慧旅游体系的数据库是省级智慧旅游平台的一个有机组成部分，通过"乡村旅游"的标签进行数据提取之后，省级智慧旅游平台原有的四大职能，即智慧旅游政务、智慧旅游管理、智慧旅游营销与智慧旅游服务的操作界面就可以对应地转换为乡村智慧旅游四大职能的操作界面。省级乡村智慧旅游体系是一个功能齐全的通用模板系统，可以提供给多个不同行政级别的乡村旅游企业和管理部门重复使用。该系统具有乡村智慧旅游职能细分的可配置性，系统中的有些功能对某些用户来说可能是不需要的，不同的用户可以根据自身需要来定制或选择所需要的应用功能。

基于 SaaS 的乡村智慧旅游体系应具有强大的统计功能。在科学制定全省乡村旅游发展评价指标体系的基础上，乡村智慧旅游政务职能建设应明确要求各级用户及时上报统计数据，这样既可以对全省、各市和各县的乡村旅游经济数据进行汇总，也可以对各类型乡村旅游企业经济数据进行归类分析。

2. 全国智慧旅游平台的应用

基于 SaaS 的省级乡村智慧旅游体系要完全实现四大职能尚需要借助全国性智慧旅游平台的辅助。以营销职能的在线交易为例，利用全国知名的分销中介平台更容易促成交易；使用基于 GPS 的电子地图 App，则可以顺利完

---

① 葛亚宁. 海南省乡村旅游游客体验感及影响因素研究［D］. 海口：海南大学，2018.

成旅游交通导航。

由于交通运输的现代化及私家车拥有量的不断提高，自助游客成为乡村旅游市场的主力军。目前自助游客经常使用的全国智慧旅游平台主要是旅游OTA形式，诸如携程、美团、大众点评，其服务涵盖了食、住、行、游、购、娱六方面旅游产品的预订与O2O销售。百度地图从最初的导航App发展成为一个新型的OTA软件。百度地图发现周边的功能可以查询到周边的六要素旅游产品，还可筛选与排序，并且实现了酒店预订功能。电子地图App在定位功能上依赖于GPS或者北斗导航定位技术，要求定位点有明确的坐标，如果坐标上传者附上坐标点企业的详细资料，比如餐馆的介绍与图片，那么电子地图App也会全部展示。而且消费者可以在网上发表评价与图片，成为人们的消费参考。所有的OTA无一例外地都嵌入了电子地图，以帮助消费者进行定位。故实现乡村智慧旅游的职能，上传地理坐标并完善乡村旅游企业推介的文字与图片，显得尤为重要。

关于是否需要建设省级OTA一直存有争议，笔者认为目前尚无必要。因为游客已经形成了借助全国知名OTA制订旅游计划与实施旅游消费的习惯，而且建设省级OTA需要完善其电子商务功能，需要建立呼叫中心来进行人工仲裁与辅助，运营成本太高。再者，省级OTA不如全国知名OTA运营专业且有规模效益，对于运营人才的吸引力也有限。故开展乡村智慧旅游建设，要在完善智慧管理的基础上树立品牌形象，再入驻知名OTA开展O2O交易，才可以有效开展智慧营销。

关于是否需要建设省级电子商务平台来销售土特产品，也一直存有争议，笔者认为也无必要，除上述原因之外，实物性电子商务的开展需要第三方支付平台实现悬挂支付，以此保障顾客的利益。开通第三方支付相对容易，比如支付宝可以开放接口，但是店小二的仲裁机制在没有规模效益的前提下难以维系。我们可以看到，平遥牛肉在淘宝上的销售情况非常好，所谓好产品遇到好平台，智慧营销水到渠成。

相对城市公交，乡村旅游交通多有不便，许多乡村游客担心等不到或者错过旅游班车，草草结束行程去候车，不能够充分利用时间。"车来了""等车来"和"车等我"公交等车软件为乡村智慧旅游的交通服务提供了提升客户体验的机会。

3. 乡村景区的信息化建设

基于 SaaS 的省级乡村智慧旅游体系实质是政府主导的管控平台，它以一套软件满足了多层级多用户需求，且能不断开发新功能。这种多用户租用共享平台的模式无疑为市县级用户节省了机房建设和软件购买的费用。但是，乡村旅游企业的信息化建设仍然需要购置智能设施和配套软件。餐饮企业的智能设施投资较少，比如物理的电子平板菜单已经可以被微信电子菜单这样的小程序所取代，而其智能营销与智能服务较多依靠外部中介平台，如美团团购与外卖、百度周边服务与外卖。但是乡村景区的信息化建设则要耗费大量资金来购买信息设备并开发集成软件。

乡村景区信息化建设需要把物联网技术、电子通信技术与景区经营管理服务相结合，统筹和规范景区信息的收集、处理和应用，整合资源、信息共享，建立功能强大的旅游资源保护系统、信息服务与管理系统，为游客提供及时准确的信息服务，为景区管理、服务、资源保护提供决策支持数据，以实现景区数字化管理下的可持续发展。具体内容包括办公自动化、营销网络化、即时全区监控、电子门禁管理、电子客服信息系统、安全报警与求助系统。乡村景区信息化系统结构可分为两个层次：基础平台层和应用系统层；三个方面：资源保护数字化、管理运营智能化和产业整合网络化。基础平台层包括基础设施（电力、网络）、系统数据库、数据安全容灾设施和“3S”技术支持。应用系统层交叉涵盖了资源保护数字化的环境监测系统与智能监测系统，以及管理运营智能化的办公自动化系统、多媒体展示系统、车辆调度系统、门禁票务系统与电子商务系统等。资源保护数字化的各系统，与运营智能化的各系统发生交互，形成了产业网络整合化的决策，用以动态调整商业协同的相关问题。

乡村景区信息化建设工作不可能一蹴而就，应分步完成。第一步，根据规划蓝图，确立调整性差的硬件建设，完成供电设施与网络系统的建设。网络光缆的铺设要设置线缆专用渠道，以便二次修缮加装时方便揭盖工作。第二步，建设 RS 采集点、门禁系统、多媒体展示系统、LED 告示牌。第三步，架设服务器与电脑终端，调试 3S 系统、CRM 系统、门禁系统软件。至此一个景区的信息化系统建设便具备了雏形。

乡村信息化建设取得的成就为进一步开展乡村智慧旅游建设，驱动乡村旅游业转型升级创造了条件。但是我们也要清楚地认识到，乡村智慧旅游的职能功效只有在完善基础设施、改善乡村可进入性的基础上才有可能进一步发挥其重要作用。

第二节　乡村旅游规划体系的构建

一、乡村旅游规划

（一）乡村旅游规划的界定

旅游规划主要是根据乡村地区在其发展规律上的特点和其市场本身特点的不同从而实现对其目标的制订，为了实现这一目标，在旅游要素上进行具体安排和统筹部署。

乡村旅游是一种旅游所具有的特殊方式，在其规划上应该是顺应潮流并且顺其自然的，这样不仅能吸引游客，保留乡村地区本来的生活方式，保证当地居民在其中能收获到一定的利益。就现阶段而言，我国乡村旅游规划还处于起步阶段，主要是进行编制工作和开发性研究。

（二）乡村旅游规划的基本理论

1. 区域经济学理论

（1）区位理论

区位指的是人类行为活动的空间，它是交通地理环境、经济地理环境、自然地理环境有机结合于空间地域的具体体现。区位理论是对地理空间影响各种经济活动分布与区位的说明探讨，它是对生产力空间组织进行研究的学说，其研究实质是产生的最佳布局问题，也就怎样通过提高布局的科学性、合理性来实现生产效率的提高。最初，区位理论大多应用于城市区域优势、经济区划、交通网络、城市体系、厂址选址、城乡土地利用等方面，会对投资者与使用者的区位选择造成影响。一般而言，在选择区位时，投资者与使用者会尽量选择低成本的区位，也就是在保证需求的基础上尽量选择地租及其成本综合最低的地点。

（2）区位理论在旅游规划中的应用

根据空间区域范围，具体的旅游活动是区位理论在旅游规划中应用的主要体现，区域、旅游地、旅游点这三个旅游活动的层次与旅游规划中的区域旅游规划、旅游地规划、旅游点规划这三个层次相对应。但是，旅游规划的空间范围不论是一个区域、一个旅游地，还是一个旅游点，区位对旅游规划产生的作用的表现都是通过区位因子的，这些因子主要包括社会、经济、人力、市场、交通、资源、自然等。在进行旅游规划的过程中，应努力寻求整体优势与区位优势，因为区位的好与坏能够在很大程度上决定游客进入旅游地的便捷性，同时影响旅游地的游客容量与游戏市场的大小，继而影响游客的访问量，以及旅游经济效益的高低。想要提高或发挥区位优势，旅游规划者在旅游规划的过程中应注重景点场所与旅游设施的选择，尽量提高游客的便捷性，让游客在旅游中缓解压力、放松心情，同时注意土地的有效利用与资源的有效保护，为旅游设施场所的选择与旅游产业布局提供保障。

区位理论对旅游发展战略的制定具有重要指导意义。区位条件的好坏直接影响旅游者旅游的方便程度、旅游市场规模和可进入性，从而决定了旅游开发建设的力度和旅游经济效益的大小。

区位理论在旅游规划中应用的首要问题就是如何界定旅游中心地，事实上，在一定的旅游区域范围内，旅游中心地是必然存在的。同时，这一旅游中心地在空间上会与周边旅游地之间存在信息服务、接待服务等关于旅游活动的联系，从而形成围绕旅游中心地的旅游地系统。受到地域规模的影响，不同的旅游地系统会有不同级别的旅游地中心、不同的市场范围以及不同的旅游中心的均衡布局模式。

在界定旅游中心地方面，可将一定的标准作为依据，并进行判断，得出某一旅游中心地是否在该地区范围内。比如，某旅游地人均旅游收入在周边地区人均收入的占比较高；某旅游地推出的旅游服务或产品会被周边地区的大量客源市场所消费等。一般而言，旅游中心不仅有极为发达的交通，还会有内容丰富的旅游资源，因为这两个条件是成为旅游中心地的基本与必备条件。

旅游中心地的市场范围不是模糊的，是可以通过大致判断得出的。通常情况下，随着旅游地资源吸引力程度的不断提高，旅游地的影响范围会不断扩大。当然，旅游地的影响范围不仅受旅游资源的影响，还会受旅游中心的市场范围与旅游产业配套服务设施不同程度的影响。总体而言，旅游中心地的市场范围是有上限与下限的，即使多么受欢迎的旅游中心地，其承受能力始终有一个界限。

旅游中心地的市场范围上限，即由旅游业的生态环境、旅游业的经济容量与社会容量、旅游资源的吸引力共同决定的接待游客数量与客源市场范围。需要指出的是，上限值应在上述变量中的最小值以内。

对于旅游中心地的市场范围下限，可以采用克里斯泰勒理论进行表述。在克里斯泰勒理论中，有"门槛值"这一概念，即提供一定服务或生产一定产品所必需的最小需求量。这一概念同样适用于旅游地的研究，也就是旅游地必须提供最小需求量的旅游服务与旅游产品。

之所以在旅游规划的过程中需要考虑关于旅游产品开发的需求"门槛"问题，是因为只有通过投入大量的人力、物力、财力才能进行旅游产品的开发与推广，当市场对旅游产品的需求较低，进而导致经济效益下滑时，旅游区是难以实现规模化经营的，并且旅游活动成本会有所增加。在旅游产品成本的影响下，人们对旅游的需求会逐渐降低，最终造成恶性循环。

受旅游地市场范围的影响，旅游地中心会有不同的等级划分。一般而言，高级旅游中心地指的是提供的旅游服务能够通过吸引将市场范围提高相当大程度的旅游地点，而低级的旅游中心地能够提供的旅游服务的市场范围较小，相比高级旅游中心地的吸引力较低。具体而言，高级旅游中心地提供的服务与产品具有质量好、品种全、功能多、档次高等特征，虽然价值相对较高，但也是在大多数人可承受的范围内，而低级的旅游中心恰恰相反，所提供的服务与产品在质量、品种、功能、档次等方面都与高级旅游中心的有一定差距，但胜在价格低廉。

高级旅游中心地与低级旅游中心地的服务职能是有差距的，同时由于不同的旅游中心地有不同的市场范围，就出现了一个地域范围可能有多个旅游中心地的问题，即旅游中心地的布局问题。怎样通过合理布局促进区域旅游在各个旅游中心地的协调配合下获得持续发展，是布局模式研究的重要课题之一。20世纪30年代，克里斯塔勒曾提出中心地理论①，他认为，如果一个地区的市场作用明显，对于中心地的分布应以便于物质上的销售与服务为基本原则，也就是促进合理市场区域的形成。一般而言，通过市场最优原则的中心地分布，高级中心地提供服务的能力是低级中心地的三倍。根据国内的相关实践研究，这种布局模式同样适用于区域旅游市场。在区域旅游中心地体系中，任何一个高级中心地都可以适当包含一个或几个低级、中级的中心地。

2. 集聚经济理论

根据集聚经济理论，当产业在地理上发展有效集中程度时，能够获得集聚经济效益。在社会经济发展的过程中，生产方面或分配方面有着较为密切的联系，通过将指向相同的产业以合理的比例布局在特定的区域中，随着这一区域优势的提高，有助于区域生产系统的形成。在区域生产系统内，由于企业与企业之间具有较高的关联性，通过相互作用，各个企业的外部发展环境都会得到不同程度的改变，并因此获得更好的发展。

对于一些著名的旅游区，虽然自身资源的价值较高，但可能受到游玩时间短、面积小、个体小等因素的影响，对游客的吸引力不高。这时就要联合周边旅游地或旅游点，通过共同的开发建设，提高整体性，以提高对游客的吸引力，最终形成集聚经济效益。一般而言，旅游集中发展的地区不仅能够提供多种旅游服务，还能提供较多游览、观光、娱乐的地点，并且土地利用率较高，土地的价值能够充分发挥出来。总之，旅游产业聚集布局产生的效益主要表现在以下五个方面。

第一，旅游产业集中布局会提高吸引物的多样性，游客会因此有更长的滞留时间，进而提高旅游服务部分的经济效益。同时，能够提高区域旅游经济增长的稳定性，并且有助于大型或综合性旅游产品的形成。

第二，旅游产业集中布局可以提高基础设施的有效使用程度，达到降低成本的目的。随着旅游业的不断深化发展与国民经济的不断提高，旅游市场

---

① 中心地理论：是由德国城市地理学家克里斯塔勒和德国经济学家廖什分别于1933年和1940年提出的，20世纪50年代起开始流行于英语国家，之后传播到其他国家，被认为是20世纪人文地理学最重要的贡献之一，它是研究城市群和城市化的基础理论之一，也是西方马克思主义地理学的建立基础之一。

规模越来越大，关于旅游的项目、商铺等能够更好地生存并发展。根据实际情况，在消费者充足的前提下，如果宾馆、饭店等相邻布局，更易于形成市场规模营销优势。

第三，旅游产业集中布局能够提高旅游业相关设施的规整性，不仅在一定程度上保证了自然景观的自然性不受干扰，而且有助于形成主体形象，能够更好地在促销活动中获得规模效应。

第四，旅游产业集中布局，便于对污染物进行集中处理，使旅游环境得到更好的保护，免遭因意外情况造成的破坏。

第五，旅游产业集中布局，在使用旅游基础设施的过程中，不仅方便了游客，而且让当地人从中受益。当地人在使用基础设施的同时，能够提高与游客交流的便捷性，通过相互之间的交流，游客能够加深对当地文化的认识，受到更多的吸引。

需要指出的是，事物的发展是需要通过不断实践的，在对旅游产业进行具体规划的过程中，采取中心布局或是分散布局，都需要以旅游承载力为前提与基础，并充分考虑社会承载力、自然资源承载力、管理承载力等。当旅游产业集中时，虽然会产生集聚经济效益，促进旅游业的发展，但也会因"集聚"导致交通拥挤、供水不足、供电不足、土地价值上涨、环境污染加剧等各种问题的发生。因此，需要提前对旅游产业进行合理规划与布局，以最大限度地避免各种消极实践的涌现，在获取集聚经济效益的同时，为当地旅游环境建设出一份力。

二、乡村旅游开发的类型

（一）景区依托型

具有市场规模的成熟景区是旅游业发展的亮点，周边乡村依托其客源市场的多样化需求，开展相关旅游服务供给，形成景区依托型的乡村旅游开发模式。农家乐是最为典型的景区依托型乡村旅游发展模式。景区依托型乡村旅游依托景区的旅游资源吸引力、品牌形象、交通网络、旅游线路和规模市场，提供餐饮、住宿、交通、向导、购物和休闲娱乐服务，以多样化服务、灵活的经营方式和弹性的价格机制获得了乡村游客的青睐，带动了乡村经济的发展。在景区开发的带动下，周边从事乡村旅游的民众往往具有较强的旅游服务意识和旅游职业认同。随着乡村旅游管理水平日渐提高，景区依托型乡村旅游业逐步认识到科学规划的重要性，将自身的发展与景区的发展密切联系起来，制定了乡村旅游发展规划，与景区开发协同发展。景区在景观建设和交通设施上的刚性投资较多，但鉴于淡旺季的客观存在，游客流量具有不稳定性，在住宿与餐饮上的投资具有均衡性，以防止淡季的供给闲置。在景区经营的旺季，旅游供给的不足往往由周边乡村旅游来弥补。景区依托型乡村旅游的田园风光和民俗风情也往往是景区所不具备的，于是在旅游供给方面与景区形成了产品互补关系，因需求的存在而进一步发展。

（二）偏远地区型

偏远地区型乡村旅游即远离都市的偏远乡村地区利用旅游资源的原真性和特殊性开展旅游业务，并与国家旅游扶贫政策相耦合的乡村旅游开发模式。这种类型的乡村旅游大多区位偏远，交通条件不便。由于历史上长期的经济弱势，人口密度极低，外来访客较少，也正因为如此，这些地域生态资源无破坏、人文资源无干扰，自然景观壮美辽阔，乡风民俗保持了古朴气息和文化底蕴，对于那些逆城市化的践行者和热衷于异地异质文化的探寻者来说，具有一定的吸引力。加之国家产业扶贫政策的介入，这些地区的交通条件和基础设施建设逐步完善，形成了初步的旅游接待条件。偏远乡村地区可以利用古村落、古建筑、民俗风情、红色遗迹、历史遗址、田园风光、青山绿水和现代扶贫产业，把旅游与农业、体育、研学活动相融合，开展田园旅游、休闲农业、体育旅游、民俗旅游和研学旅游活动，形成农家乐、家庭农场和休闲农庄等多种旅游业态。大力开发绿色农产品与当地非物质文化遗产为特色的文创衍生品，让乡村旅游产品成为当地乡村风物的展示台，有效提高当地村民收入。在目的地建设的策略层面上，应当把田园理想和社区建设相融合，构建"居民空间＋商业空间＋休闲空间"，留住乡愁、惠及民生、构建美丽、创造幸福，推进乡村振兴。

第三节 乡村旅游的高质量发展

一、乡村旅游高质量发展与乡村振兴

（一）乡村旅游高质量发展有利于实现乡村产业振兴

农村经济社会发展之所以落后，一个重要的原因就是缺乏产业支撑。旅游业具有显著的经济乘数效应，对相关产业的带动十分明显。乡村依托自身的地理、资源优势，积极发展乡村旅游业，是实现乡村产业振兴的重要途径。乡村旅游业作为扶贫产业、美丽产业、幸福产业，能够对乡村产业振兴起到引擎作用。乡村旅游高质量发展促进三大产业融合发展，拓展农产品产业链和供应链，鼓励农民参与农产品开发、生产和销售，组织农民技能培训和科技学习，激励农民修缮民居和开办民宿旅馆和土菜馆，让农民生产生活就地商品化，有效优化了乡村产业结构，延长了传统农产品产业链，增加了农产品附加值。

（二）乡村旅游高质量发展有利于实现乡村人才振兴

近年来，随着我国城镇化建设的脚步加快，农村人口大量向城市流动、转移甚至定居，农村"空心化"的现象日益严重。依托乡村旅游高质量发展，有力地推动了乡村的人才振兴。一方面，乡村旅游的发展让很多有着乡土情结且具备一定专业知识或技能的中青年人才回到自己的故土进行创业，进一步凝聚了乡村人气，汇聚了产业发展急需的人力资源，给乡村的发展带来了生机和活力，同时也有利于乡村家庭的和谐稳定、有利于乡村儿童的健康成长，为乡村未来的人才振兴奠定了现实基础。另一方面，通过发展乡村旅游，乡村居民扩大了与外界的交流，增长了见识、开阔了眼界，同时在提升乡村旅游服务与经营管理水平的过程中不断迫使自己提高能力和素质，使得乡村在很大程度上实现了人才振兴。

（三）乡村旅游高质量发展有利于实现乡村文化振兴

我国的很多世界文化遗产、非物质文化遗产都根植于乡村社会，是我国宝贵的精神财富。乡村旅游高质量发展通过不断地挖掘和展示当地农耕、村俗、服饰、餐饮、宗祠、建筑等优秀民俗和地域文化，不仅可以让本地居民更加了解和熟悉先辈创造的悠久历史文明，增强他们的地方自豪感和民族认同感，还可以更好地传承、宣传和保护优秀历史文化。此外，乡村旅游高质量发展有利于加强城乡文化交流，改变乡村居民落后的观念，通过城市居民的参与活动，可以把先进的理念、知识、科技带到乡村，促进乡村居民打破保守思想的束缚，乡村和城市两种社会形态和文化形态实现了碰撞和交融。因此，乡村旅游的开展将乡村纳入到更加开放、创新的社会发展大潮中，有利于乡村的文化振兴。

（四）乡村旅游高质量发展有利于实现乡村生态振兴

乡村优美的生态环境是发展乡村旅游的核心竞争力。乡村旅游的开发直接促进了乡村生态环境的保护。发展乡村旅游必然要对乡村的基础设施和周边环境进行改造、整治，尤其是对乡村道路景观、垃圾处理站、公共厕所、网络通信等进行专项治理，切实解决乡村"脏、乱、差"的环境顽疾，才能吸引城市游客，客观上直接改善了乡村的生态环境。同时，村民在获得乡村旅游经济效益之后，就会从主观上意识到保护自然生态环境的重要性并将其付诸实际行动，以便持续受益。久而久之，这种客观上的被动整治和主观上的刻意保护会在极大程度上实现乡村的生态振兴。

（五）乡村旅游高质量发展有利于实现乡村组织振兴

发展乡村旅游必须依靠一定的组织把人力、物力、财力积聚起来，合理调配资源，发挥协同效应，才能把乡村优质的自然、人文旅游资源转化为经济、社会、文化效益。在乡村旅游高质量发展的过程中促进了乡村相关组织的振兴。一是有利于基层党组织的振兴。基层党组织是乡村旅游发展中的组织堡垒，是乡村社会的中具有较高政治觉悟、较强业务能力、较强奉献意识的"关键少数"，在乡村群众中有较高的影响力和号召力。因此，乡村旅游高质量发展一方面需要基层党组织的帮扶，另一方面也反过来极大地历练和激发了基层党组织，使得基层党组织的组织活力、治理效率得到显著提升。二是有利于各类经济组织的振兴。发展乡村旅游有利于壮大集体经济力量，助推集体经济的发展，加快土地流转，推动集约化、规模化经营；发展乡村旅游还有利于推动乡村旅游专业合作社的形成和发展，促进乡村旅游行业组织的建设、规范、壮大。

二、乡村旅游高质量发展的常见模式

（一）需求拉动型模式

1. 背景

随着城市化进程的推进，城市覆盖范围越来越广，越来越多的人涌入城市寻求发展，城市的居住环境恶化，狭窄的居住环境、拥挤的街道、雾霾、节假日人流高峰、工业化食品等，这些都与人们对美好生活追求的愿望背道而驰，寻求一方净土成为人们的迫切需求。人们的消费水平不断提高，旅游观念也在不断转变，旅游需求更是呈现多元化、个性化。当一次次难得节假日出游变成摩肩接踵的看人海模式，传统的热门旅游地不再是游客的首选。人们看惯了城市高楼大厦、钢筋水泥、瓷砖玻璃等这样千篇一律的城市景观，开始寻找充满特色的小众景点。乡村的优质环境以及田间小路、小筑庭院、成片的田野等特色景观，满足了城市人们寻求净土和"求新求异"的需求，成为旅游的首选。此外，抛开以上现实层面的需求，从精神层面而言，当下人们生活在高压、快节奏、高竞争的环境之下，"内卷""社畜"等词便反映了这一社会现象，乡村远离喧嚣，犹如陶渊明笔下的桃花源，乡村生活成为人们的理想生活，乡村成为人们释放压力、寻找初心、短暂逃离现实的选择。

2. 典型案例

北京作为我国首都，市周边就产生了许多由游客需求引导的乡村旅游目的地，以北京市昌平区长陵镇中部的康陵村为例。康陵村地处北京市昌平区十三陵镇西北部，耕地面积 324 亩，山场面积 1 525 亩，植被茂密。村民以林果业为主，主要生产柿子、梨、苹果、桃、杏、枣等干鲜果品。康陵村四季分明，自然环境优美，春天桃花杏花争相开放，夏秋两季百果飘香，冬季雪花青松映衬红墙黄瓦，村貌奇特，民风淳朴，历史悠久，享有全国生态文化村、中国美丽休闲乡村等称号[①]。

　　康陵村靠近十三陵旅游区，距昌平 20 公里，东临 108 国道，距离北京市区仅 45 公里，位于京郊一小时旅游圈范围内，交通便利，耗时短，成为北京市民周末休闲度假的良好选择。康陵村的游客近七成游客为北京本地人，另外三层为游览十三陵的过境游客，可见北京市为其主要客源市场。康陵村在发展林果业的同时也不断发展民俗旅游业，目前，康陵村以民俗旅游和林果业为主导产业，将传统种植农业变为体验休闲产业，能提供各种应时的野菜以及农家饭菜，开展包含酸梨、柿子、李子等各类优良水果在内的优质观光农业采摘，已形成了种植业、养殖、绿色消费、休闲观光旅游和新型生态村于一体的农业综合产业园区，可以满足广大城市居民体验农村生活的多元文化旅游需求，春饼宴更是成了康陵村民俗旅游的金字招牌。此外，康陵村的整体环境提升改造工程已全部竣工，路面得到升级，旅游厕所、停车场等基础设施不断完善，是北京市首个高德地图"乡村旅游标注村"，旅游接待能力也大幅提升。经过多年的发展，康陵村旅游收入不断增加，从原来的三万元到突破一千万元，实现京郊低收入村、低收入户致富增收，村民的生活水平显著提高，生活幸福指数提升，村民从旅游经营中获得了丰厚的回报。

3. 模式解析

（1）模式内涵

　　需求推动型模式是指以人们的旅游需求为主并在政府适当的管控下开发乡村旅游产品，推动乡村旅游的发展，使乡村通过旅游获益（图 7-1）。其中，人们的旅游需求是多种多样的，受休闲观光、求新求异、返璞归真等多种旅游动机的影响。需求推动型模式中，乡村旅游目的地背靠庞大的客源市场，客源市场的乡村旅游需求对乡村旅游的发展起主导作用，引领着乡村旅游的产品开发方向，随着旅游需求层次的不断递进，旅游产品不断升级，乡村旅游发展的质量水平也不断提升，政府管控作为保障因素存在。

---

① 吴颖林. 乡村旅游发展模式比较研究［J］. 合作经济与科技，2019（18）.

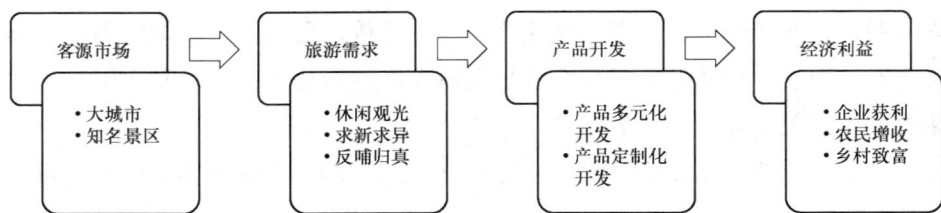

图 7-1　需求拉动模式

（2）关键因素

需求推动型模式作为乡村旅游高质量发展模式之一，以下四个因素至关重要。

① 客源市场。充足的客源市场能够提供强大的需求拉动力。客源主要由大城市和知名景区两方面，并依靠便利的交通条件作为保障。一是依托大城市保障客源。数量上，第七次全国人口普查数据显示，城镇人口占总人口的比例为 63.89%，一、二线城市更是乡村旅游客源的重要组成部分（图 7-2），占比高达 70%。需求上，城市人口受生活压力、环境污染等多重因素的影响，更具备乡村旅游的动机。自 2020 年开始，新冠疫情蔓延，跨省熔断机制下，微旅游日渐火爆，成为城市人的热门选择，从而推动了城市周边乡村旅游的发展。北京蟹岛便是依托北京这一国际都市的客源发展乡村旅游。二是依托知名景区保障客源。知名成熟的景区具有强大且经久不衰的核心吸引力，具备广阔的市场，人流充足，周边乡村地区往往借助这一优势发展乡村旅游。

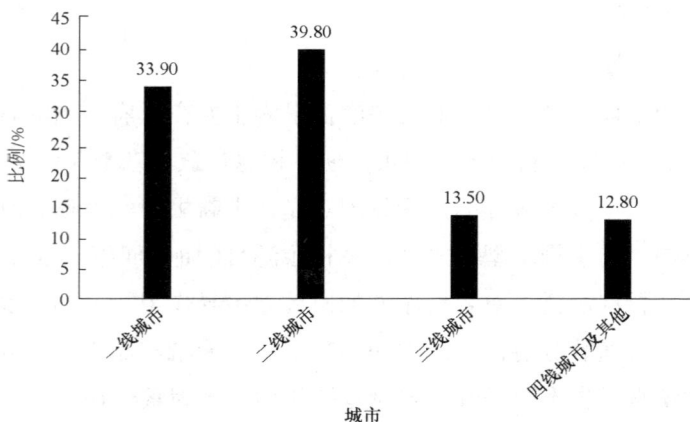

图 7-2　乡村旅游客源城市分布占比

鄱阳县礼恭脑村便是依托鄱阳湖湿地公园发展乡村旅游。此外，依托大城市或者景区发展乡村旅游还需依靠交通进行保障，交通影响着乡村旅游目的地的可进入性，旅游目的地与城市或景区之间的交通通达度高的地方往往能获得更多的客源。

②　旅游需求。旅游需求作为乡村旅游目的地的主导，影响着旅游目的地的产品打造，乡村旅游消费需求主要分为物质性需求、体验性需求和精神性需求三类。物质性需求往往通过乡村自然资源和农业生产可以得到满足；体验性需求下催生了农事体验、民俗手工艺品制作等产品，强调游客的参与感；精神性需求侧重自我满足和实现，侧重文化旅游、乡音情结、研学等。此外，旅游需求的改变和升级促使旅游目的地在产品和服务上也不断改变和创新，现阶段物质性需求类的产品已不再是游客的首选，游客更倾向于体验类产品，满足精神需求类的产品作为自我实现层面的存在也越来越受到消费者青睐。人们的旅游需求表现得越来越细致，富有创意，极具个性，催生了许多定制类、创意类乡村旅游产品，如定制化农旅套餐。

③　旅游经济利益。需求推动型模式中，乡村旅游目的地背靠城市或景区，强大的客源市场促使广大社会企业和村民依据游客需求对乡村进行旅游开发。资本是逐利的，巨大的资本投入使得产出成为利益相关者关心的问题。只有当旅游开发者获得足够的回报时，才能持续进行投入，继续探析客源市场消费需求的变化并进行旅游产品和服务创新升级，同时吸引更多资本入驻，获得更多资金支持，发展更多的旅游项目，更好地满足游客日益多元化的旅游需求，从而保证该模式的长期有效高质量运行。

④　政府管控。需求推动型模式中游客需求占主导，属于典型的市场导向。乡村旅游具有公共产品属性，推动乡村旅游发展的同时也存在一些风险，出现市场失灵，导致乡村旅游资源开发重经济利益，轻视社会效益和环境效益，缩短旅游产品生命周期，出现不良竞争、利益冲突等现象；甚至会出现盲目迎合市场需求，造成社会文化、历史遗迹等具有重大价值事物遭到不可挽回破坏的结果。在此之下，需要政府进行宏观调控，加以管理，保证旅游项目符合国家社会经济发展规划和环境与生态等要求，把关需求推动型模式下乡村旅游发展的质量，划定底线，合理配置资源与分配利益，避免不良竞争，

化解利益冲突。

4. 实施策略

（1）市场分析

需求推动型模式作为需求主导的高质量发展模式，其实现最为关键的环节便是市场分析。首先，科学调研客源市场，包括基础层面和核心层面的调研。基础层面包括客源市场旅游者的数量、年龄、收入、消费等级等；核心层面包括乡村旅游动机、乡村旅游偏好等方面。综合各方面的信息，运用定量或定性的方法对所收集到的资料进行调研分析，了解客源市场旅游消费者对产品内容、价格、功能等方面的意见和要求。其次，根据调研结果及分析，按照旅游者需求等标准将客源地的旅游消费总市场细分为若干个子市场，并确定目标市场。不同子市场之间旅游者的乡村旅游需求存在着明显的差别，根据所选择目标市场的旅游消费者存在的个性需求，开发满足目标市场群体的差异化产品，把潜在的旅游市场需求转变为现实的旅游消费力。最后，了解产品的市场占有率、市场反馈等信息，从而对旧有产品进行改造升级，调研新的市场需求从而开发新的旅游产品，根据需求调节供给，平衡产销。

（2）旅游产品开发策略

旅游资源、旅游体验、旅游服务、旅游文化等共同构成了旅游产品，用来满足市场的旅游需求和欲望，但客源市场不同的旅游个体的需求不一，要求旅游产品开发时从旅游消费者的角度出发，以客源市场需求为导向进行产品开发。具体的开发策略包括两种，产品多元化策略和产品个性定制化策略。一是产品多元化开发策略。不同旅游动机对旅游产品开发的要求不同（表7-1）。在市场分析的基础上，根据客源市场的主流乡村旅游动机开发出乡村旅游主导产品，根据其他旅游动机开发出其他不同类型、不同内容的产品及服务，从而实现多元经营，在最广范围内满足旅游者的多样消费需求。例如，开发高端、中端、低端三个档次的旅游产品，满足不同消费能力消费者的需求。二是产品个性定制化开发策略。旅游个性化需求日益凸显，定制游进入蓝海时代，需要开发定制化、主题化的旅游产品以及更高质量的服务水准，从而满足旅游主体的特定需求，如针对探险旅游群体，开发漂流、野外攀岩等刺激性旅游产品。

表 7-1　基于旅游动机的旅游产品开发要求

旅游动机	旅游产品开发要求
欣赏田园风光，回归自然	美化乡村环境，保持乡村景观原真性
体验乡村生活和民俗风情	游客直接参与农事活动和民俗活动
娱乐野趣	垂钓、捕鱼、漂流、采摘等
求知教育	农业园参观及农业知识讲解、人文景点介绍

（3）政府适当管控

需求推动型模式作为市场导向的发展模式，其高质量发展需要政府制定适当的管控措施避免市场导向的负面效应，对市场进行干预以保障其高质量发展。法律政策方面，政府通过制定和运用经济法规来调节经济活动，明晰产权；制定相关法律法规维护乡村旅游利益各方的合法权利，限制垄断和反对不正当竞争；加强执法检查与执法协作，规范生产经营者的活动和市场秩序；建立体现生态文明的奖惩机制，制定环保政策，维护乡村空间脆弱的生态环境等。财政手段方面，划定产品价格的合理区间，进行价格控制，抑制严重溢价、乱收费等现象；对符合绿色环保要求的企业进行补贴，减收税费，健全正向激励机制，以支持节能减排，维护乡村生态空间。教育手段方面，政府通过宣传、动员、感化、鼓舞等与乡村旅游的各经营主体进行沟通，将相关政策理念灌输到企业以及个体经营者的行为模式中，促使其朝高质量发展目标前行。

（二）环境推动型模式

1. 背景

2022 年，中央一号文件《中共中央、国务院关于做好 2022 年全面推进乡村振兴重点工作的意见》发布，对于乡村旅游助推乡村振兴给予了充分肯定，还指出广泛动员社会力量参与乡村振兴，深入推进"万企兴万村"行动。乡村旅游作为推进精准扶贫和乡村振兴的有效策略，深受国家重视。在此大环境的推动下，政府、企业纷纷参与到乡村旅游的发展中来，助推乡村旅游高质量发展。

2. 典型案例

五村镇巴某村地处广西壮族自治区百色市田阳区南部大石山区，全村总面积 14.2 平方公里，辖 8 个屯 14 个村民小组，户籍人口 425 户 1 648 人，其中劳动力 880 人，有 733 人外出务工，占全村总人口 44.5%，有耕地面积 1 478 亩，人均 1.11 亩。2015 年年底精准识别后，全村有建档立卡户 254 户 1 021 人，贫困发生率为 61.95%，为"十三五"时期深度贫困村。

广西壮族自治区文旅厅高度重视巴某旅游建设项目，依托巴某村山清水秀、气候宜人的自然禀赋，以及毗邻华润供港基地的优势，因地制宜大力发展乡村旅游。重塑乡村特色，不断推动乡村治理现代化。巴某村积极推进乡村风貌治理、乡村环境改造以及乡村配套设施建设，如开展特色住房外立面改造、实施农村污水处理工程、完善路网体系、安装人饮净水设备等。采取"公司＋合作社＋基地＋农户"的模式，通过合作社统一流转土地，引进恒茂旅游、华润五丰等公司，打造 18 ℃巴某凉泉度假村，实施 500 亩桃李基地、1 100 亩油茶示范基地、200 亩铁皮石斛基地、150 亩高标准葡萄及野菜园等项目，带动群众合作发展特色旅游产品、农特产品，发展观光农业产业，形成种植、养殖、旅游为主的三大特色产业，积极创建自治区级生态旅游示范区。2019 年年底，巴某村实现高质量脱贫，乡村振兴建设率先走在全区乡村前列，逐步实现为同类地区推出好经验、好做法的总目标，荣获"全国乡村旅游重点村""中国美丽休闲乡村""广西五星级乡村旅游区""广西十大最美乡村"等荣誉称号。

3. 模式解析

（1）模式内涵

环境推动型模式是在国家大力提倡精准扶贫、乡村振兴等背景下，以政府为主导，农民为主体，辅以企业合作，将乡村旅游产业与脱贫致富相结合，实现乡村旅游高质量可持续发展的一种模式（图 7-3）。该模式一般分布在我国西部偏远地区的贫困乡村。

（2）关键因素

环境推动型乡村旅游高质量发展模式中，以下四个因素至关重要。

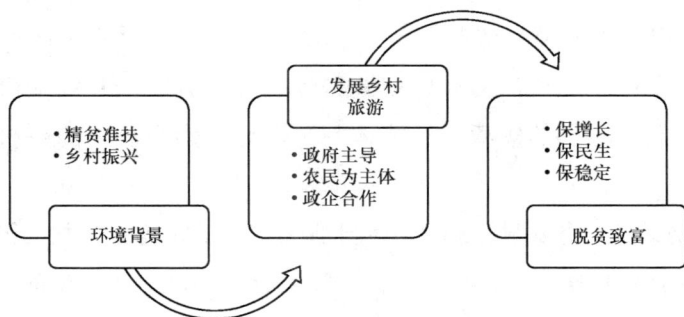

图 7-3　环境推动模式

① 农民为主体。环境推动型模式中需要始终坚持农民的主体地位，坚持政府主导和农民主体的有机统一，构建政府主导与农民主体有机衔接和良性互动的善治格局。环境推动型模式作为适用于偏远地区的乡村旅游高质量发展模式，要充分调动各种资源和各类主体活力，尤其是激发农民的发展潜能，让当地农民参与到乡村旅游的发展中来，挖掘农民的主体优势。首先，农民是偏远地区发展乡村旅游最有效且长久的人力储备。乡村旅游的发展为农民提供了就业岗位，促进农民增收。与此同时，农民也承担了乡村旅游相关的生产建设、经营服务等工作。其次，农民是乡村旅游最大的竞争优势。乡村所特有的民风民俗是久居于此的农民在长期生产建设过程中所创造的，以农民为主体能够保持乡村原生的田园风光和淳朴的生活方式，保留原真性，而原真性正是乡村旅游的魅力所在，以吸引游客的到来①。

② 政企合作。环境推动型模式作为政府主导的模式，其乡村旅游发展在初期更多是一种政府行为，带有一定的公益性质。但仅仅依靠政府对乡村旅游进行长期的资金、人才、技术等多方面的投入，财政压力过大，发展思维单一，创新性弱，导致乡村旅游发展后期疲软，难以保障乡村旅游的可持续高质量发展。此时，需要通过提高对外开放水平，与企业进行合作，在拥有土地、资源、基础设施、劳动力等基本生产要素的基础上，借助企业所拥有的资金以及信息、技术、高级人才、营运能力等较高层次的生产要素来发展落后地区乡村旅游，并且企业所处的领域影响着乡村旅游的发展方向，如华

---

① 万云才. 中国乡村旅游发展的新形态和新模式 [J]. 旅游学刊，2006，（4）.

瑞五丰带领巴某村发展种植业，企业的多元化促使乡村旅游产业朝多元化方向发展，多业态融合，扩展产业链。政企合作有助于补齐政府单一主导下乡村旅游发展方面的短板，经济体制灵活化，为中后期的乡村旅游发展续航。

③ 经济效益。将乡村旅游产业用于脱贫致富，是因为乡村旅游作为第三产业，相较于发展第一、二产业而言，投资收益高，对乡村空间的破坏性较小，能够长期可持续发展，能够有效地增加农民收入，促进保增长、保民生、保稳定，能够从根本上防止返贫。此外，只有当农民因为参与乡村旅游的发展而获益，企业的投资得到回报，发展乡村旅游见到实效，政府、企业、农民等多方才有动力继续发展乡村旅游，探索乡村旅游后续高质量发展路径。故经济效益是衡量该模式发展质量重要指标的同时也是该模式持续发展的有效动力。

4. 实施策略

（1）充分发挥政府主导作用

政府作为环境推动型模式的主导，需要充分发挥作用。首先，加强基础设施建设。主要包括两个方面：一是乡村配套设施。依据乡村特色，开展特色住房外立面改造，动员群众拆除危旧房，建设小景墙、小庭院、小菜园等，改善乡村建筑风貌；开展安全饮水、污水治理、街道硬化、无害化卫生厕所改造、清洁能源利用、"三清一拆"和垃圾治理、村庄绿化、农村电子商务网点建设、生态扶贫农田水利、高效节水灌溉等美丽乡村工程项目，改善乡村群众生产生活条件。二是旅游配套设施。健全停车场、驿站、风景道、指引标识系统等乡村旅游交通设施，以及游客中心、住宿、餐饮、娱乐、购物等乡村旅游接待服务设施。对旅游配套设施进行乡土化改造、功能性升级，与信息化接轨，满足人们的高品质生活需求。其次，加强从业人员的职业技能培训。当地农民转换为旅游服务人员，角色的转换要求职业技能转变，迫切需要采取脱产学习、现场教学、实际模拟等多种方式，进行沟通、礼仪、语言、专业技能、业务能力等多方面的相关培训，提升乡村旅游服务品质。最后，激发市场活力，吸引社会企业。结合乡村特色打造符合市场需求、形式多样的旅游产品体系，出台旅游优惠补贴政策，发行旅游消费券，完善营销策略，吸引客源，激发市场活力；结合旅游产业发展需求，出台招商引资补贴政策，吸引社会企业参与到乡村旅游发展中来，实现投资多元化和产业业态多元化。

（2）延伸产业链条

延伸产业链条是扩展乡村旅游效益的有效方式，包括横向扩展产业链和纵向扩展产业链两个方面。受地区经济落后的影响，旅游产业与其他产业间缺乏横向合作，缺乏产业联动，融合度低，导致产业链过窄。为此，需要加强产业链条中同级产业核心部门的协同意识。通过建立产业融合的环境机制、引进产业融合人才、建立乡村旅游产业园等多种措施，以乡村旅游发展为核心，加强旅游产业与文化、体育、康养、互联网等产业的融合，横向拓宽乡村旅游产品的功能。乡村旅游产业链条上游为农林牧副渔等产业，中游为农家乐、采摘园、度假村等核心乡村旅游产品，终端为旅游产品的消费者。通过将特色或者创意产业融入旅游产业链条、将群众镶嵌到乡村旅游产业链条以及引进旅行社、旅游平台等中介机构等多种措施，纵向拉长产业链条，拉长产业链条的同时还需优化配置相关产业，进行纵向深化，推进乡村旅游全产业链发展。

（3）坚持群众路线

环境推动型模式的主体是农民，发展成果要惠及农民，这就要求始终坚持群众路线，让当地群众广泛参与。

（三）混合驱动型模式

1. 背景

推动乡村旅游高质量发展是利用乡村资源、供给侧结构性改革、助力旅游产业升级、满足市场需求、顺应环境趋势的必然要求。供给方面，旅游业持续高速发展，已经成为世界最重要的经济部门之一，而资源更是旅游业发展的前提和支撑。每个乡村都拥有着独特的自然环境、人文风俗等旅游资源，发展旅游产业具有天然的优势，不少乡村抓住机遇，纷纷利用所拥有的资源推出农业观光、民俗体验等旅游产品，一改乡村单纯发展农业的传统。需求方面，随着城市进程和都市人口的快速增加，使得公园、绿地、休闲活动空间和设备不足，迫切需要开拓新的旅游空间。加之人们生活节奏和生活压力加大，城市生态环境远不如乡村，人们对美好生活的需求越来越强烈。随着经济的发展和人们生活水平的提高，人们的旅游经验和旅游经历逐步丰富和提高，传统旅游形式如观光游、景点游已不能满足旅游市场多元化的旅游需求。乡村生态环境优美，民风淳朴，别具一格，成为人们追求美好生活、满足多元化需求的最佳旅游形式，作为新的旅游空间深受旅游市场喜爱。

乡村旅游对于推进乡村现代化和经济全面发展有着重要作用，符合国家发展的需要。在供给、需求、环境等多方因素的驱动下，发展乡村旅游是大势所趋。

2. 典型案例

安吉县隶属于浙江省湖州市，位于长三角腹地，县域面积 1 886 平方公里。安吉县的乡村旅游发展历程经过了三个阶段。在乡村旅游培育阶段，工业发展导致生态环境恶化，在"生态立县"发展战略和"绿水青山就是金山银山"理念的指导下，在各级政府部门的主导下，通过政策、资金的支持，利用县域内拥有的资源大力推动乡村休闲旅游的发展，开办农家乐，发展农业休闲观光。在乡村旅游的发展阶段，开展美丽乡村建设，将安吉县域当作景区进行规划，高标准编制了《安吉县旅游发展总体规划》，着力打造一村一业、一村一品、一村一景①。通过建设"大、好、高"的旅游项目，改变了传统乡村旅游"散、乱、差"的局面；通过产业集聚，引领安吉县农业规模化发展方向，以市场为导向发展创意农业；通过市场化机制让农场开发不同类型、不同层次、不同规模的乡村旅游产品，着力打造地区特色发展模式，促进乡村旅游产业转型升级，朝高质量方向发展。目前，安吉县的乡村旅游发展进入了成熟阶段，与时俱进，进行科学规范的管理，在乡村振兴战略指引下进一步提升旅游产品供给质量，拉动市场需求，与农民共享发展红利。

3. 模式解析

（1）模式内涵

混合驱动型模式是在乡村旅游的发展过程中，供给、需求、环境等多方

---

① 江林茜，张霞. 乡村旅游经济发展模式初探——以成都农家乐为例 [J]. 求实，2006，（1）.

因素共同作用，政府指导、市场经济、农民参与三者相结合，驱动乡村旅游高质量发展的一种模式（图7-4）。政府高度重视旅游业的发展，在不同的发展阶段扮演着不同角色，企业和农民是乡村旅游的主要参与主体，是利益的主要获得者。但此类发展模式中，很难区分主导因素，不同阶段有着不同侧重点，驱动因子也不尽相同，随之具体的发展路径也会有所改变，具有强烈的阶段性特征。

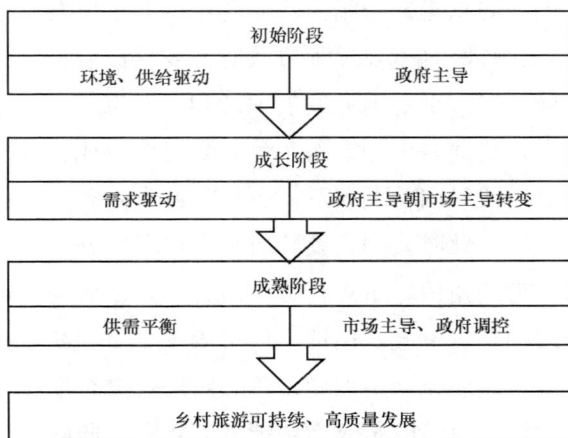

图7-4　混合驱动模式

（2）关键因素

混合驱动型模式作为乡村旅游高质量发展模式之一，以下三个因素至关重要。

① 鲜明的阶段性。混合驱动型模式作为多因素驱动、多利益主体参与的高质量发展模式，难以区分该模式下乡村旅游发展全阶段的主导驱动因素、首要主体，不同阶段有着不同的侧重点，具有鲜明的阶段性特征。以安吉县乡村旅游发展历程为例，初始阶段是环境推动下，利用政策、资金、资源等条件，以政府为主导带动农户发展乡村旅游；成长阶段是政府引领下，以市场为导向，吸引企业入驻，利用市场机制开发多元化产品，高质量发展乡村旅游；成熟阶段，政府化身"保安"，以企业、农户为乡村旅游的经营主体，供需协调下推进乡村旅游可持续发展。

② 政府职能定位。不同阶段政府的职能定位有所不同。乡村旅游初始阶

段，政府充当引领者的角色。乡村旅游的发展一直受到党中央、国务院及相关部门的高度重视，中央从规划、产业、土地、资金、人才以及人居环境整治五个方面进行了重要指示，出台了多项文件，对乡村旅游的发展方向、标准、目标等进行了规划。例如《促进乡村旅游发展提质升级行动方案（2018—2020 年）》中指出要不断完善乡村旅游的配套设施，丰富乡村旅游的产品种类，积极支持和引导社会资本参与乡村旅游业发展等；《关于促进乡村旅游可持续发展的指导意见》中指出从旅游市场需求出发，推动乡村旅游发展的产业化、市场化等。这就要求地方政府在乡村旅游发展初期，按照国家总体规划，从整体出发，制定地方发展理念和开发思路，做好总体规划和部署，避免无序开发，扮演好引领者的角色。乡村旅游成长阶段，政府充当规范者的角色。经过一段时间的发展后，乡村旅游进入正轨，占据一定市场份额，经济也逐步发展。此时，则需要政府从台前退居幕后，更多发挥市场的作用，扮演好规范者的角色，重点任务是研究制定出台切实可行的乡村旅游法律法规，并通过项目、资金、用地、信息等手段引导乡村旅游健康发展。乡村旅游成熟阶段，政府充当协调者角色。经历过成长期，乡村旅游的发展体系成熟。此时，政府更多的是充当协调者的角色，职能转向宏观调控、公共管理等方面，简政放权，重点协调好企业、农户之间的利益关系，保护旅游者的权益等。

③ 驱动因素。混合驱动型模式中，乡村旅游的高质量发展受到多因素的驱动，这些驱动因素可以分为内生驱动因素和外生驱动因素两个方面，内生动力主要包括乡村旅游供给和乡村旅游市场需求，外生动力包括政策支持、制度引导等。外生动力在乡村旅游发展中发挥着重要作用，但内生动力是一种内生性、根本性、持续性的系统动力，是最根本的存在。混合驱动型模式具有典型的阶段性，不同阶段驱动因素有所不同。乡村旅游最开始时，政府出于宏观形势、经济发展的需求，利用旅游资源推动乡村旅游的发展。乡村旅游成长阶段，在政府政策支持和经济利益的驱使下，农户、企业等广泛参与到乡村旅游发展中来，规模化、产业化、高质化地提供乡村旅游产品，城市居民出于追求差异化的反向性需求，消费乡村旅游产品，这个阶段动力逐渐转换，从政府主导转向市场主导、从要素驱动转向创新驱动、从单一动力转向综合动力。乡村旅游成熟阶段，旅游产品体系完整，旅游市场

份额稳定，满足市场需求，提质增效，创新升级成为发展目标，内生动力占据主导。

4. 实施策略

（1）制定阶段性发展战略

混合驱动型模式具有鲜明的阶段性特征，不同阶段政府的职能定位、驱动因素等都有所不同。故实施混合驱动型模式时，在初始阶段、成长阶段、成熟阶段准确区分政府职能定位，识别驱动因素，从而制定相应的阶段性发展战略。

首先，准确区分政府职能定位。政府扮演协调者的角色，搭建旅游发展平台，建立健全乡村旅游管理综合协调机制，培育发展乡村旅游行业协会等。其次，识别驱动因素。驱动因素主要有供给、需求、环境三部分，侧重供给驱动时，要求合理规划旅游资源开发，拓宽旅游产品模式，加强旅游产业发展保障，提供高质量的旅游产品。侧重需求驱动时，要求在政府适当管控下，依据全方位的市场分析开发旅游产品，满足多元化的旅游市场需求。侧重环境驱动时，要求政府加大扶持力度，充分发挥政府主导作用，积极鼓励农民参与，坚持群众路线。最后，制定阶段性发展战略。

（2）完善利益协调机制

旅游开发项目必须研究旅游利益相关者，协调利益关系，减少利益各方之间冲突，走可持续发展道路。混合驱动型模式涉及政府、企业、村集体、农户、旅游者等多方利益相关者，不同阶段利益诉求有所不同，需完善利益协调机制，保持利益协调机制随着乡村旅游的发展动态演化。

首先，乡村旅游发展初始阶段，充分强调政府在利益协调中的作用。政府出面协调旅游资源开发与乡村空间保护、开发企业与当地居民等方面的冲突与矛盾，举行各方代表出席的协调会和听证会，加强各方间的沟通，倾听各方诉求，找准矛盾切入点进行管控。

其次，乡村旅游发展成长阶段，成立行业中介组织与非政府组织，利用第三方当事人介入的形式对各利益相关主体进行监督管理，引导各利益相关主体进行理性竞争与利益博弈协商，维护当地旅游业市场公平竞争与健康发展；与此同时，注重游客诉求，提升乡村旅游的服务品质，提升游客满意度。

最后，乡村旅游成熟阶段，搭建乡村旅游信息网络平台，各旅游企业由信息网络在吃、住、行、游、购、娱等一系列服务上形成紧密的产业关联网络体系，进而组成经济网络与结构体系，保证各企业间旅游产品与服务的互补性，互通有无互补经营，缓解产品供需矛盾。

三、乡村旅游高质量发展实践——以贵定县茶旅文化创意产业发展为例

近年来，随着我国经济的持续发展，人们的生活方式已由物质享受向精神享受方面转变，从而使知识型、休闲型产业经济不断增长。在经济新常态的趋势下，社会经济已趋于"无重化"状态，即"历史文化与旅游一体化""文化与经济一体化"及"经济价值的无污染化"的方向发展，这为旅游产业的发展营造了良好的社会经济环境，也为旅游服务密集型产业注入了新的活力，同时也将使得旅游经济与本地人文特色相结合，促发其内在生产力，带来经济价值。值得指出的是，这为传统茶产业的发展和转型升级提供了驱动型创意产业"发展快车"，使贵州省贵定县独特的环境资源与旅游资源、茶历史与茶文化以及茶产业深度融合，从而转变当地茶产业发展原有模式，促进茶产业转型升级、更新换代，为当地茶旅产业的发展提供强劲的创新驱动力和大量的机遇。

（一）茶旅一体化文化创意产业

1. 茶文化创意产业释义

文化创意产业就是以文化作为载体，制造出相关的文化产业创意产品，并使之经济化、产业化、规模化。它是一种在全球化消费社会背景中所产生与发展起来的，推崇创新、个人创造力、强调文化艺术对经济的支持与推动的新理念、思潮和经济实践。茶文化创意产业是以茶文化、茶历史为核心要素，以茶文化初级产品或衍生产品为辅助资源，经过对资源的发掘、改造、利用，依靠主体意识的能动性加以创新，使之个性化、特色化所产生的产品。另再运用产业化、规模化、科技化的现代手段对茶所包含的外在和内在资源进行整合、加工、创新和提升，生产出具有经济价值和精神教育意义的茶文化产品或高层次的具有吸引力的高中端产品，从而实现就业机会的增加、财

富的创造、精神产品的享用。

茶文化创意产业是社会经济转型升级时代背景下和茶产业创新驱动发展态势下，茶文化与文化产业、创意产业深度融合而滋生的一种多元文化并举、多种经济形态共存的新型经济形态。根据 GB/T 4754—2016《国民经济行业分类与代码》《文化及相关产业分类（2012）》和《北京市文化创意产业分类标准（2008）》中关于文化创意产业的分类界定以及茶产业自身属性，可以将茶文化创意产业分为茶媒体与新闻出版、茶广播与影视艺术、茶广告与会展、茶艺术品与金融交易、茶网络及计算机服务、茶旅游与休闲娱乐、涉茶设计服务、茶文化与艺术、其他涉茶辅助服务十大类[①]。

茶文化创意产业是以茶文化为核心资源，是经济新常态下转变出来的促进茶产业升级的新型模式，它具有节能环保、无污染、低成本、高附加值、高收益、高度文化产品的特点。在高消费的现代，我们只有基于优秀的中国传统文化，不断"推崇出新，革故鼎新"，利用好民族的历史文化资源，创造具有社会价值和精神意义的茶文化创意产品，才能产生经济价值、环保价值、效益价值，构建新时代中国和谐社会，为中华民族伟大复兴提供良好的文化、智力和环境方面的支持。

2. 茶旅一体化创意产业

（1）茶旅一体化

茶旅一体化是茶业与旅游业及相关配套服务业一体化发展的新模式，是围绕茶主题、依托茶资源，以茶基地为载体，以市场需求为导向，以旅游体验为核心内容，将旅游体验茶产业的各个环节，形成茶旅经济链，最终实现"茶业在旅游体验中增值，旅游通过茶产业添彩"的一体化发展目标。实施茶旅一体化发展是丰富旅游新业态，助推旅游供给侧结构性改革的重要途径。以"茶旅"的思维创新茶旅游产品是解决就业、增加社会财富、提高农民收入的产业化之路；是带动茶乡人民脱贫致富，早日达到全面小康的有效手段；是有效推进茶乡茶旅一体化发展的必由之路。茶旅产业中蕴含的人文景观、自然景观、特色产品、饮食文化既是茶旅中不可或缺的要素，又是茶旅融合发展的优质领域。实施茶旅一体化发展，可以促进地方民族文化传播、民族

---

① 肖正广，孔令媛，邓燔. 贵定县茶旅文化创意产业发展初探［J］. 茶业通报，2018，40（03）：139-144.

交流、拉动经济增长，提高区域内人民生活指数和幸福感，符合环保型、效益型、社会型经济模式发展。

（2）茶旅一体化衍义

旅游市场的火爆主要与政策层面的驱动遥相呼应。当今旅游产业已成为国家和地方鼓励发展的重点产业，成为脱贫攻坚的重要手段。"十二五"以来，国务院及有关部委相继出台了《关于加快发展旅游业意见重点工作分工方案的通知》《关于进一步促进旅游投资和消费的若干意见》《关于促进旅游业改革发展的若干意见》《关于加快发展旅游业的意见》《关于鼓励和引导民间资本投资旅游业的实施意见》《关于金融支持旅游业加快发展的若干意见》《国民休闲纲要》等一系列政策文件。另在国家"十三五"规划中，把"开展加快发展现代服务业行动""大力发展旅游业"作为构建产业新体系的重要内容，明确指出未来五年要"拓展发展新空间，用发展新空间培育发展新动力，用发展新动力开拓发展新空间""大力发展重点经济区的旅游服务，开辟农村广阔发展空间，实现国家公园主体功能区建设"。

一系列鼓励和支持旅游政策的密集出台，不仅为旅游业的发展提供了广阔空间，也充分表明，旅游业将是未来最具前景的服务型产业，也为茶旅一体化的发展提供了前所未有的发展空间和政策支持。近年来，茶旅融合理念不断成熟，已经成为一种新型产业模式。茶园不只是一个旅游景点，供游人欣赏，它也能让游客特别是学生群体体验劳动的乐趣，同时学习茶文化、了解茶知识、知道茶历史、习得茶礼仪，在一定程度上茶旅的新型模式比其他野炊、农家乐、踏春游更富有人文意义和时代内涵。茶旅融合不单单是两个产业的简单结合，而是以茶为核心，以茶基地的自然环境为载体，以茶的历史文化为内容，以茶旅游为消费方式，以旅游市场为外在驱动动力，将茶园建成旅游景区、现代田园区和休闲区，将茶产品开发成旅游消费和纪念产品，将茶文化打造成旅游品牌，实现"茶山旅游、茶旅文化、茶旅产品、茶旅品牌、茶旅消费一体化"。

（二）贵定县茶旅创意产业发展现状

随着贵州茶旅一体化发展进程的加快，茶旅一体化搭乘贵州茶叶经济发展的快车，为贵定县茶产业经济的发展提供了机遇。经过近几年的发展，贵定县茶文化、茶旅一体化创意产业已初具规模，在此程度上也取得一定成效，但目前仍处在发展的初级阶段，相较于贵州省内其他地方较为滞后，且有一些亟须解决的发展问题。

1. 产业未成规模，体系不全

近年来，由于省政府、省农委、州茶办的支持，及饮茶文化在新华分社（贵州）《茶旅天下》、中央七台农业频道以及贵州卫视等各个媒体上的传播推广，健康饮茶已深入人心，使贵定县茶文化和茶旅一体化创意产业得到一定程度上的发展，其中创意产业主要呈现为各类茶馆，如国品黔茶公司、凤凰茶业的芝茗茶馆、云雾镇上的贵州南部贡茶茶馆，以及各种以云雾作为牌子的老茶馆，都在贵定县内产茶区。此外还有茶空间、茶酒店、茶叶交易市场、茶文化园、海葩苗族采茶服、茶根雕、茶旅游、茶叶病虫害监测站、自动灌溉控制站、茶书法和艺术、贡茶碑、地方茶叶协会（如云雾镇茶叶协会）、云雾湖旅游区等。从近几年的发展来看，茶旅一体化文化创意产业已初具规模，但总体较小，处于萌芽阶段，未形成强有力的产业集聚效应。

2. 文化资源丰富，未充分发掘

贵定县建县已有两千多年的历史，有着丰富的文化资源，其下辖的产茶乡镇较多，民族文化资源丰富，贵定县是黔南州产茶大县，名茶资源丰富。若从我国传统文化的发展来看，贵定县有"三教"文化资源，如阳宝山佛教文化、云雾贡茶文化、贡茶碑文化、瑶族道公和师公的道教文化等，具有良好的历史文化发掘资源。若从名茶的文化资源来看，贵定县除了在名气上被评为"贵州十大名茶"的云雾贡茶之外，还有很多"藏在深闺人未识"的好茶，如贵定雪芽、上坝茶、鸟王茶、贵定芽茶、云雾毛尖、佛茶、高原茶等，这种状态不仅是在贵定，在整个贵州都是如此。因此，在发掘贵定茶文化的同时，要充分利用当地的政府政策，组织民间走访调查、实事求是，脚踏实地来开发当地沉淀的茶历史、茶文化资源。

3. 产业缺乏创新，思维陈旧

一方面，由于当地茶企均为小农作坊，产业设备陈旧，长期受家庭单位式经济影响，思想保守，对茶旅一体化文化创意产业缺乏深刻的认识。一些小企业老板对茶文化认识浮于表面。茶叶协会、茶业办又缺乏茶文化的教育理念，对茶文化创新、创意与茶旅一体化的发展缺乏创新创造的原动力和文化基础。另一方面，因为茶旅一体化文化创意产业在当前旅游发展中所带来的经济效益并不明显，从而使得相关营业主体只是把茶文化当作销售茶叶的噱头，片面地认识茶文化，认为茶文化就是"看几本书就懂，听别人说就知道"的那种，缺乏对茶文化与茶旅一体化融合的深刻思考，对茶旅产业文化意蕴及发展前景缺乏了解，急于求成，使贵定茶文化发掘进程缓慢，使茶旅文化创意产业停滞不前。因此，亟须开拓眼界，加强茶文化基础知识的教育培训和产业创新意识的培养。

4. 体系不健全，人才短缺

人才是经济发展的动力，缺乏人才企业将会走下坡路。对于茶旅文化产业来说，对综合性人才的需求更为迫切。贵定县虽有茶叶技术学校，但都是制茶类人才培养，于茶文化、旅游一块则欠缺太多，其中茶文化和旅游管理专业的综合性人才是茶旅一体化发展中重要的因素。目前，贵州大学茶学院还未有教授和研究茶文化的老师，省内其他中职、高职、专科、高等院校虽设有茶文化教学课程，但省内仍缺乏人才。至于旅游管理专业，省内各类高校都有，但仍缺少茶旅结合的专业。除上所述之外，还缺乏招取优秀人才的体系和机制，这不只是贵定的现象，整个贵州都是如此。在茶产业发展如火如荼的今天，贵州茶产业已作为经济发展的一大支柱，但由于茶旅一体化文化创意产业仍处于起步阶段，市场还不够成熟，人才机制还处于初步阶段，所以人才紧缺程度较为严重。

（三）推动贵定茶旅一体化产业发展的策略

1. 政府牵头，引导发展

精神文化需求是茶旅文化创意产业发展的内在驱动力，政府是贵州茶叶发展的外在驱动力，因此，政府需发挥积极的引导作用。一方面，加快建设文化旅游消费的基础设备设施，积极营造文化消费和精神旅游消费氛围，加大茶文化的教育、宣传和普及力度，将茶文化的普及纳入地方中小学教育及家庭教育，弘扬中国优秀传统茶文化。政府积极鼓励学校带领学生到茶园中体会采茶的乐趣和劳动享受。另一方面，政府应加大资金投入力度，设立茶旅一体化文化创意发展基金，鼓励当地大学生回乡创业就业，引导当地企业和工作人员开展茶旅一体化文化建设，创新发展模式。对于相关农村小型企业，可以采用"构建合作链接社"的方法，给予信贷和税收政策上的优惠，减少政府部门审批程序；降低融资者合作者的门槛，鼓励当地茶园私企参与茶旅合作社建设；适当引入外来资本，减轻当地资金筹集困难。

2. 整合资源，打造园区

黔南州的贵定县是贵州古老茶区之一，名茶荟萃，在历史的长河中生生不息、历久弥新，具有丰富的文化资源，为后世留下了宝贵的财富，成为我们进行茶文化创新创意的历史源泉。茶旅一体化文化创意产业的可持续发展，不仅要依靠当地独特的自然风光，也需要巧妙的文化创意和策划，还需要深度挖掘，合理利用茶历史、茶文化资源（包括茶叶历史文化、茶马古道、抗贡故事、贡茶故事、贡茶茶趣茶规、茶俗、茶根雕刻、佛茶传说、天主教与茶的故事等）以及苗族歌舞、商会会馆遗址的民间遗产。另外，还可以利用茶的艺术表现形式，如茶诗歌、茶舞蹈、影视、酒店、餐饮、服装、互联网、旅游、摄影、报刊等文创产品，以及一些特色的茶饮店、商业街等，打造贵定县茶文化创意产业园，形成产业集聚，从而发挥产业集聚效应和优势。加强对旅游基础设施的建设，如民宿、游泳池、观景台等。另外，加强对地方茶文化的保护传承和宣传推广，尤其是要着力恢复、传承历史名茶的传统制茶工艺，如白云佛茶、贵定雪芽的传统工艺，让旅客有体验的机会，并充分利用现代网络技术和通信技术，加强信息传播，打造宁静、休闲、自在的茶旅园区，从而推动茶旅一体化的良性发展。

3. 开阔视野，跨界合作

在国家大力倡导"大众创业，万众创新"的众创时代，"创新、创意、创业"已经成为时代发展的新潮流。茶产业的创新驱动和转型升级恰逢"三创"时代的发展机遇，茶旅一体化文化创意产业也正处在众创大潮的风口浪尖上。因此，在茶文化向信息化、产业化、经济化、服务化方向转化过程中，相关从业人员、企业必须转变传统经营理念和发展模式，紧跟时代发展的步伐，树立创意思维、创新理念和创业意识，脚踏实地，敢于求变，大胆创新，勤于实践，勇于尝试新模式，探究新思路。跨界，释义为交叉、跨越，打破行业界限。跨界思维，就是用国际化眼光、全球化视野、多角度看待问题和提出解决方案的一种思维方式，往往具有多元文化并存、多领域交叉、多种经济业态相融合的特点。目前，国内已不乏采用跨界思维来破冰茶产业的先行者，如专注省内茶叶咨询和茶事传播的公众号——黔茶资讯、贵州茶香、贵定茶讯等；专注茶知识传播的个人自媒体——茶百科、懂茶帝；专注茶行业即时通信的茶类新媒体——茶周刊《贵茶》杂志、当代贵州、茶旅贵州等；茶文化社群经济平台——锦堂茶室；茶文化视频课程——浙江大学王岳飞教授的《茶文化与茶健康》课程、湖南电视台《茶频道》栏目等；茶叶类高校——贵州大学茶学院、黔南茶校、铜仁茶院、贵州经贸学院、贵州民族大学人文学院、安顺职院等。未来，随着茶产业与餐饮产业、文化创意产业、旅游产业等多产业的跨界组合，以及与知识经济、智慧经济、共享经济等多种经济形态的深度融合，将会滋生出更多具有贵州本土特色的新型茶旅一体化农村经济组织。中华茶文化博采众长，具有强大的包容性特征，其历史文化本身不仅融合有中国儒、释、道三家的思想，还有其他外来的特色文化，呈现出一种多元性、交叉性的特征。利用跨界思维发展茶旅一体化文化创意产业，就是要将茶文化与传统文化、民俗文化、地域文化以及其他地方特色文化相融合，借助"互联网＋"大数据、高科技、通信技术等互联网、途牛、美团、飞猪等软件，使茶旅和其他行业相互磨合发展，如养生、餐饮、休闲等产业；在发展实践不断寻求新模式、新特点，产生出更多更有趣的新型茶旅模式。

4. 培养人才，建设队伍

创新创意型人才是推动茶旅一体化与文化创意产业融合发展的核心力量，对人才的需求也很大，茶旅一体化需要的人才也很多，尤其是有创意思维、创新能力和茶文化素养的综合性人才，且是对当地文化有一定热爱的人才。"茶旅一体化"文化创意人才一般可以概括为设计策划人才、艺术人才、技术人才和经营管理人才四种类型。其中，经营管理人才是茶旅一体化发展中不可缺少的动力，对此类人才的需求也极大。因此，在省内的大专院校应积极破除偏见，引进茶文化、历史文化、旅游管理方面及相关领域人才，助力贵州贵定茶旅一体化新型模式的发展。同时，可充分依托省内大专院校的教育优势来培养茶文化、茶旅游发展所需要的创新创意人才；茶旅企业也应改善自身培育模式，发挥企业优势，培养企业内部人才；企业可通过举办各类职业技能大赛、招聘、创新竞赛、文化创意等活动来发现创新型人才；建立健全人才培养体系和奖励机制，为员工提供宽敞舒适的办公环境；采用各种措施激发员工的创新创造能力。还可以与其他组织展开合作，如贵州经贸学院管理系、黔南职院茶学系的研究机构，设立茶学、茶文化、文化创意设计、文化产业管理、产品设计等专业，培养既懂茶又懂经营管理知识和旅游的创新型综合性人才，为贵定县打造一大批高素质专业化人才队伍，为茶旅一体化良性发展注入新活力。

5. 保护知识，利于开发

茶旅一体化文化创意产业发展的核心动力就是创新，在这方面文化创新讲的是如何将文化应用于旅游产业的开发，而且文化创意缺乏技术性基础，大都是较强的外在表现形式，进而容易被当地的一些企业抄袭，因此政府必须建立健全知识产权保护相关法律法规，健全知识产权体系，保护个人创造创意的文化成果，加强对商标、包装、产品专利和版权的保护，以便不断创新意识，开发新产品。尤为重要的是，企业和个人也必须加强对自身知识产权的保护。

6. 发扬美学，融入地方

（1）将美学思想融入茶旅建筑

在茶旅一体化发展的过程中，在基础设施建设上，可以融入当地的建设美学。在弘扬传统文化的今天，很多地方都在建带有古味的建筑，有一种令人怀念的氛围，这在很多古镇上都能看到，是一种利用复古情节拉动经济增长的模式。现下大多数人生活在喧嚣的城市、忙碌在浮躁的城市，很多人都渴求能寻得一个质朴、宁静、闲适的环境，解除烦恼，以弥补在现代社会中所遭遇的失落。

因此，我们在发展茶旅一体化时，所建的民宿、餐馆、博物馆这些实体性的东西可以加入地方建筑美学特色，如山水特征、人文特征等，一来可以增加消费者的好奇，二来可以带动当地文化的传播。其他方面也可以采用美学的构思，无论是营销，还是产品的包装、餐具的设计、住宿生活用品的设计亦可采用这种构思。

（2）寻求艺术与自然的结合

艺术源于生活，高于生活。但在现今高速发展的社会趋势下，很少有人把时间花在艺术熏陶上了，而且也没有舒适的环境让人享受，更无从谈艺术的享受了。贵定县存在着许多旅游资源，其中阳宝山、云雾湖以及梅子冲茶海就是休闲度假、写生作画的好地方。茶文化是中国传统文化的精髓，也属于艺术层次，因此可以到附近茶校去听一节茶文化课，到附近的农家茶馆品一杯茶。艺术是人类社会生活中的一部分，享受艺术的熏陶是人类心灵成长中必不可缺的。因此，茶旅一体化在发展的过程中，艺术与自然的磨合度很大，嵌入到茶旅一体化发展的方方面面，包括当地的茶馆、茶亭、书屋、雅集、摄影、绘画等均可建在自然环境中，与自然环境相结合，提高艺术与自然的契合度，加深文化属性和艺术属性。

目前，省内茶旅一体化处于发展的大时代，在发展中会出现诸多的问题，如发展机制未健全，体系产业链未完善，人才缺乏，资源丰富但未开发或发掘力度不大。面对这些问题，我们要保持清醒的头脑，认真分析事实，解决这些棘手的问题，因此，在茶旅一体化发展过程中政府要起带头人作用，引导茶旅企业良性发展；历史文化研究人员要充分发掘当地茶历史、茶文化资源，打造茶文化旅游特色园区；企业和个人要有远见，不断开阔视野，打破隔膜，与其他商家跨界合作；政府和企业要鼓励和奖励个人创造，健全知识产权保护体系，开发新型旅游创意；发扬美学，把地方美学思想融入茶旅建筑，并在自然界中构建，寻求艺术与自然的结合。茶旅一体化在发展茶产业、茶文化创意产业、旅游业的同时，要依据地方特点来发展，要坚持实践，实事求是。

参考文献

[1] 柏莉娟. 乡村治理方式变迁与创新方法研究［M］. 北京：中国商务出版社，2018.

[2] 卜华. 地方党组织引领乡村振兴研究［M］. 青岛：中国海洋大学出版社，2019.

[3] 蔡竞. 产业兴旺与乡村振兴战略研究［M］. 成都：四川人民出版社，2018.

[4] 陈锡文，韩俊. 乡村振兴制度性供给研究［M］. 北京：中国发展出版社，2019.

[5] 陈锡文，韩俊. 农村全面小康与实施乡村振兴战略研究［M］. 北京：中国发展出版社，2021.

[6] 陈源泉. 穿越 2050 的乡村振兴愿景［M］. 北京：中国农业大学出版社，2018.

[7] 方银旺. 乡村治理的紫南智慧［M］. 广州：广东人民出版社，2019.

[8] 冯肃伟，戴星翼. 新农村环境建设［M］. 上海：上海人民出版社，2007.

[9] 付翠莲. 乡村振兴战略背景下的农村发展与治理［M］. 上海：上海交通大学出版社，2019.

[10] 苟文峰. 乡村振兴的理论、政策与实践研究［M］. 北京：中国经济出版社，2019.

[11] 郭艳华. 乡村振兴的广州实践［M］. 广州：广州出版社，2019.

[12] 贺雪峰. 乡村的前途新农村建设与中国道路［M］. 济南：山东人民出版社，2007.

[13] 胡登峰，潘燕等. 安徽乡村振兴战略研究报告 2018 版［M］. 合肥：合肥工业大学出版社，2018.

[14] 蒋高明. 乡村振兴选择与实践［M］. 北京：中国科学技术出版社，2019.

[15] 金太军，施从美. 乡村关系与村民自治 [M]. 广州：广东人民出版社，2002.

[16] 九三学社江苏省委员会. 科技创新与推进江苏乡村振兴 [M]. 南京：东南大学出版社，2018.

[17] 赖海榕. 乡村治理的国际比较 [M]. 长春：吉林人民出版社，2006.

[18] 李松玉，张宗鑫. 中国乡村治理的制度化转型研究 [M]. 济南：山东人民出版社，2014.

[19] 梁军峰. 乡村治理模式创新研究 [M]. 石家庄：河北人民出版社，2015.

[20] 刘汉成，夏亚华. 乡村振兴战略的理论与实践 [M]. 北京：中国经济出版社，2019.

[21] 刘奇. 乡村振兴，三农走进新时代 [M]. 北京：中国发展出版社，2019.

[22] 吕德文. 乡村社会的治理 [M]. 济南：山东人民出版社，2013.

[23] 毛粉兰，齐欣作. 乡村振兴与高质量发展研究 [M]. 北京：九州出版社，2020.

[24] 彭勃. 乡村治理：国家介入与体制选择 [M]. 北京：中国社会出版社，2002.

[25] 彭真民. 用脚步丈量茶陵县乡村振兴与基层治理探索 [M]. 长沙：湖南师范大学出版社，2020.

[26] 彭震伟. 乡村振兴战略下的小城镇 [M]. 上海：同济大学出版社，2019.

[27] 权丽华. 国家治理能力现代化背景下的乡村治理研究 [M]. 北京：光明日报出版社，2016.

[28] 冉勇. 基于乡村振兴战略背景下的乡村治理研究 [M]. 长春：吉林人民出版社，2021.

[29] 师慧，季中扬. 决胜小康探索乡村振兴之路鲁家村卷 [M]. 北京：北京美术摄影出版社，2020.

[30] 王华斌. 乡村治理实务及案例分析 [M]. 合肥：安徽科学技术出版社，2022.

［31］ 王玲，车生泉. 保加利亚乡村振兴研究［M］. 上海：上海交通大学出版社，2019.

［32］ 王美玲，李晓妍，刘丽楠. 乡村振兴探索与实践［M］. 银川：宁夏人民出版社，2020.

［33］ 王少伯. 新时代乡村治理现代化研究［M］. 北京：知识产权出版社，2021.

［34］ 王遂敏. 新时期乡村振兴与乡村治理研究［M］. 北京：中国书籍出版社，2019.

［35］ 王文祥. 新农村干部工作实务［M］. 北京：中国农业出版社，2007.

［36］ 王雄. 乡村振兴陕西实践［M］. 西安：西北大学出版社，2021.

［37］ 王振海，王义. 农村社区制度化治理［M］. 北京：中国海洋大学出版社，2005.

［38］ 温铁军，周谊，卢祥之. 农村基层干部政策指南［M］. 长沙：湖南科学技术出版社，2007.

［39］ 许维勤. 乡村治理与乡村振兴［M］. 厦门：鹭江出版社，2020.

［40］ 杨嵘均. 乡村治理结构调适与转型［M］. 南京：南京师范大学出版社，2014.

［41］ 姚兆余. 乡村社会事业管理知识［M］. 北京：中国农业出版社，2006.

［42］ 印子作. 乡村治理能力建设研究［M］. 西安：陕西人民出版社，2021.

［43］ 游祖勇. 中国乡村振兴中的经典样板和传奇故事［M］. 福州：福建教育出版社，2021.

［44］ 袁建伟，曾红，蔡彦，钱国玲. 乡村振兴战略下的产业发展与机制创新研究［M］. 杭州：浙江工商大学出版社，2020.

［45］ 张锋作. 乡村振兴视域下农村社区协商治理研究［M］. 武汉：武汉大学出版社，2021.

［46］ 张晓山. 乡村振兴战略［M］. 广州：广东经济出版社，2020.

［47］ 张孝德. 大国之本：乡村振兴大战略解读［M］. 北京：人民东方出版传媒有限公司，2021.

［48］赵斌，俞梅芳.江浙地区艺术介入乡村振兴路径选择与对策研究［M］.北京：中国纺织出版社，2021.

［49］赵先超，周跃云.乡村治理与乡村建设［M］.北京：中国建材工业出版社，2019.

［50］郑黎芳.和谐社会与新农村建设［M］.上海：上海大学出版社，2007.

［51］郑长德.减贫与发展（2019）2020年后的乡村振兴与贫困治理［M］.北京：中国经济出版社，2019.

［52］中国（海南）改革发展研究院.中国新农村建设乡村治理与乡政府改革［M］.北京：中国经济出版社，2006.

［53］中国农网.我们的美丽家园中国乡村振兴故事生态宜居篇［M］.合肥：黄山书社，2022.

［54］中国农网.我们的美丽家园中国乡村振兴故事治理有效篇［M］.合肥：黄山书社，2022.

［55］邓燔，肖正广.黔南州贵定县茶事文化述略［J］.中国茶叶，2018，40（10）：61-65.

［56］邓燔.乡村振兴视角下贵州茶产业发展分析［J］.农业科学，2023（03）：43-46.

［57］黄兴.岳池县农村空心化治理路径研究［D］.成都：四川农业大学，2019.

［58］嵇淋.乡村治权与土地产权互动下乡村空间内生治理路径研究［D］.苏州：苏州科技大学，2022.

［59］晋文，周雨风."三治融合"视角下重庆市乡村治理困境及发展路径研究［J］.农业经济，2022（12）：61-62.

［60］梁庆宇.吉林省乡村治理现代化发展路径研究［D］.长春：吉林财经大学，2020.

［61］刘菁华.乡村振兴战略背景下乡村治理路径［J］.乡村科技，2020（13）：25-27.

[62] 马璐. 我国乡村治理路径比较研究 [D]. 武汉：湖北大学，2018.

[63] 邵珂硕，范衬衬. 农村人力资源开发助推乡村振兴：实践困境与治理路径 [J]. 中国成人教育，2020（01）：90-93.

[64] 沈费伟. 数字乡村韧性治理的建构逻辑与创新路径 [J]. 求实，2021（05）：72-84＋111.

[65] 石欣欣. 乡村人居建设内生动力的制度逻辑 [D]. 重庆：重庆大学，2021.

[66] 涂丽. 村庄组织对乡村治理的影响研究 [D]. 武汉：中南财经政法大学，2019.

[67] 王艳龙，李广. 我国乡村治理路径研究现状、热点主题与发展脉系——基于 CiteSpace 知识图谱可视化分析 [J]. 行政与法，2022（07）：17-28.

[68] 文丰安. 数字乡村建设：重要性、实践困境与治理路径 [J]. 贵州社会科学，2022（04）：147-153.

[69] 翁巧倩（Eng Chiao Chian）. 马来西亚乡村治理的现状、问题及优化路径 [D]. 西安：西北大学，2022.

[70] 吴梦鸽. 乡村振兴战略背景下乡贤参与温州乡村治理路径研究 [D]. 上海：华东政法大学，2021.

[71] 吴欣玥. 全域土地综合整治背景下的乡村"三生空间"治理路径——以山水乡旅乡村振兴示范走廊为例 [J]. 四川环境，2022，41（01）：200-208.

[72] 肖正广，孔令媛，邓燔. 贵定县茶旅文化创意产业发展初探 [J]. 茶业通报，2018，40（03）：139-144.

[73] 姚华松，黄耿志，冯善富，等. 文化认同和参与能力视角下的乡村治理路径探索：基于鄂东某村落春节期间的乡村治理实践 [J]. 热带地理，2018，38（03）：405-412.

[74] 詹国辉. 社会质量框架下乡村治理研究 [D]. 南京：南京农业大学，2018.

［75］张瑜茜.基于行动者网络理论的乡村治理研究［D］.西安：长安大学，
2020.

［76］张志慧.基于人居环境质量评价的洋县空心村治理及规划策略研究
［D］.西安：长安大学，2022.

［77］周书刚.浅析乡村振兴进程中的困境与治理路径［J］.就业与保障，
2020（11）：179-180.